난생처음

경제
공부

난생 처음
ECONOMIC SENSE

|박유연 지음|

경제 공부

알키

당신이 책을 집어든 이 순간에도 '경제'는 돌아간다. 이렇게 살아 움직이는 경제원리를 분석해 앞으로 어떤 일이 벌어질지 예측하는 학문이 '경제학'이다. 경제학 이론은 수없이 개발됐고, 지금도 개발 중이다. 그런데 안타깝게도 그 생명력이 길지 않다.

세계에서 가장 유명한 경제학자인 그레고리 맨큐 하버드대 교수. 경제학에 조금이라도 관심 있는 사람이면 누구나 만나고 싶어 하는 그의 경제학원론 수업을 하버드대생들이 집단 거부한 적이 있다. 이유가 아이러니하다. 그에게 엄청난 유명세를 안겨준 저서 《맨큐의 경제학》 때문이다.

《맨큐의 경제학》은 경제학의 기본 이론을 '10대 원리'로 정리했다. 이를테면 '자유로운 거래는 모든 사람을 이롭게 한다'는 등의 내용이다.

그런데 2008년 글로벌 금융위기가 터지자 이런 원리가 무색해지고 말았다. 시장주체들의 탐욕을 간과한 게 문제였다. 하버드대생들이 수업 거부 운동을 한 것은 이런 문제의식 때문이었다. 기존 시장경제를 대변한 《맨큐의 경제학》을 믿을 수 없다는 것이다.

현재 한국의 경제상황도 비슷하다. 각종 부조리와 어려움에 직면한 상황에서 구조적인 문제들이 해결 불가능한 수준으로 악화되고 있다. 그런데 어떤 경제교과서도 이런 상황을 제대로 설명해주지 못한다. 따지고 보면 저성장, 위기의 상시화, 줄어드는 일자리 등 한국경제가 당면한 문제들은 경제의 기본원리가 통하지 않는 데서 기인하는데, 경제학의 대처는 무기력하기만 하다.

이것이 이 책의 기본 아이디어다. 교과서 속 경제이론과 실제 현실이 얼마나 다른지를 따져봄으로써 문제의식을 기르고, 경제에 대한 기본기를 제대로 쌓아보자는 것. 이 과정에서 가능한 한 많은 경제용어와 이론을 담아 경제상식을 쌓을 수 있게 했다.

내 목표는 여러분이 이 책을 보고 나서 경제기사를 볼 때 그 내용을 완전히 이해하고 자기 의견을 가질 수 있도록 하는 것이다.

이를 위해 만인의 관심사인 재테크 정보부터 우리를 둘러싼 경제 문제까지 다양한 주제를 사안별로 담았다. 특히 경제서를 처음 접하는 초심자를 위해 최대한 쉽고 자세하게 설명하는 데 주안점을 두었다. 경제서에 익숙한 독자 역시도 유용하게 볼 수 있도록 최신 관련사례를

풍부하게 수집해 넣었다. 입학이나 취업을 앞둔 분들에게 큰 도움이
될 것이라 자부한다.

혼란의 시대에 살아남으려면 경제에 대한 객관적이고 종합적인 '관
점'을 갖춰야 한다. 이 책이 그런 '관점'을 갖추려는 여러분 모두에게 훌
륭한 길라잡이가 됐으면 한다.

박유연

CONTENTS

부동산과 가계부채

일자리 잡기가 하늘의 별 따기

5장 식어버린 한국경제

6장 투쟁하는 시장경제

7장 분배냐 포퓰리즘이냐

8장 위기 그리고 미래

ECONOMIC SENSE

1장 내 지갑을 털어가는 적들

많은 이들이 재테크 수익률을 높이려고 갖은 애를 쓴다. 이자 0.1%포인트라도 더 받기 위해 모든 은행을 찾아가 비교하고, 좋은 투자 소식이 들리면 어디든 달려간다. 그러나 이런 노력 모두 금융상품에 대한 이해가 없으면 허사다. 실제로 우리 대부분은 금융지식이 매우 부족하다. 이자율을 이해하지 못하고, 기본적인 나눗셈에 어려움을 겪기도 한다. 결국 무조건 수익률만 좇다가, 오히려 손해 보는 일만 당할 수 있다.

"수익률 △%!" "업계 최고" 등의 말로 광고하는 금융사가 많다. 액면 그대로 믿었다간 낭패를 볼 수 있다. 시장상황이 좋을 때 입금했다가 나빠진 후 출금한 사람의 수익률은 좋지 않다. 그런데 같은 상품에 나쁠 때 입금했다가 좋아진 후 출금한 사람의 수익률은 좋게 나온다. 이때 금융사가 후자의 사례만 강조해 광고하면 이는 무조건 수익률 좋은 상품이 돼버린다. 또 은행, 증권사, 보험사, 자산운용사 등 금융사는 금융상품 수익률 산정방식이 각자 다르다. 단지 숫자만 보고 어느 곳의 수익률이 더 좋은지 단정하기 어려운 것이다. 수익률지표가 정확하다고 해도 문제가 남는다. 지금까지의 수익률이 좋다고 해서, 이게 앞으로의 수익률까지 보장하진 못하기 때문.

금융사들은 이런 소비자의 무지함을 악용한다. 재테크 '첫걸음'을 금융문맹 탈출에서 떼야 하는 이유다.

01

진화하는 금융회사들의 낚시질
금융문맹

많은 이들이 재테크 수익률을 높이려고 갖은 애를 쓴다. 이자 0.1%
포인트라도 더 받기 위해 모든 은행을 찾아가 비교하고, 좋은 투자 소
식이 들리면 어디든 달려간다.

그러나 이런 노력 모두 금융상품에 대한 이해가 없으면 허사다. 실
제로 우리 대부분은 금융지식이 매우 부족하다. 이자율을 이해하지 못
하고, 기본적인 나눗셈에 어려움을 겪기도 한다. 결국 무조건 수익률
만 좇다가, 오히려 손해 보는 일만 당할 수 있다.

결과적으로 금융지식의 부재는 잘못된 금융·소비 생활을 낳으면서,
각종 빈곤층 양산으로 이어질 수 있다. 그래서 재테크 '첫걸음'은 금융
문맹 탈출에서 떼야 한다.

◀) 10명 중 3명 이자율 이해 못 해

금융감독원이 2015년 내놓은 '전 국민 금융이해력' 조사 결과를 보자. 금융감독원이 한국갤럽에 의뢰해 2014년 8월부터 12월까지 성인 남녀 2,400명을 심층 설문조사한 것이다.

그중 "물가상승률이 3%라면, 지금 1,000만 원으로 구입하는 것과 1년 뒤 1,000만 원으로 구입하는 것 중에서 어느 쪽 물건(같은 상품)의 양이 더 많을까?"란 문항이 있다. 당연히 정답은 "지금"이다. 1년 뒤면 물건값이 평균 3% 올라 있으니 같은 1,000만 원으로 1년 뒤에는 더 적은 수의 물건밖에 사지 못한다. 그런데 이 질문에 절반 넘는 53.3%가 오답을 얘기하거나 "모르겠다"고 답했다. 또 "100만 원을 예금했는데, 이자율이 2%라면 1년 뒤에 얼마를 받나?"란 질문도 있었다. 정답은 원금과 이자를 합쳐 102만 원. 31.6%가 제대로 답변하지 못했다. 나눗셈을 못 하는 경우도 5.5%로 나타났다. "1,000만 원을 형제 5명이 나누면 얼마씩 갖나"란 질문이 있었다. 정답 200만 원을 5.5%가 맞히지 못했다.

문항	'네' 응답률(%)
최근 12개월간 어떤 형태로든 저축을 해본 경험이 있나?	61.4
재테크의 장기목표를 갖고 있나?	53
대출 전에 상환능력을 스스로 점검해보나?	71.3

자료: 금융감독원 전 국민 금융이해력 조사

기본적인 재테크 지식도 부족한 것으로 나타났다. 예금자보호제도에 대해 모르는 사람이 17.8%, 펀드 같은 금융투자상품의 원금

> • 예금자보호제도: 은행이 파산해도 원리금 5,000만 원까지 예금보험공사가 보호해주는 제도

이 보장된다고 착각하는 사람도 전체 30.8%로 나타났다. 물건을 사기 전에 소비여력이 있는지 확인하지 않는다는 사람도 전체의 24.5%로 조사됐다. 이런 금융과 소비생활은 결국 빚의 굴레로 이어질 수 있다.

🔊 몰라서 이자 폭탄, 기한이익 상실

금융사들은 소비자의 무지함을 악용한다. 일부러 어려운 용어를 사용해 소비자들이 이해하지 못하게 함으로써 이익을 보는 것. 금융감독원이 이를 시정하기 위해 노력하고 있지만, 스스로도 실천이 안 되고 있다. 한 연구에 따르면 금융감독원이 수정하라고 지시한 어려운 금융용어 114개 가운데 41개(36%)를 금융감독원 자신도 계속 쓰는 것으로

조사됐다. 이런 상황이다 보니, 각종 피해사례가 등장한다.

1억 원을 대출받아 매달 39만 원가량 이자를 내다 경제 사정이 나빠져 내지 못한 A씨가 연체한 지 3개월 된 때부터 한 달 177만 원의 이자 폭탄을 맞은 사례가 있다. 이자가 4배 이상 규모로 불어난 것. 이는 A 씨가 기한이익 상실이란 용어를 이해하지 못했기 때문이다.

> • 기한이익期限利益 상실: 일정 기간 동안에는 대출을 연체해도 밀린 이자에 대해서만 연체이자를 내면 되는 게 '기한이익.' 이런 기한이익을 상실하면 밀린 이자뿐 아니라 원금에 대해서도 연체이자를 내야 한다.

A씨는 기한이익이 적용되는 2개월 동안은 이자 39만 원에 대해서만 연체이자를 냈다. 그러나 기한이익을 상실한 2개월 후부터는 밀린 이자뿐 아니라 원금 1억 원에 대해서도 연체이자를 내야 하면서 이자가 기존 39만 원에서 177만 원으로 급증했다.

A 씨는 소액이지만 금리가 높은 신용대출을 연체하지 않으려다 금리가 상대적으로 낮은 주택담보대출을 연체하게 됐다. 만일 기한이익 상실을 이해하고 있었다면 원금이 큰 주택담보대출 연체부터 방어해 거액의 연체이자를 막을 수 있었을 것이다.

◀)) 코에 걸면 코걸이 귀에 걸면 귀걸이, 수익률

금융상품 수익률도 자주 속게 되는 것 중 하나다. "수익률 △%!" "업계 최고" 등의 말로 광고하는 금융사가 많다. 액면 그대로 믿었다간 낭패를 볼 수 있다. 시장상황이 좋을 때 입금했다가 나빠진 후 출금한 사람의 수익률은 좋지 않다. 그런데 같은 상품에 나쁠 때 입금했다가 좋아진 후 출금한 사람의 수익률은 좋게 나온다. 이때 금융사가 후자의 사례만 강조해 광고하면 이는 무조건 수익률 좋은 상품이 돼버린다.

또 은행, 증권사, 보험사, 자산운용사 등 금융사는 금융상품 수익률 산정방식이 각자 다르다. 단지 숫자만 보고 어느 곳의 수익률이 더 좋은지 단정하기 어려운 것이다.

수익률지표가 정확하다고 해도 문제가 남는다. 지금까지의 수익률이 좋다고 해서, 이게 앞으로의 수익률까지 보장하진 못하기 때문. 실제로 과거 수익률을 믿고 투자했다가 손해 보는 경우가 자주 발생한다.

◀ 잔고 걱정하다 연체이자, 리볼빙

신용카드 **리볼빙**도 모르면 속을 수 있는 대표적인 서비스. 신용카드 결제액으로 120만 원이 나왔는데 이체 통장에 10만 원밖에 없다는 사실을 뒤늦게 깨달아 서둘러 110만 원을 입금했다. 그런데 며칠 후 살펴

• 리볼빙revolving: 통장에 잔고가 부족할 때 카드대금 중 일부만 결제하고 나머지는 다음 달로 넘기는 서비스. 이때 연체로 처리되지 않아 신용등급에는 영향이 없지만 높은 이자를 내야 한다.

보니 10만 원만 빠져나가고 나머지 110만 원은 그대로 있다. 리볼빙에 의해 110만 원이 다음 달로 자동 이월된 것. 그리고 다음 달, 110만 원

에 대해 연 20% 이자가 붙어 빠져나갔다.

이 소비자는 '안심결제 서비스'에 무료 가입시켜주겠다는 말에 현혹돼 리볼빙 서비스를 신청한 후 잊고 있었다. 그러다 원치 않는 결제금액 이월이 발생했고, 고액의 연체이자를 내고 말았다. 이렇게 카드사가 수수료나 높은 이자를 챙기는 경우가 많으므로 주의해야 한다.

◀) 중복 보장만 믿고 중복 지출, 실손의료보험

실제 들어간 치료비를 보장받는 실손의료보험은 중복 보장이 되지 않는데 이를 몰라 중복 가입하는 경우가 나온다. 예를 들어, 2개 실손의료보험에 가입한 상태에서 치료비가 200만 원 나왔다면 2개 보험에서 각각 200만 원씩 400만 원을 받는 게 아니라, 100만 원씩 총 200만 원을 받는다. 몇 개의 보험에 가입하건 받는 금액은 실제 들어간 치료비인데, 이를 몰라 중복 가입한 경우가 전체 가입자의 14%에 이른다는 게 소비자원 추산이다. 쓸데없이 보험료만 더 내는 사람들이다.

이런 상황을 해소하려면 금융교육을 확대해야 한다. 또 소비자권리 구제를 위한 금융권과 금융감독원의 각성이 필요하다. 그러나 무엇보다 소비자 자신의 각성이 우선되어야 한다. 금융사가 권하는 것이라면 일단 의심하고 봐야 한다. 스스로 이익이 안 되는 일을 소비자에게 권할 리 없다는 점을 명심하자.

02 유가가 내려가면 기업만 웃는다
원료가격과 이익률

경제학은 원료값, 인건비 등 생산비를 따져 제품가격이 결정된다고 설명한다. 그러면 생산비가 내려갈 경우 제품가격도 내려가야 한다. 그런데 현실은 그렇지 않다. 생산비가 떨어져도 가격을 그대로 유지해 이윤으로 흡수하는 기업이 많다. 유가와 제품가격 사이의 상관관계를 보면 잘 알 수 있다.

원유와 석유제품 투입 비중이 가장 높은 상위 40개 품목의 2013년과 2014년 가격을 비교해봤다. 이 사이 두바이유 가격은 1배럴당 50달러 선으로 1년 전 100달러의 정확히 절반 수준으로 떨어졌다. 이에 따라 석유를 주원료로 하는 기업들의 원가 부담이 크게 내려갔다. 그런데 제품가격은 그만큼 떨어지지 않은 것으로 파악된다.

🔊 세전 출고가격의 비밀

정유사의 해명부터 들어보자. 우선 세금 얘기를 한다. 예를 들어, 휘발유는 2014년 11월 정유사 출고가격이 1,566원이었는데, 이 가운데 888원이 세금이었다. 제품가격의 절반 이상이 세금인 상황이니 유가가 아무리 내려도 제품가격 인하에 한계가 있다는 것. 또 중동에서 우리나라까지 원유를 수송하는 데는 대략 20일 정도 소요된다. 여기에 국내에서 원유를 정제해 석유제품을 생산한 후 소비자에게 전달하는 기간이 다시 20일 정도 걸린다. 이처럼 시차가 있다 보니 유가가 내려가자마자 곧바로 제품가격을 내리는 데 한계가 많다는 게 업계의 설명이다.

또 기업들은 이미 사둔 원유 재고물량을 먼저 소진시킨다. 이 물량은 가격이 내려가기 전 도입해둔 물량이니 생산비 하락에 직결되지 않는다고 한다. 재고 원유의 가치가 유가 하락에 맞춰 떨어지므로 유가 하락이 자산가치평가 손실로 이어져 이득 볼 게 없다고도 한다. 여기에 소비자가격은 출고가격 외에 유통비용까지 붙는데, 출고가격이 떨어져도 유통비용이 올라가면 소비자가격은 되레 오를 수 있다고 해명한다.

이런 해명은 얼마나 맞을까. 일단 한국은행의 산업연관표를 토대로 세전 가격과 유가의 상관관계를 분석해보자. 세금 때문에 가격을 못 낮춘다는 기업들의 핑계를 배제하기 위해서다.

이 표에는 제품의 '세전 출고가격'에서 '생산비'가 차지하는 비중이 나온다. 세금이 매겨지기 전의 가격에서 생산비가 차지하는 비중이다. 앞선 예에서 2014년 11월 정유사 출고가격이 1,566원이고 이 가운데 888원이 세금이었으므로 1,566원에서 888원을 제한 678원이 세전 출고가격이라 할 수 있다. 산업연관표에 따르면 석유제품의 세전 출고가격에서 원유가 차지하는 비중은 77%다. 678원 중 77%인 522원이 원유 구입비용으로 쓰였고, 나머지 23%인 156원으로 다른 원료 구입비용뿐 아니라 인건비 등을 충당했다는 뜻이다. 이윤도 여기에 포함된다.

이런 석유제품 세전 출고가격에서 절대 비중을 차지하는 원유가격이 2013년부터 2014년까지 100달러에서 50달러 수준으로 1년간 절반으로 떨어졌다. 그런데 석유제품의 세전 출고가는 17.2% 내려가는 데 그쳤다. 제품가격의 3분의 2 이상을 차지하는 원유가격이 절반으로 내려갔지만 세전 출고가격이 별로 내려가지 않은 것. 그만큼이 정유사 몫으로 돌아갔을 가능성이 있다.

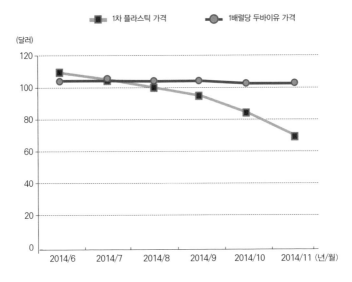

1차 플라스틱 가격　　　1배럴당 두바이유 가격

(달러)

※ 플라스틱 가격은 2010년 가격을 100으로 놓고 시점별 가격을 지수로 나타낸 것임.

자료: 한국은행

◀◎ 유가 내렸는데 올라가는 제품가격

산업연관표를 보면 유가 하락은 연쇄적인 가격 하락으로 이어질 수
있다. 예를 들어, 등산복이 나오기까지는 '원유 → 석유제품 → 기초유
기화학물질 → 화학섬유 → 섬유직물 → 등산복'의 경로를 거친다. 원
유가격이 내려가면 석유제품가격이 내려가고 이를 주원료로 하는 기
초유기화학물질의 가격이 내려가고 다시 화학섬유, 섬유직물의 가격

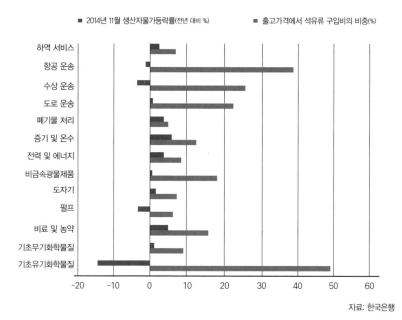

■ 2014년 11월 생산자물가등락률(전년 대비 %)　　■ 출고가격에서 석유류 구입비의 비중(%)

자료: 한국은행

이 내려가면서 등산복가격도 내려갈 수 있는 것이다.

하지만 원유가격이 반토막 났음에도 불구하고 2014년 해당 제품의 출고가 등락률은 석유제품(-17.2%), 기초유기화학물질(-14.5%), 화학섬유(-7.8%), 섬유직물(-0.9%)의 흐름을 나타냈다. 유가 하락의 영향이 최종 생산물로 넘어올수록 사라지는 것이다. 이후 등산복의 가격은 결국 4% 올랐다. 가장 기본이 되는 원가 부담이 내려갔는데 최종 품목의 가격은 오른 것.

또 자동차부품이 나오기까지는 '원유 → 석유제품 → 기초유기화학물질 → 합성수지 → 플라스틱 → 자동차부품'의 과정을 거치는데, 합성수지와 플라스틱 가격하락률이 -4.6%와 -0.3%에 그치면서 최종 단계의 자동차수리비 가격은 0.6% 올랐다.

이런 식으로 석유제품 투입 비중이 높은 상위 40개 품목의 생산자 가격을 조사한 결과, 2014년 비료·농약, 도자기, 전력·에너지, 온수, 비누·화장품 등 20개 품목의 가격이 1년 전보다 오른 것으로 나타났다. 원가 부담이 내려갔는데 제품가격이 올라간 것이다.

◀» 유가 내려가면 이익률 개선

기업들은 석유제품뿐 아니라 다양한 재료가 들어가고 인건비 등 다른 비용부담요인이 있는 것까지 감안하면, 유가 하락이 곧바로 제품가격 하락으로 연결되지는 않는다고 주장한다.

하지만 기업이익률 추이는 이런 기업들의 항변을 정면에서 뒤집는다. 경제가 글로벌 금융위기로 신음하던 2009년 석유 투입 비중이 높은 업종의 경우 영업이익률이 2008년 대비 대부분 크게 개선됐다(전기가스업: 1.07% → 4.1%, 섬유: 2.75% → 4.18%, 화학: 6.25% → 8.77%, 페인트: 4.93% → 8.04%). 글로벌 위기 영향으로 다른 업종은 큰 어려움을 겪었는데 유독 석유 투입 비중이 높은

• 영업이익률: 영업이익을 매출액으로 나눠준 것. 영업이익이 1억 원이고 매출액이 10억 원이면 영업이익률은 10%이다. 높을수록 수익력이 좋은 기업이다.

구분	2008년	2009년
전기가스업	-1.07%	4.1%
섬유	2.75%	4.18%
화학	6.25%	8.77%
유가	687.87원	559.74원

구분	2012년	2013년
전기가스업	1.51%	2.87%
섬유	2.81%	3.66%
화학	4.62%	4.72%
유가	874.7원	818.6원

※ 영업이익률은 매출액 대비 영업이익을 나타냄. 유가는 국제휘발유가격을 리터당 원화환산가격으로 표시함.

자료: 한국은행

업종만 이익률이 개선된 것. 이는 당시 위기 영향으로 유가가 크게 내려가면서 원가 부담이 줄었는데 이를 제품가격에 반영하지 않고 이윤으로 흡수한 영향이 컸다. 이런 식으로 최근 6년간 2009년, 2010년, 2013년 석유 의존 업종의 이익률이 대체로 좋았는데, 모두 유가가 낮거나 하락기였다는 공통점이 있다.

그러면서 기업들은 유가가 올라갈 때는 제품가격을 충분히 인상시켜 이익률이 크게 악화되는 것을 막았다. 2012년 국제유가는 4.9% 올랐는데 석유제품(5.4%)은 그 이상의 가격상승률을 나타냈다. 이런 행태 때문에 유가가 올라갈 때 소비자들은 물가상승으로 고통받고, 반대로 유가가 내려갈 때는 원가 부담이 내려간 만큼 제품가격이 내려가지 않아서 소비여력을 키우지 못하는 피해를 보고 있다.

유가 하락은 경기활성화로 이어질 수 있다. 정부는 2015년 "유가가 30% 내려가면 가구당 연간 유류비가 50만 원 절감된다"고 밝힌 바 있다. 그러면 소비여력이 생겨 어떤 물건을 1개 사던 사람이 2개를 사거나, 가격이 비싸서 사지 못하던 것을 구입하면서 내수를 회복시킬 수 있다.

그런데 기업들이 원가 부담이 내려간 만큼 제품가격을 내리지 않아 정부 예상이 현실화되지 못했다. 유가가 내려갈 때마다 그만큼을 이윤으로 흡수하면서, 제품가격 하락과 소비여력 확대의 연결고리가 작동하지 못하고 있는 것. 한 전문가는 "유가 하락이 제품가격에 제대로 반영되지 않는 것은 주요 업종의 시장이 독과점화돼 있기 때문이므로 정부가 기업 감시를 강화해야 한다"고 지적한다.

◀》 유가 하락과 디플레이션은 별개

유가 하락에 따른 제품가격 하락은 **디플레이션**을 앞당길 수 있다. 경기가 안 좋을 때 물가가 내려가면 물가가 더 내려간 후 소비와 투자를 하겠다는 심리가 발동하면서, 지금 당장 소비와 투자가 더욱 침체되는 현상이 벌어질 수 있는 것이다.

> • 디플레이션deflation: **경기 침체 속 물가 하락**

원가 부담 하락으로 제품가격이 내려가는 것은 경기회복에 도움이 된다. 휘발유가격이 내려가면 자동차 운행 부담이 줄면서 나들이 수요가 늘어나는 게 대표적이다. 경제전문가들도 생산자요인에 의한 물가 하락은 경기를 확장시키고, 원가 부담이 내려간 만큼 제품가격이 내려가면 소비여력을 늘려서 경기에 도움이 된다고 설명한다.

한편 유가가 내렸다고 해서 제품가격을 인하시키기보다는 차라리 기업들이 이윤으로 흡수한 뒤 종업원 임금이나 주주배당률을 올리는 게 경기에 도움이 된다는 지적이 있다. 하지만 요즘 기업들의 행태를 감안하면 이런 분석은 설득력이 떨어진다. 현재 기업들은 경기위축에 대비해 현금 및 현금성자산 보유를 크게 늘리면서, 임금이나 배당을 통한 분배에는 소극적으로 나서고 있다. 기업 예금이 2004년 135조 원에서 2014년 311조 원으로 증가한 반면, 기업의 평균 배당률은 주가 대비 1.1％로 G20 국가 가운데 꼴찌수준에 머물고 있다. 또 2014년 3분기 기준 실질임금상승률은 0.08％에 그쳤다. 여기에 투자까지 부진한 형편이다. 기업들이 돈을 꼭 틀어쥐고 좀처럼 풀지 않고 있는 것이다. 기업들이 돈을 쥐고 있어 시중에 돈이 돌지 않고 있는 시금 상황에서는, 기업이 원가 하락분만큼이라도 제품가격을 조정하는 게 경기에 도움이 될 것이다.

03

지난 정권의 최고 수혜주는 상품권과 금고?

탈세

자산을 증식하는 데 있어 가장 큰 장애물 중 하나로 세금을 꼽는 이들이 많다. 세금은 국가 운영을 위해 반드시 필요하다는 걸 모두가 알지만, 막상 내는 입장이 되면 어떻게든 피하고 싶게 마련이다. 그래서 '절세'라는 이름으로 무수한 아이디어가 개발되고 있다. 정부는 이를 가만두려 하지 않는다. 한 푼이라도 세금을 더 걷어야 하는 정부는 교묘한 방법으로 세금을 피하려는 사람들에 대항해 각종 고육지책을 구사한다.

이것만은 꼭!

교과서 경제이론: 소득 있는 곳에 세금 있다.
실제 경제현실: 소득 있는 곳에 세금 없다.

🔊 검은 돈을 찾아내 세금을 매겨라

글로벌 금융위기 이후 우리 경제는 본격적인 저성장체제로 접어들면서, 지속적으로 세금 수입을 늘리는 데 큰 어려움을 맞게 됐다. 반면 복지 수요가 늘면서, 돈 쓸 곳은 기하급수적으로 늘고 있다. 이런 불균형을 해소하려면 세율을 높이고 매기지 않던 세금을 새로 부과하거나, 탈세를 찾아내 세금 수입을 강제로 늘려야 한다.

이런 필요에 맞춰 세무조사는 갈수록 강화되는 추세다. 부자들의 숨은 재산을 찾아 고율의 세금을 매기는 것이다.

또 금융소득종합과세를 강화시키고 있다. 우리가 은행에 예금을 해서 이자를 받으면, 이자의 15.4%를 세금으로 내야 한다. 그런데 금융소득합계가 2,000만 원 넘는 사람들

• 금융소득종합과세: 예금이자, 주식배당금 등 각종 금융소득을 합산해 소득이 많을수록 높은 세율의 세금을 매기는 것.

은 이 이자에 대해 최고 41.8%를 세금으로 낸다. 일반 이자소득세율이 아닌, '금융소득종합과세율'이 부과되기 때문이다. 이는 큰 힘 들이지 않고 많은 소득을 올리는 부자에게서 보다 많은 세금을 거두기 위해 도입됐다. 당초 금융소득 합계 4,000만 원 이상인 사람만 대상이었는데, 2013년부터 2,000만 원 이상으로 강화되면서 금융소득이 2,000만~4,000만 원인 사람도 새로 금융소득종합과세를 부담하게 됐다.

정부는 또 2014년 금융실명법을 강화했다. 차명거래를 하다 걸리면 5년 이하 징역

• 차명거래: 자기 돈을 다른 사람 명의의 계좌에 넣어놓는 것.

또는 5,000만 원 이하 벌금형에 처하도록 한 것. 이전까진 합의가 있으면 내가 다른 사람 명의로 예금해도 처벌받지 않았지만, 법 개정으로 몇 가지 예외를 제외하곤 합의가 있었다 해도 처벌받도록 했다.

남의 명의로 예금하는 사람들의 주된 목적은 재산 은닉이다. 다른 사람 이름으로 재산을 빼돌림으로써 본인 이름으로 드러나는 금융소득을 줄여 세금을 피하거나, 비자금을 마련하고자 차명거래를 하는 것이다. 정부는 이런 재산을 찾아내 세금을 매기기 위해 차명거래에 벌칙을 부과하기 시작했다.

이 밖에도 정부는 '금융사 거래 감시시스템'을 통해 2,000만 원 이상 이체 같은 고액 금융거래를 실시간으로 점검하면서 재산 은닉 사례가

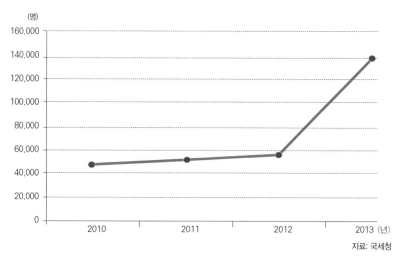

| 2013년에 급증한 금융소득종합과세 신고자 |

자료: 국세청

있는지 살피고 있다.

이는 글로벌한 움직임이다. 미국정부는 국외계좌납세협력법Foreign Account Tax Compliance Act, FATCA을 시행하고 있다. 미국인이 외국에 거액의 금융계좌를 가지고 있을 경우, 그 계좌를 관리하는 외국 금융사가 미국 국세청에 명단과 계좌내역을 통보하도록 한 법이다. 미국인이 외국에 숨긴 재산의 현황을 파악하겠다는 것으로, 미국은 각국 정부에 협조를 요청해 이 법을 시행하고 있다.

이 요청에 따라 한국의 은행들도 5만 달러 이상 계좌를 갖고 있는 미국인 고객명단을 미국정부에 정기적으로 넘겨준다. 여기엔 미국 국적의 교포들이 다수 포함돼 있다. 이때 탈세 목적의 예금이 발견되면, 미국정부는 지체 없이 계좌 보유자에게 고율의 세금을 부과한다.

◀» 부자들의 소득 숨기기

정부의 과세 강화 움직임에 대해 부자들은 소득 감추기로 대응하고 있다. 한국은행에 따르면 잔액 5억 원 이상 은행계좌 수는 2011년 7만 9,940계좌에서 2013년 7만 2,400계좌로 감소했다. 2011년까지 매년 증가하다가 2012년부터 줄기 시작했다. 5억 원 이상이 든 통장의 총 잔액도 2010년엔 1년간 80조 원가량 늘었지만, 2013년엔 13조 7,000여억 원 감소했다.

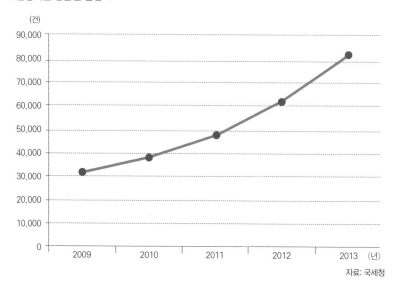

(건)

90,000

80,000

70,000

60,000

50,000

40,000

30,000

20,000

10,000

0

2009   2010   2011   2012   2013 (년)

자료: 국세청

　부자들은 이렇게 찾은 돈을 지하에 숨기고 있다. 금고 판매가 급증한 배경이다. 금융재산을 금괴, 채권, 현금 등의 형태로 바꿔 금고에 은닉해놓는 것이다.

　저축성 보험에도 주목한다. 일정 금액까지 계약을 10년 이상 유지하면 이자에 대해 세금을 내지 않아도 될 뿐 아니라, 해당 이자는 금융종합소득과세 대상의 금융소득에서 제외되기 때문이다.

　상품권도 재산 은닉의 유용한 도구로 활용된다. 조폐공사에 따르면 상품권 발행규모는 매년 25%가량 늘고 있다. 2014년 10조 원을 돌파해 계속 급증 추세다. 고액 상품권일수록 증가세가 빠르다. 50만 원짜

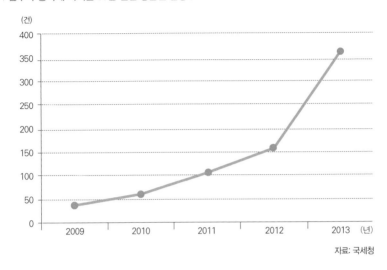

자료: 국세청

리 고액 상품권은 2013년 365만 장이 발행돼 2012년 157만 장과 비교해 1년 만에 2.3배로 폭증했다. 2009년 42만 장과 비교하면 9배에 육박한다. 50만 원짜리 상품권은 5만 원권과 비교해 10분의 1 부피로 전달 또는 보관할 수 있어 휴대성이 현금보다 낫다. 백화점, 정유사 등 상품권 발행기업들은 제휴업체를 지속적으로 늘리며 상품권의 환금성을 높여가고 있다. 이제는 거의 현금 수준으로 쓰임새가 커져 판매상에게 가져가면 액면가의 95% 수준으로 현금을 교환받을 수 있다.

이런 고액 상품권은 발행과 유통과정에 아무런 검증절차가 없다. 백화점에 찾아가 현금을 내면 그만큼의 상품권으로 '묻지도 따지지도 않

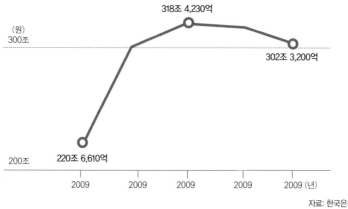

자료: 한국은행

고' 바꿔준다. 백화점 등은 상품권 구매자의 신원을 확인하지도, 거래 기록을 보존하지도, 거래내역을 정부에 보고하지도 않는다. 정부가 관련해 아무런 규제를 하지 않고 있기 때문이다. 이를 악용해 고액 상품권을 탈세, 비자금 조성, 뇌물 등 지하경제의 수단으로 활용하는 사람이 많다. 심지어 법인카드로 상품권을 구매한 뒤, 사채시장에 내다 팔아 비자금(현금)을 확보하는 기업도 있는 것으로 알려졌다. 장부에 상품권 구입금액만큼 물품을 구매한 것으로 처리한 뒤, 손쉽게 비자금을 마련하는 것. 이런 일을 막으려면 상품권 발행과 판매단계에서 구입자의 신원을 확인하고 거래기록을 보관하게 하는 등 규제가 필요하지만, 아직 검토되지 않고 있다.

　은행대여금고도 재산 은닉에 활용된다. 은행에 가면 철제鐵製 상자가 벽돌처럼 쌓인 공간이 있다. TV 드라마나 뉴스에서 한 번쯤 본 적

있을 것이다. 철제상자마다 주인이 있는데, 대개 5만~50만 원가량 보증금에, 1년 이용료로 1만~5만 원가량을 내면 사용할 수 있다. 전국 은행에 40만 개 정도 있는 것으로 추산되며, 정치인, 기업인 등 유력인사들이 많이 사용한다. 주로 현금, 귀금속, 채권, 주요 서류 등을 보관한다. 유력인사들의 대여금고 사용목적은 비자금이나 재산 은닉용인 경우가 많다. 집안 금고에 보관했다가 도난당할 우려가 있으니 안전한 은행에 보관하는 것이다.

사용자가 범죄와 관련된 물건을 보관한다 하더라도 은행은 법적으로 책임이 없다. 은행이 내용물을 확인할 권리가 없고 여닫는 것은 대여자만 할 수 있기 때문이다. 5만 원짜리로 보관하면 최대 20억 원까지 보관할 수 있는 대여금고도 있다고 한다.

◀)) 재벌의 세금 피하기

세금에 무척 민감한 재벌. 그들이 가장 피하고 싶어 하는 게 상속세다. 예를 들어, A그룹은 2세가 아버지로부터 재산을 물려받는 데 내야 하는 세금이 6조 원에 달한다. 아버지가 가진 계열사의 지분가치가 12조 원 정도 되는데, 50%의 상속세를 내야 하기 때문이다.

이런 세금 마련방법이 여의치 않으면 물려받은 주식 가운데 일부를 팔아야 하고, 이 과정에서 지분율이 줄면서 자칫 주요 계열사에 대한 경영권을 잃는 위기에 처할 수 있다. 이를 막기 위해 재벌들은 온갖 편법을 쓴다.

재벌2세의 회사를 키우기 위해 다른 계열사가 그곳으로 일감을 몰아주는 게 대표적이다. 예를 들어, B그룹 2세는 수년 전 아버지로부터 30억 원어치 주식을 증여받았다. 증여세로 30억 원의 50%가량인 15억 원 정도를 냈다. 이후 신기한 일이 펼쳐졌다. 해당 기업의 주가가 갑자기 10배로 오른 것이다. B그룹 다른 계열사들이 각종 일감을 몰아준 결과였다. 그러면서 2세의 지분가치는 30억 원에서 300억 원으로 올랐고, 여기서 증여세 15억 원을 빼고 285억 원을 남겼다. 무일푼이 아무런 노력을 하지 않고도 순식간에 285억 원을 거머쥔 것이다. 2세는 이렇게 조성한 돈을 모아 B그룹 주요 계열사를 상속받기 위한 세금으로 낼 예정이다. 이런 일을 계속 벌이면, 실질적으로 돈 한 푼 들이지 않고 부모의 재산을 모두 상속받을 수 있다.

세금을 피하기 위해 재산을 국외로 빼돌리는 재벌도 많다. 금융감독원은 2015년 국외투자를 하면서 외환거래신고를 제대로 하지 않은 재벌 일가와 기업 오너, 대형 연예기획사 대표, 유명 연예인 등을 적발했다. 국외로 재산을 가지고 나가려면 당국에 신고를 해야 하는데, 재산 유출 의심을 받을까 봐 신고를 하지 않은 경우다.

이런 사례가 많을수록 나라의 곳간엔 구멍이 발생하고 나라살림은 더욱 어려워진다. 정부의 일소 노력은 물론 부유층의 자기반성이 절실한 시점이다.

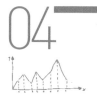

안 갚아도 되는 대출이 있다니
정책대출과 도덕적 해이

시장경제의 가장 큰 골칫거리 중 하나가 도덕적 해이다. 도덕적 해이는 경제신뢰를 저하시켜 각종 비효율과 사회적 비용을 유발한다.

> • 도덕적 해이moral hazard: 자신의 이익을 취하기 위해 상대방과 사회의 기대에 어긋난 행위를 하는 것.

그 해악을 잘 볼 수 있는 분야 중의 하나가 정부 주도의 '정책대출'이다. 이는 애초 저소득층이 고금리 빚에서 벗어나 자활할 수 있도록 돕기 위해 만들어졌다.

그런데 그 결과가 신통치 않다. 일부 수혜자의 도덕적 해이 때문이다. 이들로 인해 집단연체가 발생하면서 성실한 상환자까지 피해를 보고 있다.

🔊 기부에 금융 섞은 어정쩡한 미소금융

2009년 12월 출범한 미소금융은 창업을 희망하는 저신용자에게 사업자금을 최대 5,000만 원까지(연 2~4.5% 금리로 5년 만기) 빌려주는 사업이다. 재원은 대기업과 은행이 2020년까지 순차적으로 '기부'하는 2조 2,000억 원.

미소금융은 정치적인 쇼에 가까웠다. 정권이 서민의 마음을 사기 위해 '낮은 금리 대출'이란 정치적인 거래를 벌인 것이다. 기부와 금융을 결합한 구조 자체가 기형적이었다. 대기업에서 '기부'로 받은 돈을 서민에게 '빌려준다'는 것인데, 사실 기부는 어려운 사람을 조건 없이 돕는 것이다. 반면 금융은 자금거래계약이다.

이처럼 전혀 다른 둘을 혼합시켜놓다 보니 말썽이 생기지 않을 수 없었다. 대출에 기부가 섞인 것을 안 대출자들이 빌린 돈을 갚지 않아도 되는 것으로 생각해버린 것이다. 2016년 미소금융연체율은 7.4%로 은행 가계대출의 7배 수준에 이르렀다. 돈을 빌려놓고 갚지 않는 도덕적 해이가 만연한 결과다.

　기업들은 미소금융을 중단하고 싶다. 차라리 진짜 기부를 하는 게 낫다는 생각이다. 하지만 한번 시작한 시혜사업은 중단하기 어렵고, 부실만 쌓여가고 있다.

◀◈ 보증비율 올리자 과열 빚은 햇살론

　햇살론은 신용등급 6등급 이하 또는 연소득 2,600만 원 이하인 근로자·자영업자·농어민 등을 대상으로 연 8~11% 금리에 최대 1,000만 원까지 대출해주는 상품이다. 미소금융이 창업자금이라면, 햇살론은 생계자금을 지원하는 것이다.

　도덕적 해이로 인해 햇살론 대출이 급증했던 때가 있었다. 월간 햇살론 대출실적을 보면, 2012년 상반기에는 평균 200억 원대에 불과했는데, 2013년 1월에는 1,000억 원을 넘어선 뒤 2013년 7월에는 1,916억 원을 기록했다. 2013년 1월부터 7월까지 총 대출실적은 9,752억 원에 달한다. 1년 전 같은 기간의 5배다.

　급등의 배경엔 보증비율 상향조치가 있었다. 햇살론은 대출자가 빚을 갚지 못하면 민관 합동으로 만든 2조 원의 보증재원이 대신 갚아준다. 2012년 말 정부는 햇살론을 활성화하겠다면서 보증비율을 기존 85%에서 95%로 올렸다. 햇살론 대출자가 못 갚은 돈의 95%를 보증재원이 대신 갚아주는 것이다. 금융사 입장에서는 돈을 떼일 때 부담이 확 줄어든 것. 여기에 정상 상환하는 사람이 내는 이자를 감안하면 큰 수익을 낼 수 있는 상품으로 바뀌었다. 결국 금융사들은 너도 나도 햇살론 대출에 나섰고, 그 결과 대출액이 크게 늘었다.

금융사는 대출 신청자가 잘 갚을만한 사람인지 철저히 따져야 금융시장 안정성을 유지할 수 있다. 그러나 정부가 보증해준다는 이유로 심사를 거의 하지 않았고, 이자 수입을 벌어보겠다는 욕심에 신용 확인도 않고 무분별한 대출 확대에 나서는 도덕적 해이를 보였던 것이다.

결과는 뻔했다. 햇살론은 보증재원이 대신 빚을 갚아준 금액의 비율을 나타내는 '대위변제율'로 부실률을 산정하는데, 2011년 6.2%에서 2012년 10.4%로 급등했고 2016년 13.7%로 더 올랐다. 1%대 초반인 은행 가계대출연체율은 물론, 10% 내외인 대부업체연체율보다도 높은 수치다. 대출자는 정부가 해주는 것이니 안 갚아도 되는 걸로 생각하고, 금융사는 정부의 보증을 믿고 부실심사로 대출을 해주면서 벌어진 결과다.

물론 서민대출 특성상 연체율이 높을 수밖에 없다. 그래서 정부가 보증까지 하며 대출을 독려하는 것이다. 그러나 지나친 도덕적 해이로 연체율이 너무 높아지는 것까지 허용해선 안 된다. 지속 가능한 서민금융체계를 구축하기 위해선 대출금리를 현실화하고 연체관리를 강화해야 한다. 근본적으론 정부가 금융시장에 직접 개입하는 '정치' 금융을 최소화해야 한다는 주장에도 귀 기울일 필요가 있다.

◀) 채무탕감 때 극심해지는 도덕적 해이

정부의 채무탕감정책에서도 도덕적 해이가 나타난다. 예를 들어,
2012년 1월 개인회생 신청건수는 6,111건에서 8,868건으로 전년 동
기 대비 45%나 증가했다. 반면 개인파산은 4,566건에서 4,630건으로
소폭 느는 데 그쳤다.

언뜻 생각하면 개인파산이 유리해 보인다. 개인파산은 모든 채무를
면제하지만, 개인회생은 원금의 일부를 갚아야 하기 때문. 그런데도
개인회생만 크게 증가했던 것은 숨겨놓은 재산에 대한 처리방식의 차
이에 있었다.

| 급증하는 개인회생신청 건수 |

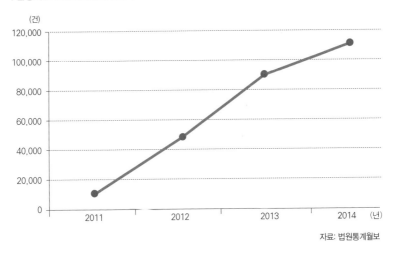

자료: 법원통계월보

개인파산에선 선고 후 뒤늦게 소득이나 재산이 발견되면 법원이 다시 빚을 갚으라는 명령을 내릴 수 있다. 반면 개인회생은 소득이나 재산이 발견돼도 이것이 채무액보다 적으면 빚 갚으라는 명령을 면제받는다. 이런 점 때문에 '빚 갚을 능력'이 있는 사람 중에도 빚 탕감을 위해 개인회생을 신청하는 경우가 대거 나왔고, 그에 따라 개인회생이 크게 늘었다.

◀》 천민자본주의와 도덕적 해이

눈앞의 이익을 추구하는 게 당장은 좋을지 모른다. 그러나 도덕적 해이가 심화돼 재정적으로 감당할 수 없는 상황이 되면, 정부는 채무자 구제를 포기할지 모른다. 그러면 무수한 사람의 회생기회가 사라지고 만다.

당장의 이익만 추구하면서 경제신뢰를 떨어뜨리는 경제주체들의 행위는 경제윤리 부재에서 기인한다. 갑자기 경제가 크게 성장하면서 생긴 **천민자본주의**의 부작용이다.

> • 천민자본주의: 과정에는 전혀 신경 쓰지 않고 이익을 위해 수단·방법을 가리지 않는 행위.

천민자본주의에 따른 도덕적 해이 사례는 너무나 많다. 1억 400만 건에 달하는 사상 최대 개인신용정보 유출사건, KB국민은행의 도쿄지점 횡령 및 국민주택채권 위조사태, 동양그룹의 사기 기업어음 발행, KT 자회사 직원이 연루된 3,100억 원대 초대형 대출사기사건 등이 대표적이다.

재벌2세가 사전 윤리교육 없이 경영에 참여했다가 각종 부조리를 저지르는 것도 같은 맥락이다. 사익을 얻는 데 회사를 이용하다가 회사를 망가뜨리는 사례를 우리는 수도 없이 봐왔다.

'경찰은 나쁜 사람을 잡는 게 아니라, 착한 사람이 나빠지는 것을 막기 위해 존재하는 것'이란 프랑스 격언이 있다. 비윤리적인 행태를 방치하면, 다른 주체마저 '나도 해야지'란 생각을 갖게 되면서 사회 전체가 부조리해질 수 있는데, 이를 막는 게 정부의 의무란 뜻이다. 도덕적 해이에 따른 사회적 손실을 막기 위한 정부의 확실한 노력이 필요하다.

05

일한 만큼 월급 받고 있습니까?
임금결정요인과 고액연봉

교과서는 '연봉＝노동의 대가'라고 가르친다. 그런데 현실은 어떤가. 열심히 일하면서도 최저임금조차 받지 못하는 사람이 있는가 하면, 아무런 일을 하지 않고서도 높은 연봉을 챙겨가는 사람도 분명 존재한다. 이런 모습을 볼 때면 어떤 일을 얼마나 열심히 하느냐가 아니라, 어떤 자리에 앉아 있느냐가 연봉 수준을 결정한다는 인상을 지울 수 없다.

이것만은 꼭!

교과서 경제이론: 임금은 노동의 가치를 반영한다.
실제 경제현실: 경제·사회 상황이 임금 결정을 왜곡한다.

◉ 자리만 지키면 가능한 고액연봉

2016년 기준 직원 평균연봉을 보면 삼성전자 1억 700만 원, 현대자동차 9,400만 원, SK텔레콤 1억 200만 원 등이었다. 대기업뿐 아니라 은행도 연봉 수준이 높다. 평균연봉이 8,000만 원을 넘고, 입사 후 15년 차면 억대 연봉을 바라볼 수 있다. 공공기관도 만만치 않다. 한국거래소, 산업은행, 한국예탁결제원, 수출입은행 등은 직원 평균연봉이 1억 원을 넘는다. 이 기관들은 "직원들의 평균연차가 높아서 평균연봉이 높은 것처럼 나타난다"고 해명하지만, 절대 수준이 높다는 사실 자체를 부정할 수는 없다.

열심히 일해서 높은 연봉을 받는 것은 당연한 권리다. 그러나 특별히 하는 일도 없으면서 높은 연봉을 꼬박꼬박 챙겨가는 사람도 일부 존재한다는 것이 엄연한 사실이다. 기업들은 이런 사람에 대해 주기적인 희망퇴직을 실시해, 최대 60개월치 임금에 이르는 거액의 위로금을 지급하며 내보내고 있다. 손에 쥐는 금액이 7억 원을 훌쩍 넘는 경우도 많다고 한다.

이런 부담을 모으면 천문학적인 수준이 된다. 은행권에 따르면 17개 은행이 2007년부터 2016년까지 희망퇴직으로 쓴 비용은 총 5조 원에 이른다. 예를 들어, KB국민은행은 2017년 1월 2,800명을 희망퇴직으로 내보내면서 8,000억 원을 쓴 바 있다.

| 국내 500대 기업 직원 평균연봉 TOP20 |

순위	기업	업종	2016년(만 원)	2015년(만 원)	증감율(%)
1위	여천NCC	석유화학	1억 1,990	1억 740	11.6
2위	한화토탈	석유화학	1억 1,500	1억 400	10.6
3위	GS칼텍스	석유화학	1억 1,310	9,990	13.2
4위	대한유화	석유화학	1억 1,200	1억 700	4.7
5위	코리안리재보험	보험	1억 1,100	1억 700	3.7
6위	S-Oil	석유화학	1억 1,000	9,730	13.9
7위	신한금융지주회사	지주	1억 1,000	1억 800	1.0
8위	삼성전자	IT전기회사	1억 700	1억 100	5.9
9위	SK텔레콤	통신	1억 200	1억 100	1
10위	교보증권	증권	1억 120	9,410	7.5
11위	SK이노베이션	석유화학	1억 100	7,600	32.9
12위	NH투자증권	증권	1억 100	1억 2,000	-15.8
13위	메리츠종합금융증권	증권	9,940	1억 1,130	-10.7
14위	신한금융투자	증권	9,900	9,500	4.2
15위	롯데케미칼	석유화학	9,800	8,000	22.5
16위	SK하이닉스	IT전기전자	9,620	9,060	6.2
17위	신한카드	여신금융	9,600	8,700	10.3
18위	기아자동차	자동차부품	9,600	9,700	-1.0
19위	삼성카드	여신금융	9,500	8,700	9.2
20위	현대자동차	자동차부품	9,400	9,600	-2.1

◀》 천문학적인 오너·CEO의 연봉

오너와 CEO들의 연봉을 보면 입이 떡 벌어지는 수준이다. 2014년 오너 연봉순위를 보면 1위 301억 원, 2위 201억 원, 3위 140억 원 순이다. CEO 연봉순위를 보면 1위 연봉이 100억 원을 훌쩍 넘는다. 각 기업은 "경영성과가 반영된 결과"라고 설명한다. 또 기업 오너와 CEO들은 경영판단과 관련해 언제든 배상책임 등 거액의 손해배상소송에 휘말릴 수 있는데, 이에 대비해 배상책임보험에 가입해두고 있다. 이 보험료가 무척 높아서 보험료를 감안해 급여를 지급하다 보니 연봉이 높아졌다는 설명도 한다.

그러나 해명은 해명일 뿐. 오너와 CEO 자리에 올랐다는 이유만으로 높은 연봉을 받는 사례도 많다. 회사가 적자를 기록하고도 거액의 연봉을 챙겨간 오너와 CEO의 경우가 대표적이다. 2013년 기준 오너 연봉 상위 20위 가운데 4명의 회사가 적자를 기록했다. L회장(13위, 연봉 47억 100만 원), P회장(19위, 42억 4,100만 원)은 회사가 각각 849억 원과 427억 원의 적자를 기록했지만 거액의 연봉을 받아갔다. 특히 H회장은 회사가 법정관리에 들어가 공중분해되기 직전이던 해에 연봉 42억 3,200만 원을 받았다. 회사가 풍전등화 상황인데, 본인만 거액 연봉을 챙긴 것이다.

은행장과 금융지주회장도 일반직장인은 꿈꿀 수 없는 고액연봉을 받는다. 각 은행의 공시자료에 따르면 은행장은 기본연봉으로만 10억 원 내외 금액을 받는다. 여기에 경영성과에 따라 지급받는 성과급을 합하면 30억 원을 훌쩍 넘어선다. 30억 원이면 하루 1,000만 원에 육박하는 돈이다. 여기에 '판공비'라 불리는 활동비는 덤이다. 은행장의 활동비는 연 2억~5억 원에 달한다. 이는 급여에 포함되지 않는 금액으로 직원 경조사비나 금일봉 등으로 쓰인다. 은행권 관계자는 "CEO들은 각 지점을 돌면서 회식하라고 봉투에 돈을 넣어주곤 하는데 이게 모두 활동비에서 나온다"고 밝혔다.

한도 없는 법인카드도 지급된다. 은행장이 업무상 대외활동을 할 때는 비서실장 같은 보좌진이 거의 따라붙고, 카드 결제할 일이 있으면 보좌진이 대신 결제한다. 이에 따라 은행장의 법인카드는 개인적인 모임 등에서 주로 사용되는데, 한도가 없다. 한 끼 식사대금으로 1,000만 원을 결제한 사례까지 있다고 한다.

이 밖에도 각종 특전이 따라붙는다. 한 외국인 은행장은 20억 원짜리 골프 및 피트니스 회원권, 연간 2억 원의 관리비 및 임대료가 나오는 사택을 제공받았다가 논란이 된 바 있다. 차량은 1억 원 넘는 최고 사양 승용차를 타고 다닌다. 또 외국 출장을 갈 때는 일등석을 이용한다. 의전이 웬만한 장관급도 넘볼 수 없는 수준이다.

그런데 진정한 혜택은 따로 있다. 바로 '책임이 크지 않은 절대권력'이라는 점이다. 기업 오너들은 본인이 세운 회사의 미래를 늘 걱정한다. 이들에게 고용된 CEO들은 오너 눈치를 보느라 정신이 없다. 하지만 임기가 있는 은행장들은 회사와 본인이 공동운명체가 아니면서, 눈치 볼 오너도 없다. 주주가 분산돼 있어 사실상 주인 없는 회사의 CEO이기 때문이다. 오너와 CEO의 이점만 모아놓은 자리가 아닐 수 없다. 은행권 관계자는 "과거엔 정부 눈치를 심하게 봐야 했지만 관치의 힘이 빠지면서 이제 관의 눈치도 크게 보지 않는다"며 "은행 CEO를 제어할 수 있는 강력한 집단은 이제 없는 상태"라고 말한다.

이들의 권력은 막강하다. 회장이나 행장들은 은행별로 각각 2만 명 내외 직원의 인사권을 갖고 있어 말 한 마디면 수만 명이 일사불란하게 움직인다. 또 각종 후원·마케팅에 쓸 수 있는 예산은 은행별로 연간 2,000억 원 내외에 이르는데, 이는 회장이나 행장이 어디에 쓸지 자율적으로 결정할 수 있는 돈이다. 은행권 관계자는 "음악을 좋아하면 음악회를 열고, 좋아하는 스포츠 선수가 있으면 스폰서 계약을 체결하는 등 원하는 대로 예산을 사용할 수 있다"고 말한다.

◀) 유유자적하는 사외이사들

은행 사외이사도 책임 없는 권한을 행사한다. 우선 기본급으로 연간 4,000만~4,500만 원을 받고, 이사회가 열리는 날이면 하루 50만~100만 원의 거마비를 추가로 받는다.

> • 사외이사: 기업의 정직원이 아닌 외부인사. 이사 자격으로 이사회에 참석하면서 각종 경영 판단을 한다. CEO의 전횡을 방지하기 위해 도입됐다

회의가 많이 열리면 기본급과 거마비를 합쳐 연간 1억 원이 훌쩍 넘는 돈을 받을 수 있다고 한다. 각종 특전은 덤이다. 이사회가 열리면 사외이사 집 앞으로 기사 딸린 고급 차량을 보내주고, 회의가 언제 끝나건 대기하다가 귀가를 도와준다. 1년에 한 차례 은행 임원과 같은 수준의

| 4대 금융 사외이사 평균연봉(2013년 기준) |

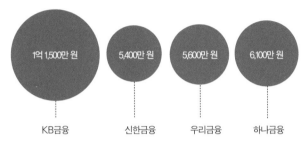

1억 1,500만 원	5,400만 원	5,600만 원	6,100만 원
KB금융	신한금융	우리금융	하나금융

자료: 법원통계월보

건강검진을 제공한다. 100만 원 넘는 정밀검진코스다. 또 정기적으로 특급호텔에서 워크숍을 열어주고, 지사가 있는 외국에서 이사회를 개최해 외국여행 기회를 준다. 사원용 콘도 이용혜택도 있다.

이들이 하는 일이라곤 올라오는 안건마다 동의해주는 게 전부다. 그럼에도 높은 급여와 좋은 특전을 제공받는다. 그래서인지 사외이사 한번 해보겠다며 온갖 곳에 줄을 대는 이들이 많다. 본인의 임기가 다 되면 아는 사람에게 자리를 물려주기 위해 경영진에 압력을 행사하는 이들도 있다.

◀》 퇴직하면 높은 연봉 보장되는 공무원과 정피아

공무원은 퇴직 후 공공기관, 은행, 로펌 등으로 자리를 옮겨 적게는

1억 원에서 많게는 30억 원이 넘는 연봉을 챙긴다. 이들은 후배 공무원의 힘을 빌려 여러 곳에 권력을 행사하면서 높은 연봉을 받는다. 개중에는 공무원 퇴직 후 뛰어난 경영능력을 발휘하는 사례도 있지만, 대개는 유유자적하며 높은 연봉만 받아가는 경우다. 이런 공무원 집단은 일명 **관피아**라 불린다. 후배 공무원이 뒤를 봐주면서 선배 공무원이 높은 연봉을 받는 세태를 꼬집는 말이다. 관피아 위세로 인해 각 공공기관이나 은행은 정부의 낙하산

• 관피아: 관료+마피아. 관료 출신 선후배들이 마피아 조직처럼 상명하복 관계로 움직이며 서로를 봐준다는 뜻.

인사를 피할 도리가 없다. 잘못 보였다가는 강력한 규제와 감시를 받아야 하니까.

공공기관이나 금융사 스스로 관피아를 원하는 경우도 있다. 정부와 원만한 관계를 유지하기 위해 힘센 공무원 출신을 자기 회사에 두고 싶어 하는 마음에서다.

로펌들은 각종 소송을 진행하는 과정에서 정부로부터 정보를 취득하거나 일감을 수주하는 데 퇴직 공무원들을 활용하고 있다.

관피아 득세는 2014년 4월 터진 세월호 참사 이후 다소 사그라들었다. 해양·수산 관련 공공기관으로 내려간 관피아 출신들이 제대로 일을 하지 않아 안전관리에 구멍이 생기면서 세월호 참사가 발생했다는 비판이 나오자, 관피아의 재취업에 강력한 제동이 걸린 것. 또 퇴직 후 3년 내에 재취업하려면 공직자윤리위원회의 승인을 받도록 한 제도도 관피아의 재취업에 어려움을 줬다.

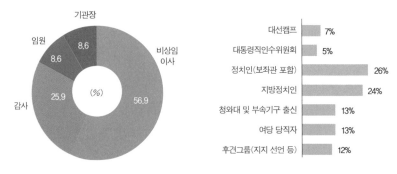

| 2014년 4월 이후 공공기관과 금융사에 진출한 정피아의 보직과 출신 분포 |

기관장

임원

8.6

8.6

비상임
이사

감사

25.9

(%)

56.9

대선캠프　7%

대통령직인수위원회　5%

정치인(보좌관 포함)　26%

지방정치인　24%

청와대 및 부속기구 출신　13%

여당 당직자　13%

후건그룹(지지 선언 등)　12%

자료: 알리오(공공기관 정보공개시스템)와 금융감독원 공시

그런데 그 자리를 정피아가 대거 파고들
었다. 302개 공공기관과 118개 금융회사 등
총 420개 기관을 대상으로 세월호 참사가
난 2014년 4월 16일부터 2014년 연말까지

• 정피아: 정치권 인사+마피
아. 정권 창출에 공이 있는 실
세와 친분이 있는 정치권 인사
들.

기관장·감사·임원·사외이사·비상임이사 교체현황을 조사한 결과 총
980명 바뀐 것으로 나타났다. 그중 116명이 정피아로 파악됐다. 정피
아는 국회의원·보좌관 등 정치인, 대선캠프 전문위원, 대통령직인수
위원회 출신 등을 아우른 것이다.

관피아 낙하산을 배격하면서, 공공기관과 금융사의 지배구조가 개
선된 게 아니었다. 엉뚱하게도 정피아가 내려와 더 왜곡되고 말았다.

전문성이 없는데도 정권창출에 기여했다는 이유만으로 정피아를
요직에 내려보내는 게 더 문제다. 이를 막으려면 공공기관마다 독립적

인 인사위원회를 만들어 능력 있는 인사를 영입하거나 내부 승진을 시켜야 한다. 정권창출에 기여한 인사들을 굳이 챙겨야 한다면, 사전에 아예 그런 자리를 정해놓는 게 낫지 않을까. 전문성이 필요한 자리에 접근하지 못하도록 말이다.

ECONOMIC SENSE

2장

혼돈의 재테크

매우 낮은 물가상승률은 대부분 경기침체 때문이다. 경기가 좋아 소비와 투자가 활발하면 각종 재화의 공급보다 수요가 많아서 물가가 크게 오른다. 하지만 수요가 부족할 때는 물건가격이 덜 오르게 된다. 이런 상황이 심해져서 수요가 극도로 부진해지면 공급이 남아돌면서 결국엔 물가가 떨어지는 디플레이션으로 이어질 수 있다.

디플레이션 예방을 위해 가장 널리 활용되는 대응책이 극단적인 저금리다. 금리를 매우 낮은 수준으로 유지해 경제주체들이 빚을 내어 소비나 투자에 나서도록 유도하고, 기존에 대출이 있던 주체들에 대해선 이자부담을 낮춰 소비와 투자 여력을 늘려주는 것. 2017년 5월 기준 우리나라 기준금리가 역사상 가장 낮은 연 1.25%에 불과한 것은 이런 이유에서다.

이런 상황이면 재테크를 하기가 무척 어렵다. 투자할 곳이 많으면 돈을 빌려 투자에 나서면 되지만, 저성장 시대엔 어림도 없는 얘기다. 금리가 매우 낮으니 은행 예·적금에 돈을 넣어봐야 연 2% 수익을 내기도 어렵다.

이럴 땐 부동산과 주식시장으로 돈이 몰리곤 한다. 2017년 시장 활황이 대표적이다. 다만 앞으로도 유효하지는 의문이다. 늦게 진입한 사람은 자칫 거품이 꺼지면서 큰 손해를 볼 수도 있다.

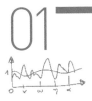

저물가 시대, 길 잃은 재테크
물가와 재테크

저물가의 시대다. 2017년 4월 기준 소비자물가상승률은 1.9%에 불과하다. 1년 전 0%대와 비교하면 다소 높아졌지만, 몇 년 전만 해도 소비자물가가 3~5%씩 오르면서 가계를 위협했던 것을 생각하면, 격세지감마저 느껴진다. 당분간 낮은 물가상승률 시대는 계속될 전망이다. 전문가들은 디플레이션을 걱정한다. 일본이 1990년대와 2000년대에 이런 일을 겪었다.

현재 한국경제는 엄밀히 말하면 디플레이션 상황은 아니다. 상승률이 낮을 뿐, 물가가 오르기는 하고 있기 때문이다. 이런 상황을 **디스인플레이션**으로 구분해서 부른다. 2015년 초 기획재정부가

• 디스인플레이션disinflation: 물가상승률이 지속적으로 낮아지고 있는 상황.

언급한 바 있다. 아직 디플레이션 상황까지는 아니니, 한국경제를 지나치게 비관적으로 볼 필요가 없다는 게 정부의 이야기였다.

디플레이션이건 디스인플레이션이건 이런 상황이 되면 정부는 경제정책을 제대로 구사하기 어렵고 개인들은 재테크에 애를 먹는다.

교과서 경제원리: **금리가 내려가면 자금조달이 용이해져 소비자의 생활이 개선된다.**
실제 경제현실: **투자할 곳이 마땅치 않으면 자금운용에 어려움을 겪는다.**

◀) 디플레이션의 위험성

매우 낮은 물가상승률은 대부분 경기침체 때문이다. 경기가 좋아 소비와 투자가 활발하면 각종 재화의 공급보다 수요가 많아서 물가가 크게 오른다. 하지만 수요가 부족할 때는 물건가격이 덜 오르게 된다. 이런 상황이 심해져서 수요가 극도로 부진해지면 공급이 남아돌면서 결국엔 물가가 떨어지는 디플레이션으로 이어질 수 있다.

전문가들이 디플레이션을 걱정하는 것은 디플레이션이 종종 장기불황으로 이어지기 때문이다. 물가가 계속 떨어지는 상황을 가정해보자. 미래에는 지금보다 싼 값에 물건을 살 수 있다. 이렇게 되면 지금 소비하는 것보다 미래에 소비하는 것이 유리하다. 결국 지금은 꼭 필요한 최소한의 소비만 하려 들고 아무도 소비하려 하지 않게 된다. TV 건 자동차건, 값이 더 떨어지길 기다렸다가 살수록 이득이니까. 그래서 지금 당장의 소비는 침체되고, 기업이 물건을 만들어도 팔 수 없는 상황에 직면하게 된다.

기업들도 마찬가지다. 거액이 드는 각종 투자 결정을 미룰수록 각종 투자재 값이 내려가면서 더 적은 비용으로 투자를 할 수 있게 되므로, 결국 당장의 투자를 미루게 된다. 이처럼 소비와 투자가 계속 미뤄지면 소비재와 투자재를 생산하는 기업들은 만들어놓은 물건이 팔리지 않아 고통받게 된다. 그러면 기업실적이 악화되어 고용문제까지 심각해지면서, 곧 극심한 경기침체에 빠져들게 된다.

"물가가 높아 고통스러운데, 웬 저물가 타령?"

물론 이런 불만도 있을 수 있다. 이를 완화하려면 경제가 꾸준히 성장해, 소득이 물가 이상으로 늘어나야 한다. 디플레이션은 이런 가능성을 원천적으로 차단한다. 물가가 내려간다고 환영했다가 경기가 극도로 침체되는 일을 겪을 수 있는 것이다. 그러면 서민부터 실직 등의 고통을 겪는다. 그래서 전문가들은 경기침체 속의 물가상승률 안정을 우려한다.

우리가 환영할 수 있는 것은 오직 경기호황으로 저가 공급이 쏟아져 물가가 내려가는 상황이다. 하지만 이는 중국의 고도성장 같은 예외적인 시기에만 경험할 수 있다. 물가 하락은 대개 반갑지 않은 소식인 것이다.

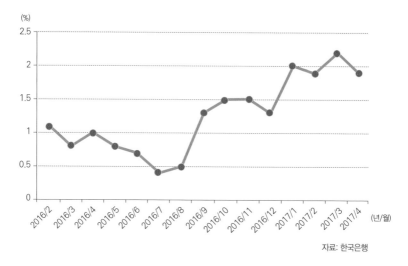

| 소비자물가상승률 추이 |

(%)

자료: 한국은행

어쩌다 디플레이션을 막을 여지는 있다. 가뭄 등으로 공급이 부족해지면서 물건값

• 스태그플레이션stagflation:
경기침체 속 물가상승.

이 오를 때가 대표적. 그러나 이는 경제를 더욱 어렵게 한다. **스태그플레이션**이 오면 서민과 중소기업의 삶은 더욱 힘들어진다. 이를 피하려면 경기 자체가 살아나면서 물가가 올라야 한다.

결국 디플레이션은 경제가 무조건 피해야 할 독이다. 당장 물가가 떨어진다고 기뻐할 일이 아니다. 이를 아는 정부와 중앙은행은 물가상승률이 너무 낮아지지 않도록 각종 관리를 한다. 어떻게 해서든 디플레이션만큼은 막아야 한다는 게 정부의 생각이다. 하지만 장기저성장이란 거대한 흐름을 돌리기는 어려워 한계가 많은 실정이다.

🔊 저금리와 재테크

디플레이션 예방을 위해 가장 널리 활용되는 대응책이 극단적인 저금리다. 금리를 매우 낮은 수준으로 유지해 경제주체들이 빚을 내어 소비나 투자에 나서도록 유도하고, 기존에 대출이 있던 주체들에 대해선 이자부담을 낮춰 소비와 투자여력을 늘려주는 것. 2017년 5월 기준 우리나라 기준금리가 역사상 가장 낮은 연 1.25%에 불과한 것은 이런 이유에서다. 결국 현재 한국경제는 '디플레이션이 우려돼 금리가 매우 낮은 상황'으로 한 줄 요약할 수 있다.

이런 상황이면 재테크를 하기가 무척 어렵다. 투자할 곳이 많으면 돈을 빌려 투자에 나서면 되지만, 저성장 시대엔 어림도 없는 얘기다. 금리가 매우 낮으니 은행 예·적금에 돈을 넣어봐야 연 2% 수익을 내기도 어렵다. 이럴 땐 부동산과 주식시장으로 돈이 몰리곤 한다. 2017년 시장 활황이 대표적이다. 다만 앞으로도 유효할지는 의문이다. 늦게 진입한 사람은 자칫 거품이 꺼지면서 큰 손해를 볼 수도 있다.

🔊 위안화 예금에 돈이 몰렸던 까닭

저금리 시대에는 재테크를 둘러싼 각종 에피소드가 생겨난다. 한 예로, 2014년 중국 위안화 예금이 급증한 적이 있었다. 2014년 7월 말 기준 중국은행의 한국지점들이 유치한 위안화 예금 잔액은 161억 9,000만 달러(약 17조 1,760억 원)에 달했다. 2013년 말과 비교하면 7개월 만에 2.5배로 불어난 셈.

위안화 예금은 2013년부터 급증하기 시작했다. 2012년 1억 7,000만 달러에 불과했던 위안화 예금 잔액이 2013년 66억 7,000만 달러로 늘었고, 2014년 7월엔 161억 9,000만 달러로 급증했다. 전체 외화 예금에서 위안화 예금이 차지하는 비중도 2012년 0.4%에서 2014년 25.9%로 치솟았다. 비결은 금리에 있었다. 당시 우리나라 은행들의 정기예금 금리가 연 2%대 초반에 그친 반면, 중국 은행들은 연 3%가 넘는 금리를 제공했다. 이로 인해 국내 투자자들의 위안화 예금 가입 행렬이 줄을 이었던 것이다.

◀)) 저축성 보험, 알고 가입해야

초저금리 시대를 맞아 **저축성 보험**이 주목받곤 하는데, 정말 잘 따져보고 가입해야 한다.

2016년 4월 기준 예금 금리가 연 1.5% 내외에 그치는 반면 저축성 보험은 연 3% 이상의 상대적인 고금리를 주고 있어 재테크 수단으로 각광받고 있다.

> • 저축성 보험: 위험 보장이 아닌 저축을 목적으로 하는 보험. 연금보험이 대표적이다. 상해 보험처럼 위험 보장을 목적으로 하는 보험은 보장성 보험으로 구분해 부른다.
> • 사업비: 보험사가 계약유지 비용 명목으로 가져가는 몫

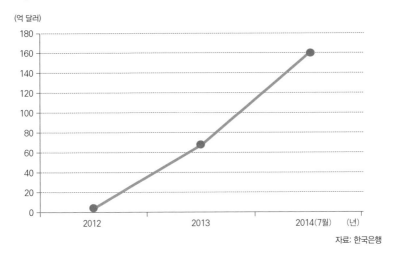

(억 달러)

자료: 한국은행

그러나 **사업비**를 떼고 나면 이런 고금리가 무색해진다. 사업비는 그 비중이 상당하다. 생명보험협회 사업비 공시를 보면 155개 저축성 보험의 사업비는 납입 보험료의 5~19% 수준에 이른다.

대부분의 경우 저축성 보험은 사업비 때문에 아무리 높은 이자율이 설정된다 하더라도 원금 회수를 하는 데 오랜 기간이 걸린다. 그럼에도 보험을 판매해 돈 버는 보험사들은 오로지 높은 금리만 강조한다. 여기에 은행들도 보험 판매를 대리하면서 예·적금보다 저축성 보험을 먼저 권하는 경우가 많다. 판매수수료 수입을 올릴 수 있기 때문이다. 결국 피해를 보는 쪽은 소비자다. 속은 채로 가입했다가 나중에 돈을 돌려받을 때가 돼서야 사업비의 존재를 알게 되는 일이 부지기수다.

장기투자를 할 때는 투자목적에 맞는 상품을 택해야 한다. 다른 생각은 하지 않고 돈을 장기적으로 모아 이를 노후대비나 자녀 결혼자금으로 쓰려는 사람에게는 저축성 보험이 나을 수도 있다. 만기가 길어야 3년인 예·적금은 돈이 모일 때마다 다른 곳에 쓰기 쉬운데, 보험은 중간에 해약하면 손해를 보므로 장기간 강제로 돈을 모으게 되는 효과가 있다. 또한 저축성 보험은 10년 이상 유지하면 관련법에 따라 이자에 비과세혜택이 주어지고, 중간에 사고를 당하면 특별위로금도 준다. 하지만 투자목적이 자산증식 자체에 있다면 사업비를 떼지 않는 예·적금이 낫다.

◀) 금·달러에 투자해볼까?

대체투자로 달러와 금에 주목하기도 한다.

미국은 2015년 12월 기준금리를 인상했다. 미국이 금리를 올린 것은 무려 9년 6개월 만이다. 미국은 큰 경기추락이 없는 한 앞으로 수년간 금리 강세가 예상된다. 그러면 전 세계에 뿌려졌던 달러가 금리인상을 좇아 미국으로 돌아오고, 그 결과 전 세계에 달러공급이 부족해지면서 달러가치가 올라갈 수 있다. 이에 따라 외화예금을 늘리는 자산가들이 많다. 달러에 관심 있는 사람들은 시중 은행에서 외화예금에 가입하면 된다.

금값에 대해선 전망이 엇갈린다. 금값을 결정하는 요인은 크게 3가지다. 경제안정성, 달러가치, 물가상승률이다. 금은 오랜 시간이 흘러도 그 가치가 유지되는 대표적인 자산이다. 그래서 안전자산이라 불린다. 이런 안전자산의 가치는 큰 경제위기가 올수록 부각된다. 주식, 부동산가치가 급락하면 사람들은 안전한 자산을 찾게 되고 그 과정에서 금에 대한 수요가 몰리면서 금값이 올라간다.

금값은 달러가치와 상충관계에 있다. 달러 역시 대표적인 안전자산이기 때문이다. 달러가치가 올라 달러수요가 늘면, 상대적으로 금은 덜 찾으면서 금값이 떨어진다. 그러나 글로벌 경제침체가 오래갈 경우엔 달러와 금에 대한 수요가 함께 늘면서 동시에 강세를 띨 수도 있다.

물가가 크게 오른다는 건 화폐가치 하락을 의미한다. 그러면 예전과 같은 양의 금을 사기 위해 더 많은 화폐를 줘야 한다. 이는 곧 금값상승을 의미한다. 즉 물가상승이 금값을 높인다.

2011년 이후, 글로벌 경기회복세에 낮은 물가상승률이 더해지면서 금값은 2015년 말까지 장기적인 하락세를 기록했다. 향후 금값은 어떻게 될까? 우선 앞으로 예상되는 달러가치 상승은 금값을 내리는 요인이다. 또 글로벌 경기가 전반적으로 안정세로 접어들고 있는 것도 금값 약세를 점치는 요인이 되고 있다.

반면 미국 경기회복으로 물가상승률이 올라갈 것이란 예상은 금값을 올리는 요인이다. 금값상승을 예견하는 사람들은 추가로 2011년 이후 지속적으로 금값이 내려가는 동안 관련 업체들이 금광 개발을 거의 하지 않아 금 공급부족이 올 수 있다고도 덧붙인다. 이 밖에 금값이

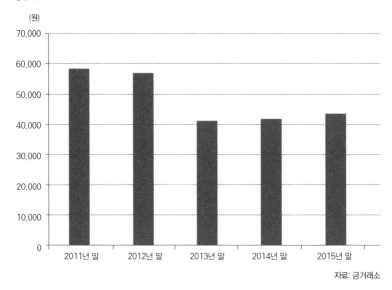

(원)

자료: 금거래소

너무 내려갔다는 심리가 퍼지면 저가매수수요가 나오면서 금값이 올라갈 수도 있다.

금에 관심 있는 사람들은 시중 은행을 찾으면 공인된 골드바를 구입할 수 있다. 규격이 몇 가지로 정해져 있으며, 보통 10g~1kg 규격 사이에서 판매된다. '골드뱅킹'이란 것도 있다. 이는 통장에 금을 적립하는 방식이다. 골드뱅킹 통장에 현금을 넣으면 실물을 받는 게 아니라 통장에 금을 얼마나 보유하고 있는지가 표시된다. 예를 들어, 금 1g 가격이 5만 원일 때 10만 원을 넣으면 통장에 10만 원이 아닌 2g이 기입된다. 추후 은행에 현금화를 요구하면, 이때 금 시세에 따라 돈을 돌려받게 된다. 이에 실제 금을 구입한 것과 같은 효과를 내면서 보관상의 불편함을 덜 수 있다.

골드바보다는 골드뱅킹이 유리하다. 골드바는 제작비용과 거래비용이 있어 살 때는 골드뱅킹보다 비싸고, 팔 때는 골드뱅킹보다 적게 받는다. 여기에 골드바는 구입가에 대해 부가가치세 10%를 내지만, 골드뱅킹은 각종 세금이 면제된다.

02

핀테크가 바꾸는
우리의 금융라이프
핀테크와 빅데이터

현재 금융계에서 가장 핫한 키워드 중 하나가 **핀테크**다. 그러나 정작 핀테크를 제대로 아는 사람은 드물다.

금융감독원에 따르면 금융은 태동 이후 신용카드의 출현으로 1차 혁명을 겪었다. 현금 없는 거래가 가능해졌기 때문이다.

그리고 폰뱅킹과 인터넷뱅킹이 나오면서 2차 혁명을 겪었다. 은행 지점을 찾지 않고도 금융거래를 할 수 있게 된 것이다.

그리고 이제는 3차 혁명. IT기업과 금융사의 역할 구분이 모호해진 핀테크의 세상

> • 핀테크Fin-Tech: 금융finance +기술technology. 인터넷 기술을 활용해 금융거래의 편의성을 대폭 높이는 것을 의미한다.

이 전개되고 있다. 핀테크는 IT기술을 활용한 모든 금융서비스를 아우

른다. IT기업이 전산 프로그램을 통해 송금, 카드결제 등 각종 금융서비스를 제공하는 것이 대표적이다. 미국의 페이팔(이베이), 중국의 알리페이(알리바바) 같은 업체가 대표적이다.

◀ 간편결제수단으로 태동

핀테크는 간편결제, 송금, 투자·대출, 자산관리 등 4가지로 구분된다. 태동은 간편결제였다. 이베이나 알리바바 같은 전자상거래업체들은 어떻게 하면 고객이 보다 간편하게 돈을 내고 물건을 구매할 수 있을지 고민했다. 그 결과 내놓은 게 '자체 계정'이다. 전자상거래업체 홈페이지에 있는 계정에 현금을 넣어놓거나 신용카드정보를 연계한 계좌의 일종이다. 이후 소비자들은 해당 홈페이지에서 구매 버튼을 누른 뒤 네 자리 비밀번호만 입력하는 것으로 간편하게 물건을 구매할 수 있게 됐다. 그러면 계정에서 판매자로 입금이 완료된다. 일일이 판매자에게 송금하거나 신용카드정보를 입력하는 불편이 사라진 것.

간편결제는 전자상거래 업체의 계정을 이용하는 수준에서, 지금은 스마트폰에 신용카드정보를 입력한 뒤 물건을 구입하는 수준까지 진화했다. 또 계정에 돈, 쿠폰, 선불카드정보 등을 넣고 한도금액 내에서 결제하는 체크카드 방식도 있다. 구글, 알리페이, 페이팔, 애플 등이 이런 서비스를 내놓고 있다. 이런 간편결제시장은 편의성을 무기로 급성장하고 있으며, 거의 모든 기업이 활용하고 있다. 일례로 미국 커피 전문업체 스타벅스는 스마트폰에 저장하는 선불카드 판매로 전체 매출의 9.2%를 올린다. 스마트폰 선불카드에 돈을 충전해놓고 커피를 살 수 있게 한 것이다. 월마트, 베스트바이 등 미국의 대형 14개 유통업체들도 비슷한 서비스를 운영 중이다. 세계 모바일결제시장은 2013년 3,530억 달러에서 2017년 7,210억 달러로 커질 전망이다.

이로써 기업들은 실질적인 금융업을 하게 됐다. 소비자들이 돈을 넣어둔 계정을 관리하고, 구매자와 판매자 간 자금거래를 중개하면서 금융사의 기능을 하는 것.

물론 기존 금융사들도 IT기술을 활용해 다양한 금융서비스를 제공해왔다. 그러나 이때는 핀테크란 말을 쓰지 않았다. 기존 금융서비스의 진화 정도로 봤기 때문이다. 그러나 지금은 금융서비스의 주체가 다양해졌다. 금융사 외에 일반기업도 IT기술을 이용, 금융서비스를 제공하는 것이다. 그러면서 핀테크란 말도 생겨났다. 즉 기존 금융서비스와 핀테크의 가장 큰 차이는 일반기업도 금융서비스를 제공하게 된 데서 나온다고 이해하면 된다.

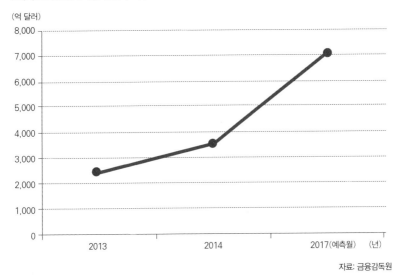

| 세계 모바일결제시장 규모 추이 |

(억 달러)

자료: 금융감독원

이렇게 시장이 앞서가자 관련 규제에도 변화가 생기고 있다. 기존에는 금융 안정성을 위해 정부가 면허를 부여한 금융사만 금융업을 할수 있었지만, 지금은 일반기업도 실질적으로 금융업을 할 수 있게 되면서 정부의 면허부여권한이 사문화되고 있다.

◀》 저렴하고 간편하게 송금

간편결제가 큰 호응을 얻으면서 송금, 대출, 투자 등 다른 분야에서도 핀테크 기술이 줄줄이 출시되고 있다.

두 번째로 송금서비스를 보자. 2014년 국내에서도 '뱅크월렛카카오'를 통해 카카오톡 친구끼리 송금을 할 수 있는 서비스가 출시되면서 관심이 높아졌는데, 편의성과 비용이 큰 장점으로 꼽힌다. 인터넷뱅킹으로 송금하려면 공인인증서, 보안카드 등이 필요하지만 카카오톡 같은 서비스를 이용하면 인증절차를 생략하고 송금할 수 있다. '네이버페이'도 비슷한 서비스를 제공한다.

또 국외송금의 경우 은행 이용 시 '송금인 → 송금은행 → 중개은행 → 수취은행 → 수취인' 등의 과정을 거쳐야 하며 각 단계마다 송금수수료, 중개수수료 등 여러 수수료가 들지만, 미국 페이팔을 이용하면 페이팔 계정이 있는 사람끼리 돈을 주고받으며 페이팔에만 수수료를 지급하면 된다. 영국에서는 핀테크업체를 통한 국외송금수수료가 은행수수료의 10분의 1에 불과하고 송금기간도 1~3일로 은행의 3~8일보다 짧다.

이런 송금은 폭발적으로 성장하고 있다. 미국의 모바일송금전문업체 '벤모venmo'는 2014년 2분기에 1년 전보다 347% 증가한 4억 6,800만 달러의 송금 실적을 올렸다. 심지어 케냐에서도 통신업체 '사파리콤'이 휴대전화 계정의 돈을 문자메시지로 송금하는 서비스를 2007년 출시, 케냐 성인의 74%(2,300만 명)가 이 서비스를 이용 중이다. 송금액은 케냐 GDP의 3분의 1 수준에 이른다.

구분	시중 은행(원)	핀테크(원)
송금수수료	7,000	11,000
중개수수료	22,000	없음
전신료	7,500	없음
합계	36,500	11,000

자료: 금융감독원

◀) 투자·대출 수단으로 부상

셋째가 투자·대출이다. 핀테크를 활용한 투자·대출은 기존의 **스마트뱅킹** 수준을 뛰어넘는다. **P2P 금융**이 대표적이다.

P2P 금융은 기본적으로 경매방식을 취한다. 예를 들어, 200만 원을 빌리겠다는 요청에 대해, 30만 원(이자율 10%), 40만 원(12%), 50만 원(15%), 60만 원(18%), 20만 원(20%), 50만 원(25%) 등 6명의 투자자가 모집되면, 금리가 낮은 순서부터 낙찰시켜 200만 원 (30만 원+40만 원+50만 원+60만 원+20만 원)을 채우고 가장 높은 금리를 제시한 50만 원 (25%)은 떨어지는 식이다.

직거래시스템이라 돈을 빌리는 사람은 중개업체에 약간의 수수료만 내면 된다. 그러

> • **스마트뱅킹**: 스마트폰에 은행 거래 애플리케이션을 내려받은 뒤 이를 통해 예금, 대출 등 거래를 하는 것.
> • **P2P 금융Person to(2)-Person**: 금융전문업체의 홈페이지와 애플리케이션 또는 SNS에 투자받기 원하거나 돈을 빌리려는 사람이 자신의 사연, 재무상태, 상환계획 등을 올리면 관심 있는 사람이 신청자에게 직접 투자를 하거나 돈을 빌려주는 형태의 자금거래.

면 차입자는 대부업체보다는 낮은 금리에 돈을 빌릴 수 있고, 투자자는 은행 예금보다 높은 수익률을 올릴 수 있다. 기존 금융업체를 이용할 때와 비교해 돈을 빌리는 사람과 빌려주는 사람 모두 윈윈 효과가 나는 것. 이후 약속한 만기가 돌아오면, 돈을 빌린 사람은 빌려준 사람들에게 빚을 갚으면 된다. 이때 돈을 못 갚게 되면 그 부담은 사이트가 아니라 전적으로 돈을 빌려준 사람이 진다. 투자자 입장에선 돈을 떼일 위험이 있지만, 이는 고수익을 추구하는 과정에서의 위험부담으로 인식된다.

같은 식으로 인터넷에 기술 아이디어를 올리면, 이를 보고 투자하는 형태의 핀테크인 **크라우드펀딩**도 있다. 크라우드펀딩 중개업체 사이트에 본인의 기술 소개글을 올리면, 이용자들이 이를 보고 투

> • 크라우드펀딩: **인터넷 등을 이용해 불특정 다수로부터 투자금을 받는 것.**

자금을 보내는 방식이다. 이후 발생하는 수익은 나눠 갖는다. 그러면 투자자를 제대로 구하지 못하던 기업과, 저금리로 고민하던 투자자 모두 윈윈 효과를 볼 수 있다.

P2P 금융은 국내에선 낯설지만 외국에선 급성장하고 있다. 금융감독원에 따르면 중국의 2013년 P2P 금융 시장규모는 11조 1,000억 원에 달한다. 미국(2조 5,000억 원), 영국(8,300억 원), 일본(1,290억 원)도 큰 편. 이 가운데 미국은 2007년 8,500만 달러에서 2013년 24억 2,100만 달러로 시장규모가 급증했다. 2013년 시장성장률은 178.3%에 이르렀다. 이처럼 시장이 커지자 기존 대기업들의 관심도 커지면서, 미국

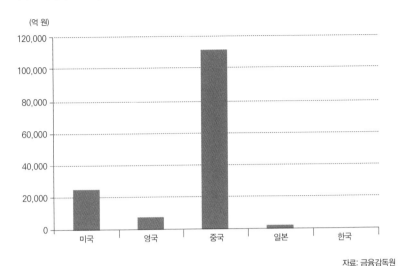

자료: 금융감독원

대표기업 구글이 2013년 5월 미국 내 P2P 대출 1위업체인 '렌딩클럽 LendingClub'에 1억 2,500만 달러의 지분투자를 하기도 했다.

◀) 자산관리사 역할도 수행

영국의 자산운용사 넛메그Nutmeg는 자체개발한 인공지능 앱을 통해 1,000파운드(172만 원) 이상 투자를 하는 사람에게 투자성향 등을 고려해 자산관리를 해주면서 실시간 모니터링서비스 등을 제공한다. '알파

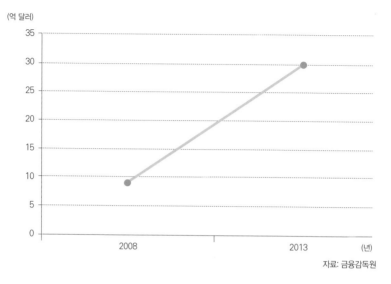

(억 달러)

자료: 금융감독원

고가 자산운용사 역할도 빼앗을 것'이란 전망이 나오는 건 이 때문이
다. 중국 알리바바의 위어바오는 자사 계정에 들어 있는 고객의 여유
자금을 자산운용사를 통해 관리해준다. 2015년 기준 중국의 수시입출
식 예금의 평균금리는 연 0.35% 수준에 불과한데, 위어바오는 5~6%
의 금리를 주면서 큰 인기를 끌고 있다.

　지금까지 설명한 4가지 형태의 핀테크를
전문적으로 수행하는 업체로 최근 **인터넷은**
행이 속속 설립되고 있다. 기존 은행의 인터
넷뱅킹은 지점을 두면서 소비자에 대한 서

> • 인터넷은행: 별도의 지점을
> 두지 않고 인터넷 홈페이지를
> 통해 스마트폰 전용 신용카드
> 발급, 송금, 예금, 대출, 자산관
> 리 등 서비스를 제공하는 은행.

비스 개념으로 인터넷을 통한 금융거래서비스를 제공하는 형태인 반면, 인터넷은행은 지점 없이 홈페이지 거래만 제공한다는 차이점이 있다. 인터넷은행은 기존 은행과 비교해 지점관리비용이 들지 않아 예금금리는 다소 높게, 대출금리는 다소 낮게 설정해 소비자들이 이익을 볼 수 있는 여지가 있다.

🔊 빅데이터를 등에 업은 핀테크

핀테크는 빅데이터를 등에 업고 계속해서 진화 중이다. IT 기술 발전과 모바일 환경 확대로 정보의 양이 폭발적으로 증가하면서, 소비자들은 이제 수많은 정보를 감당하기 어렵게 됐다. 이에 기업들은 자체 기술로 빅데이터를 분석해 맞춤형 금융서비스를 제공하고 있다.

> • 빅데이터: 기존 데이터베이스 관리 시스템이 수집·저장·관리·분석할 수 있는 역량을 넘어설 만큼 거대해서 통제하기 힘든 데이터 집합. 이를테면 수천만 명에 이르는 신용카드 회원들의 모든 결제내역이 대표적인 빅데이터다. 이를 수집해 분석하려면 새로운 기법이 있어야 하는데 기업들은 저마다 빅데이터 분석기법을 갖고 있다.

개인의 수많은 금융거래정보를 분석해 안정 지향인 사람에게는 안정적인 예·적금을 추천하고, 공격 지향인 사람에게는 고수익 금융상품을 자동으로 추천하는 식은 일차원적인 서비스다. 최근에는 카드 결제내역을 분석해 좋아할만한 식당이나 쇼핑몰을 자동 추천하기도 한다.

◀️ 핀테크에 뛰어드는 금융사들

마음만 먹으면 금융사를 통하지 않고도 사실상 모든 금융거래를 할 수 있는 시대가 되면서, 금융사들도 이에 적극 대응하고 있다. 프랑스의 BNP파리바는 2013년 예·적금 가입, 이체, 신용카드 등 모든 서비스를 제공하는 인터넷은행 '헬로뱅크'를 설립했다. 또 미국의 캐피탈원과 스페인 BBVA는 각각 2012년과 2014년 인터넷은행을 인수했다. 대출 신청자가 평소 SNS에 올린 글을 분석해 얼마나 믿을 수 있는 사람인지 분석하는 은행도 있다. IT기업들의 공세에 대해 은행들이 나름대로 대응을 하고 있는 것. 이에 따라 앞으로 핀테크를 둘러싼 IT기업과 금융사 간 치열한 주도권 경쟁이 펼쳐질 전망이다.

한국의 핀테크는 아직 걸음마단계다. 외국에선 이미 메신저를 통한 송금이 일반화되어 있는데 우리는 뱅크월렛카카오를 통해 2014년 들어서야 시작됐다. 또 제대로 실적을 내는 핀테크 전문기업은 아직 등장하지 않았다. 은행의 모바일뱅킹이나 카드사의 모바일결제서비스 정도에 머물고 있는 것이다. 미국의 애플페이와 비슷한 삼성페이 등이 등장했지만, 애플페이를 따라잡으려면 갈 길이 멀다.

한국에서 핀테크 자체가 성공하기 어려울 것이란 비관적인 시각도 많다. 외국에서 핀테크가 태동했던 것은 24시간 자금이체가 불가능하고 신용카드 사용이 안 되는 곳이 산재해 있는 등 금융생활에 불편이 많았기 때문이다. 이런 빈곳을 공략하는 과정에서 IT기업들의 핀테크가 발전했다. 그러나 한국은 기존 금융회사들의 서비스에 특별한 빈틈이 없어서 핀테크가 자리 잡기 어렵다는 지적이다.

그럼에도 각 금융사와 기업 들은 시장선점을 위해 다양한 혜택을 내놓을 것으로 보인다. 삼성페이와 LG페이의 경쟁이 대표적이다. 전문업체들은 상대적으로 유리한 금리조건을 제시하는 등 노력을 기울이고 있다. 소비자는 혜택을 비교한 뒤 가장 유리한 곳을 주거래회사로 골라 이용하면 된다.

03

금융사는 당신의
모든 것을 알고 있다?
신용등급

금융은 신용을 기반으로 한다. 각종 돈 거래를 믿고 하려면 상대방 신용에 대한 신뢰가 있어야 한다. 그런데 타인의 신용은 겉만 봐선 판단하기 어렵다. 잘 아는 사람이라면 평소 그의 행실을 따져 신용을 판별할 수 있지만, 처음 보는 사람은 이런 판단이 불가능하다. 이럴 때 지표가 돼 줄 수 있는 게 신용등급이다. 이를 기반으로 금융사들은 수많은 사람과 금융거래를 한다. 신용등급은 높건 낮건 누구나 갖고 있다.

당연히 신용등급은 높을수록 유리하다. 그래야 보다 낮은 금리로 대출을 받을 수 있고 신용카드 사용한도도 높게 부여받을 수 있다. 그래서 많은 사람들은 신용등급이 높게 유지되도록 관리한다. 그런데 이와 관련한 오해가 많다.

◀ 신용등급에 대한 5가지 오해와 진실

개인신용등급은 신청한다고 해서 매겨지는 게 아니다. 우리가 어떤 경제활동을 하는 순간 자동으로 생성된다. 금융사가 각종 금융거래결과를 신용정보사로 보내면 거래규모, 연체여부 등을 따져 신용정보사가 알아서 개인 신용등급을 부여한다. 신용거래를 성실하게 할수록 신용등급이 올라간다.

신용정보사로는 나이스평가정보, 코리아크레딧뷰로, 서울신용평가정보 등이 있다. 이곳 홈페이지에 방문하면 무료로 내 신용등급을 확인할 수 있다.

다음은 신용등급에 대해 흔히들 잘못 생각하는 것 5가지다. 이 오해를 한번 풀어보자.

첫 번째 오해_ 대출받지 않는 사람의 신용도가 더 높다

아니다. 신용등급은 앞으로 1년 안에 90일 이상 연체할 가능성이 얼마나 되는지를 수치화한 것이다. 대출받은 이력이 없는 사람은 연체

가능성이 얼마나 되는지 판단하기 어려워 일단은 낮은 등급을 부여받는다. 때문에 기존에 대출을 받아서 잘 갚아나간 사람의 등급이 더 높다.

두 번째 오해_ 신용거래를 많이 할수록 등급이 올라간다

아니다. 지나치게 많은 채무는 연체위험을 높이므로 등급을 하락시킨다. 자신의 소득을 감안해서 적절하게 신용거래를 한 사람의 등급이 가장 높다. 또 여러 금융사와 거래를 하기보다는 주거래금융사를 정해서 한두 군데만 이용하는 게 좋은 등급을 받는 데 유리하다.

세 번째 오해_ 잦은 조회는 등급을 떨어뜨린다

아니다. 신용조회만으로 등급이 떨어지진 않는다. 다만 신용조회가 실제 금융거래로 이어질 때만 등급이 영향을 받는다. 편리하다는 이유로 전화·인터넷대출 신청, 카드사 현금서비스 등을 이용하면 금융사가 신용조회를 하게 되는데, 실제 이런 고금리대출은 받았다는 사실만으로 신용등급이 내려갈 수 있으니 주의해야 한다. 이는 일반적으로 고위험군이 주로 이용하는 대출이어서 신용등급에 악영향을 주므로 가능하면 이용하지 않는 편이 좋다. 그러나 거래로 이어지지 않은 등급조회는 등급을 떨어뜨리지 않는다.

네 번째 오해_ 공과금 등 연체는 신용등급과 관련 없다

아니다. 공과금, 카드이용대금, 통신요금 등 소액단기연체의 경우, 한두 번쯤은 상관없지만 반복되면 신용등급에 영향을 준다. 이에 따라 자동이체 등으로 소액연체를 막아야 한다. 소액이라 하더라도 무조건 연체가 발생하지 않도록 잘 관리해야 한다.

다섯 번째 오해_ 체크카드만 사용하면 등급이 내려갈 수 있다

반은 맞고 반은 틀리다. 체크카드 사용자는 대금을 연체할 가능성이 얼마나 되는지 알기 어려워 등급산정 때 항상 불리했다. 그러나 체크카드 사용이 장려되는 상황에서 체크카드 사용자의 등급이 내려가는 것은 불합리하다는 지적이 제기되면서, 이를 사용하는 데 따른 등급산정의 불리한 조항이 없어졌다. 이에 따라 체크카드만 잘 사용해도 등급이 올라갈 수 있게 됐다. 다만 3년에 한 번쯤은 신용카드 사용이력이 있어야 한다. 결국 체크카드와 신용카드를 적절하게 섞어 활용하는 게 유리하다.

자신의 신용등급이 실제 소득이나 재산 수준에 비해 낮다고 생각되면 이의를 제기할 수 있다. 자신의 신용등급이 불만족스러운 사람들은 우선 신용평가사에 설명을 요구하면 된다. 그러면 신용평가사는 신용등급산정 때 반영된 소득 등 여러 요소와 평가 비중, 최근 달라진 개인신용정보가 신용등급에 미친 영향, 신용등급을 높이기 위해 개선해야 할 점 등을 구체적으로 설명해야 한다. 이에 만족하지 못하면 금융감독원의 '개인신용평가 고충처리단'에 민원을 넣으면 된다. 이후 고충처리단은 신용평가사의 등급산정에 문제가 있는지 살펴보고, 문제가 발견될 경우 시정조치를 하게 된다.

 개인신용등급을 무료로 열람할 수 있는 곳

- 나이스평가정보(주) **www.creditbank.co.kr**
- 코리아크레딧뷰로(주) **www.mycredit.co.kr**
- 서울신용평가정보(주) **www.siren24.com**

※기관별로 1년에 3번(4개월 단위) 무료 열람 가능함.

◀》 기업에 후한 신용평가사

기업도 신용등급이 있다. 다만 기업은 신용평가사에 돈을 내고 자신의 등급을 판별해달라고 요청해야 등급이 매겨진다. 일반인은 돈을 내지 않아도 자동으로 등급이 부여되지만, 기업은 대가를 내야 등급을 받을 수 있다. 신용등급이 없는 기업은 은행이나 투자자들이 믿을 수 없어 대출이나 회사채 투자를 하지 않게 된다. 그래서 기업들은 돈을 내고 등급을 부여받는다.

그런데 신용평가사들이 돈을 받고 등급을 부여해주다 보니, 기업 눈치를 보는 경우가 많다. 엄격하게 등급을 부여했다가, 기업들이 후한 신용평가사로 거래처를 바꿔버릴 수 있기 때문이다.

이에 따라 큰 문제가 불거진 후에야 등급이 내려가는 경우가 많다. 기업 신용상황에 문제가 발생하면 바로 등급에 반영돼야 하는데, 미루고 미루다 큰 문제가 터진 후에야 등급을 낮추는 것이다. 이 과정에서 기업의 부실을 제대로 파악하지 못한 채 투자했다가 피해를 보는 경우가 나오고 있다.

지난 2013년 신용등급이 내려간 기업의 수가 36개로 1999년 이후 가장 많은 수치를 기록한 바 있다. 신용평가사가 2008년 글로벌 금융위기 때 이미 어려움을 겪었던 기업의 등급을 낮추지 않다가, 해당 기업의 어려움이 계속되자 5년이나 지난 다음에야 겨우 등급을 낮춘 것이었다.

◀》 강대국일수록 후한 신용등급

정부도 신용등급이 있다. 각국 정부는 세수가 부족할 때 국채를 발행해 자금을 추가로 모집하는데, 이때 국채 투자자에게 신용등급정보를 제공하고자 세계 3대 신용평가사로부터 돈을 내고 등급을 부여받는다. 널리 알려진 대로 3대 평가사는 스탠더드앤드푸어스(S&P), 무

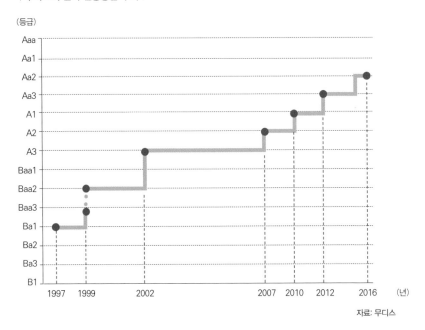

| 무디스의 한국 신용등급 추이 |

(등급)

자료: 무디스

디스, 피치다.

　3대 신용평가사는 강대국일수록 눈치를 보는 경향이 있다. 미국 같은 나라에 잘못 보였다가 사업에 큰 차질이 올 수 있기 때문이다. 반면 힘이 약한 나라에 대해서는 엄격한 평가를 한다. 그래서 강대국일수록 등급이 높고, 힘이 약한 나라는 경제가 탄탄해도 제대로 평가를 받지 못하는 측면이 있다. 실제 미국과 유럽국들은 오랜 경제위기에도 불구하고 높은 등급을 유지하고 있다.

　우리나라는 S&P와 무디스로부터 각각 3번째로 높은 AA, Aa2 등급을 부여받은 상태다. 피치로부터는 4번째로 높은 AA- 등급을 받았다. 우리나라는 저성장 문제에 직면해 있지만, 경제구조의 안정성에 대해 비교적 좋은 평가를 받고 있어서 등급이 상향추세다. 그러나 저출산 및 고령화 등의 문제가 불거지면 언제든 등급이 떨어질 위험이 있다.

04

한심한 세정의 축소판
연말정산

매년 1월이면 연말정산 때문에 골치를 앓는다. 한 푼이라도 더 받기 위해 낑낑대며 서류를 작성하지만, 정작 돌려받는 세금은 기대에 미치지 못할 때가 많다. 특히 2015년 세법이 개정된 이후 많은 직장인이 세금을 돌려받기는커녕 오히려 토해내고 있다. 이런 연말정산을 제대로 알아두면 재테크에 도움이 되는 것은 물론, 우리나라의 세제를 이해하는 첫발을 디딜 수 있다.

이것만은 꼭!

교과서 경제원리: **소득이 많을수록 세금을 많이 낸다.**
실제 경제현실: **소득을 숨기면 많이 벌어도 세금을 적게 낼 수 있다.**

◀️ 연봉이 아니라 과표소득이 중요

매달 월급 통장에 찍히는 금액은 소득세
를 내고 남은 세후 월급이다. 이렇게 원천징
수를 하고 난 세후 월급을 받아 각종 지출을
하게 된다.

> • 원천징수: 매달 월급을 받을
> 때마다 자동으로 세금을 거두
> 는 것.

그런데 사람마다 지출내용이 천차만별이다. 똑같이 한 달 300만 원
을 받아도 집에 아픈 사람이 있어 의료비 부담에 휘청하는 경우가 있
는가 하면, 혼자 살면서 생활비가 별로 들지 않아 각종 레저활동을 하
고도 여유 있게 저축하는 사람도 있다.

정부는 이런 차이를 고려해 전자처럼 필수 생계비를 많이 쓴 사람에
게는 이미 낸 세금 가운데 일부를 돌려주고, 후자처럼 필수 생계비를
덜 쓴 사람에게선 세금을 추가로 걷는 작업을 한다.

처음부터 여유 있는 사람에게는 세금을 더 걷고, 여유 없는 사람에
게는 덜 걷는 게 맞지만, 1,000만 명이 훨씬 넘는 직장인 중 누가 여유
있고 누가 여유 없는지를 정부가 일일이 판정하기는 어려운 일이다.
이에 따라 일괄적으로 세금을 걷은 뒤, 1년에 한 번 이런 작업을 하는
것이다.

이때 세금을 많이 돌려받으려면 내가 생계를 위해 많은 돈을 지출했
다는 것을 증명해야 한다. 이게 연말정산이다. 즉 연말정산은 내가 어
쩔 수 없이 많은 지출을 했다는 사실을 정부에게 소명하는 작업이라고

할 수 있다.

이를 잘 해야 많은 세금을 돌려받을 수 있다. 예를 들어, 연봉이 9,000만 원인데 5,000만 원을 생계비로 지출했다고 증명하면, 남은 4,000만 원에 대해서만 세금을 내면 된다. 여기서 5,000만 원은 여러 증명을 통해 빠져나간 금액의 합계다. 이를 제하고 남은 4,000만 원이 과세대상이 되는 소득이다. 결국 연말정산은 여러 증명을 활용해 과세 대상이 되는 소득을 9,000만 원에서 4,000만 원으로 줄이는 작업이라 할 수 있다. 이를 '소득공제'라 한다.

소득공제가 완료돼 최종적으로 남는 소득을 '과표소득'이라 한다.

| 과표소득에 따른 세율 |

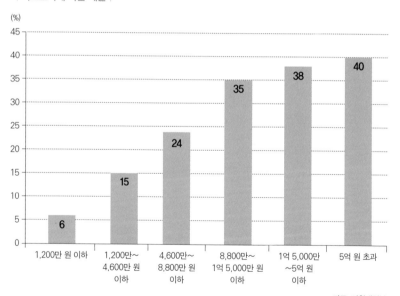

자료: 기획재정부

앞선 예의 4,000만 원이 과표소득이다. 정부는 다른 세율로 각 과표소 득에 다음과 같이 세금을 부과한다.

과표소득이 4,000만 원이라면 1,200만 원까지 6% 세금을 내고, 1,200만 원을 넘는 4,000만 원까지의 2,800만 원에 대해서는 15% 세 금을 낸다. 이렇게 하면 492만 원의 세금이 매겨진다.

소득공제의 규모에 따라 부장의 과표소득이 대리보다 작아질 수 있 다. 부장의 연봉이 6,000만 원인데 2,500만 원의 공제를 받아 과표소

| 과표소득에 따른 세율 |

과표소득	인원(명)	최고적용세율(%)
1,000만 원 이하	562만 7,832	6
1,000만~1,200만 원	66만 1,771	6
1,200만~3,000만 원	311만 1,861	15
3,000만~4,000만 원	68만 4,872	15
4,000만~4,600만 원	27만 4,676	15
4,600만~6,000만 원	39만 6,697	24
6,000만~7,000만 원	15만 8,042	24
7,000만~8,000만 원	9만 9,667	24
8,000만~8,800만 원	5만 280	24
8,800만~1억 원	4만 7,104	35
1억~2억 원	9만 3,985	35~38
2억~3억 원	1만 7,565	38
3억~5억 원	9,014	38
5억~10억 원	3,879	40
10억 원 초과	1,366	40
합계	1,123만 8,611	

자료: 국세청

득이 3,500만 원으로 줄고, 대리의 연봉이 4,500만 원인데 700만 원밖에 공제받지 못해서 과표소득이 3,800만 원에 이를 수 있기 때문이다.

◀ 험난한 연말정산과정

　정부는 생계를 위해 지출했다고 인정되는 항목을 법으로 정해두었다. 보험료, 개인연금저축 납입금, **퇴직연금** 납입금, 의료비, 교육비, 신용카드 및 현금영수증 지출

> • 퇴직연금: 기업이 직원에게 매년 일정액을 적립해 마련하는 퇴직금. 직원은 본인 계정에 쌓인 돈을 퇴직 때 일시 퇴직금으로 받을 수도, 매달 일정액을 나눠 받을 수도 있다.

액, 주택대출이자 납입액, 소기업 및 소상공인 공제부금, 장기저축형 주식, 기부금, 취학 전 자녀의 보육료, 학원비, 장애인 교육비 등이다. 이를 많이 지출했다고 증명할수록 과표가 줄면서 부과되는 세금도 줄어든다.

　각 공제항목의 절세효과는 공제액에 자신의 최종과표구간에 적용되는 세율을 곱해 계산해보면 된다. 과표가 4,000만 원인 앞선 예에서 300만 원의 추가공제를 받을 일이 생겼다고 하자. 과표가 4,000만 원에서 3,700만 원으로 줄어드는 것이다. 그러면 300만 원 추가공제 항목의 절세효과는 300만 원에 이 사람의 최종 과표구간인 '1,200만 ~4,600만 원 이하'의 세율 15%를 곱한 45만 원으로 도출할 수 있다. 300만 원의 소득공제를 추가로 받으면 45만 원의 세금을 돌려받게 되

는 것이다.

그다음 절차가 세액공제다. 이는 도출된 세금에서 일부를 깎아주는 것이다. 대상이 되는 금액에 소득과 상관없이 누구나 똑같이 10~15%의 정해진 공제율을 곱한 금액을 세금에서 직접 빼준다. 소득공제 후 계산된 세액이 492만 원인데, 추가로 90만 원의 세액공제를 받으면 최종 세액은 402만 원으로 계산된다. 즉 이 사람은 연봉을 받은 대가로 402만 원의 세금을 내는 것으로 최종 결정된다.

그런데 이 사람이 매월 원천징수방식으로 1년간 총 700만 원의 세금을 미리 냈다고 하자. 402만 원만 내면 되는 상황이니 700만 원에서 402만 원을 뺀 298만 원을 돌려받는다. 402만 원 내면 되는데 미리 700만 원을 냈으니 더 낸 298만 원을 돌려받는 것이다.

◀》 소득공제 대거 세액공제로 전환

이런 연말정산에 2015년부터 큰 변화가 생겼다. 각종 소득공제항목이 세액공제항목으로 대거 바뀐 것. 여기에 해당하는 항목은 자녀추가공제, 연금저축·퇴직연금, 보장성보험료, 의료비, 교육비, 기부금, 월세 등 7개 항목이다.

앞서 설명했듯 소득공제의 세금감면효과는 대상이 되는 금액에 과표소득별 세율을 곱해 계산된다. 그래서 똑같은 300만 원의 소득공제를 받더라도 세율이 높을수록 공제효과가 커진다. 세율 6%를 적용받는 사람은 18만 원(300만 원. 6%)을 돌려받지만, 세율 38%를 적용받는 사람은 114만 원(300만 원. 38%)을 돌려받는 식이다.

반면 세액공제는 대상이 되는 금액에 소득과 상관없이 누구나 똑같이 10~15%의 정해진 공제율을 곱한 금액을 감면받는다. 대상금액이 300만 원이라면 누구나 똑같이 여기에 10~15%의 정해진 공제율을 곱한 30만~45만 원을 세금에서 빼주는 것이다.

변화를 한마디로 요약하면, 소득별로 6~38%를 곱한 금액을 감면

| 당초 정부가 추정했던 연봉구간별 더 내야 하는 세금 |

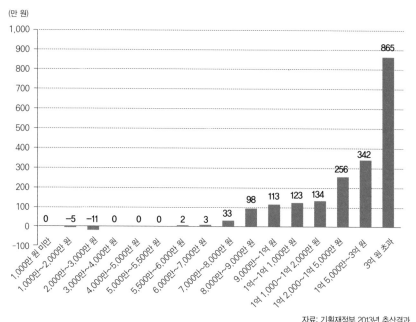

자료: 기획재정부 2013년 추산결과

받던 것에서, 소득에 상관없이 10~15%를 곱한 금액을 감면받는 것으로 바뀐 것이다. 이런 제도 변화로 불리해진 경우가 15~38% 세율을 적용받는 사람들인데, 근로자만 최소 500만 명에 달한다. 예전엔 의료비 등 7개 항목의 지출을 하고 나면 해당 금액에 대해 15~38%를 감면받았는데, 10~15%만 감면받는 것으로 바뀌었기 때문이다.

반면 6% 세율을 적용받던 사람은 소득공제항목에 대해 10~15%를 감면받는 것으로 바뀌었다. 이전보다 더 유리해진 셈이다.

◀》 연말정산 대란의 이유

실제 사례를 보자. 대학생과 고등학생 자녀가 한 명씩 있는 연봉 9,000만 원의 외벌이 직장인 이경필(가명) 씨. 이 씨의 경우 2014년에 자녀추가공제(100만 원), 보장성보험료(100만 원 가정), 교육비(1,200만 원 가정), 연금저축(400만 원 가정) 항목에 대해 24%(이 씨의 과표는 4,600만~8,800만 원에 해당함) 세율을 곱한 432만 원을 감면받았다. 합계액 1,800만 원에 24%를 곱한 금액이다.

하지만 2015년에는 자녀추가공제가 15만 원 정액, 보험료(100만 원)와 연금저축(400만 원)은 12% 세액공제율을 곱한 60만 원, 교육비(1,200만 원)는 15% 세액공제율을 곱한 180만 원 감면받는 것으로 바뀌었다. 총 255만 원이다. 2014년 공제액 432만 원과 비교하면 177만 원 적은 것이다. 소득공제가 세액공제로 바뀌면서 감면받는 세액이 크게 감소했다. 이런 경우가 많아지면서 '13월의 월급'이라는 연말정산이 '13월의 폭탄'이 됐다는 비판이 나왔다. 그러면서 민심이 극도로 악화되는 연말정산 대란이 벌어졌다.

여기에는 MB정부 시절인 2012년 9월 경기부양책의 일환으로 근로소득자들의 소비를 늘리기 위해 원천징수액을 10% 정도 축소한 것도 원인이 됐다. 매달 덜 떼어 갔으니 연말정산을 통해 돌려줄 금액도 줄어든 셈이다. 심지어 세금을 더 토해내는 경우도 나오게 됐다.

그러나 이는 기술적인 문제이며, 민심 이반의 근본적인 원인은 '속았다'는 생각이 든 데 있다. 첫째는 2012년 대선 당시 '증세 없는 복지'를 하겠다던 공약이다. 과연 현실적으로 가능한 얘기냐는 반론이 나올 때마다 정권은 가능하다고 얘기했다. 그런데 실제로 정책을 해보니 복지지출이 늘어나는 동안 경기침체로 세금은 덜 걷혔다. 결국 세수부족에 시달리던 정부는 세율은 건드리지 않으면서 연말정산 환급액을 줄이는 방식의 꼼수 증세를 했다. 소득공제를 세액공제로 바꿔서 연말정산 때 돌려받는 금액을 줄이는 방식으로 정부가 세금을 더 거둬간 셈이다. 이는 실질적인 증세다.

둘째, 꼼수 증세 과정에서도 약속을 지키지 못했다. 정부는 세법 개정을 할 때 연봉 1억 원이 안 되는 사람들은 환급액 감소분이 평균 100만 원을 밑돌 것이라고 말했다. 하지만 연말정산을 해보니 해당 소득계층에서 감소분이 수백만 원에 이르는 사례가 속출했다. 또 정부는 연봉 5,500만 원 미만인 사람은 환급액이 줄지 않을 것이라고 약속했다. 그런데 실제론 소득공제를 세액공제로 바꾸면서 연봉 5,500만 원 이하 계층 가운데 환급액이 줄어 세금을 토해내는 경우가 속출했다. 정부가 고소득자의 부담을 늘리는 대신 중산층 이하의 부담은 늘리지 않겠다고 약속했지만, 지켜지지 않은 것이다. 그러자 전 국민적인 저항이 나오게 됐다.

정부에겐 2015년 연말정산 이전에 납세자들의 쇼크를 줄일 수 있는 시간이 1년 반이나 있었다. 하지만 그동안 아무런 노력을 하지 않았고, 납세자들은 준비되지 않은 채 증세의 부담을 맞닥뜨렸다. 국민을 설득할 시간이 있었는데, 그러지 못했던 것이다.

월급쟁이들은 자신들의 소득은 낱낱이 드러나는 '유리지갑'인데, 고소득 전문직이나 부동산 자산가 같은 진짜 부자들은 증세增稅의 사각지대에 있다며 불만을 표시한다.

실제로 고소득 자영업자 중 상당수는 다양한 수법을 동원해 소득을 대폭 줄이고 세금을 덜 내고 있다. 국세청이 2013년 한 해 동안 세무조사를 벌인 고소득 자영업자 711명을 분석한 결과 100만 원을 벌면 47만 원은 소득신고를 하지 않는 것으로 드러났다. 고소득 자영업자들이 소득을 누락하는 비율은 2011년 37.5%, 2012년 39.4% 등으로 매년 높아지고 있다. 반면 월급쟁이들이 벌어들인 돈은 마지막 1원까지 모두 노출돼 과세대상에 오른다.

이처럼 심각한 아우성이 나오자 2015년 4월 정부는 세액공제율을 다소 높이는 것 등을 골자로 하는 보완대책을 발표했다. 민심이 악화되니 정부가 두 손을 든 것이다. 당시 전문가들은 정부가 어떤 정책을 하기 전에 제반 사정을 모두 돌아보고 정치한 접근을 해야 하는데 그렇지 못했다고 비판했다.

05

회사가 당신을 속이고 있다?
퇴직연금

연말정산 대란은 우리 사회에 많은 것을 남겼다. 특히 증세 없는 복지는 환상일 수 있다는 뼈저린 깨달음을 얻게 된 이들이 많았다.

이 밖에도 이 사건은 다양한 생각거리를 남겼다. 개인 차원에선 한 푼이라도 세금을 더 아끼기 위한 노력이 필요하다. 그러나 덮어놓고 각종 소득공제상품에 가입하는 것은 금물이다. 금융상품비용과 편익의 비대칭 때문이다.

교과서 경제원리: **금융상품의 비용은 편익을 넘어설 수 없다.**
실제 경제현실: **비용이 편익을 넘어 소비자를 호도하는 금융상품이 존재한다.**

◀))연말정산, 현명하게 준비하자

일단 연말정산 대비법부터 소개한다. 세금 추가납부 가능성을 최소화하려면 미처 자료를 챙기지 못하는 일부터 막아야 한다. '국세청간소화서비스(www.yesone.go.kr)'를 활용하면 어지간한 증빙서류를 갖출 수 있지만, 개인들이 따로 챙겨야 하는 서류도 있다. 월세, 안경 구입비, 보청기·장애인 보장구 등 구입비, 자녀 교복비 등이 대표적이다. 이런 걸 모두 챙겨 소득공제금액을 최대한 높여야 한다.

또 취학 전 아동 학원수강료, 의료비 등은 간소화서비스에서 누락될 수 있으므로 꼼꼼히 확인해야 한다. 학원수강료 등을 현금으로 내고 현금영수증을 챙기지 않았다면, 뒤늦게라도 발급을 요청하자.

또 연봉 7,000만 원 이하인 무주택 세대주 근로자가 주택청약종합저축에 가입하면 240만 원까지의 납입액에 대해 40%를 소득공제받을 수 있다. 연봉 5,000만 원 이하인 사람의 경우에는 소득공제장기펀드(소장펀드)에 가입하면 600만 원까지 납입액의 40%를 소득공제받을 수 있다.

맞벌이 부부의 경우 연봉이 더 높은 배우자 쪽에 무조건 공제항목을 몰아주는 경우가 많은데, 이때도 주의가 필요하다. 예를 들어, 연봉이 약간 더 높은 배우자에게 공제항목을 몰아준 결과, 배우자 과표소득은 4,600만 원을 밑돌아 적용세율이 15%로 떨어진 반면, 내 과표소득은 4,600만 원을 넘어 24% 세율을 적용받을 수가 있다. 이때 일부 소득공제항목을 내게 돌리면, 세금감면액을 해당 항목의 15%에서 24%로 늘릴 수 있다.

◀ 퇴직연금 인기 급부상

연말정산에서 가장 큰 관심을 끌고 있는 분야 중 하나가 퇴직연금이다. 모든 기업은 직원에게 퇴직연금을 주기 위해 매년 일정 금액을 모아 따로 적립한다. 이후 퇴직하는 직원이 나오면 여기서 돈을 꺼내 지급한다. 결과적으로 직장인이라면 누구나 매년 한 달 치 월급을 자동으로 투자하고 있는 셈이다.

퇴직연금은 적립과 지급방식에 따라 DB(확정급여)와 DC(확정기여)로 나뉜다. 용어가 너무 어려워 이해하는 데 어려움이 있는데, 쉽게 말하면 DB는 회사 책임형, DC는 개인 책임형이다. 퇴직연금을 아직 도입하지 않은 회사도 있는데, 이 경우에는 전통적인 형태의 퇴직금이 지급된다(2013년 말 기준 퇴직연금 도입률은 대기업 91.3%, 중소기업 15.9%이다). 전통적인 형태의 퇴직금은 DB형과 큰 차이가 없으므로, DB형에 준해서 이해하면 된다.

DB형은 회사가 모든 책임을 지는 것이다. 20년간 근무한 뒤 퇴직하는 홍길동 부장의 사례를 보자. 회사는 홍 부장의 신입사원 시절부터 퇴직 시점까지 매년 한 달 치 월급을 홍 부장 앞으로 적립해 운용했다.

1년 차 때는 1년 차의 한 달 치 월급을, 2년 차 때는 2년 차의 한 달 치 월급을 홍 부장 앞으로 회사가 꾸준히 모은 것이다. 그러면서 지급하는 금액은 '근로자의 퇴직 직전 3개월 평균 급여에 근속연수를 곱한 금액'이다. 홍길동 부장의 경우 최근 3개월 평균 월급이 500만 원이라면, 여기에 근속연수 20년을 곱한 1억 원이 지급되는 것이다.

이때 회사는 손해를 봤을 수도, 이익을 봤을 수도 있다. 회사는 20년간 홍 부장을 위한 계좌를 운용하면서 운용 수익을 냈다. 여기에 원금(매년 모은 홍 부장의 한 달 치 월급)을 더한 금액이 1억 원을 넘을 수 있는 것이다. 이를테면 홍 부장 앞으로 매년 모은 한 달 치 월급액의 합계가 7,000만 원인데 회사가 이를 운용하며 4,000만 원의 이익을 내 1억 1,000만 원을 모은 상태라면, 1억 원을 지급하고도 1,000만 원이 남는다. 반면 7,000만 원을 운용하면서 2,000만 원의 이익밖에 내지 못해 9,000만 원만 모은 상태라면, 1억 원을 지급하기 위해 회삿돈 1,000만 원을 더 마련해야 한다. 결국 회사는 관련법상 '근로자의 퇴직 직전 3개월 평균 급여에 근속연수를 곱한 금액'을 책임지고 지급해야 하고, 그 과정에서 이익이 생기면 회사가 갖지만, 반대로 회삿돈을 채워줘야 하는 손실을 볼 수도 있는 것이다.

반면 DC형은 회사가 직원의 퇴직연금계좌로 매년 한 달 치 월급을 보내주는 것이다. 이후 근로자 스스로 책임지고 이 계좌를 운용하면 된다. 홍길동 사원이 입사 후 퇴직할 때까지 회사가 매년 한 달 치 월급을 홍길동 명의로 된 퇴직연금계좌로 넣어주면, 홍길동이 이를 편드, 예금 등으로 직접 운용한 뒤 퇴직 후에 일시금으로 찾거나 연금으로 나눠 받는 식이다.

◀》DB와 DC 뭐가 유리할까

DB와 DC 중 어느 방식이 더 유리한가를 보려면 임금인상률과 자신이 올릴 수 있는 수익률을 비교해보면 된다. DB형은 매년 임금이 인상된 결과인 마지막 연도의 임금을 기준으로 퇴직금을 지급한다. 그래서 임금인상률이 수익률 기능을 한다. 임금인상률을 이길 수 있는 수익률을 스스로 낼 자신이 있다면 DC형에 가입하면 된다.

예를 들어, 어떤 신입사원이 호봉 승급분과 별도의 노사협상을 통한 상승분을 합쳐 매년 7% 이상 임금상승률이 기대된다고 하자. 스스로 운용해 매년 7% 이상 수익률을 올릴 수 있는 자신이 있다면 DC형을 선택해야겠지만, 그럴 자신이 없다면 DB형을 선택해야 한다. 반면 임금인상률이 평균 2%도 되지 않는 경우라면, DC형에 가입해 예금으로만 운용해도 그 수익률이 임금인상률을 넘어설 수 있으므로 DC형이 적합하다.

만일 임금피크제를 앞두고 있는 DB형 가입자라면 즉시 DC형으로 전환해야 한다. 임금피크제에 들어가면 퇴직 시점의 월

• 임금피크제: 특정연령을 정해두고, 그 연령에 도달한 근로자의 임금을 점점 줄여가는 대신 고용을 이어가도록 규정한 제도.

급이 지금보다 줄어든다. DB형 가입자가 이 상태에서 퇴직하면, 지금보다 줄어든 월급을 기준으로 퇴직금이 지급된다. 예를 들어, 지금 월급이 500만 원인데 3년짜리 임금피크제에 들어가 월급 350만 원인 상태에서 총 20년 근무하고 퇴직하면 7,000만 원(350만 원×20년)이 지급된다. 반면 DC형으로 전환하면 우선 지금 월급을 기준으로 한 퇴직금이 내 계좌로 들어온다. 예를 들어, 17년 차면서 지금 월급이 500만 원이라면 8,500만 원(500만 원×17년)이 내 계좌로 들어온다. 이후 앞으로 3년간 월급이 450만 원, 400만 원, 350만 원으로 떨어진 후에 퇴직하면 9,700만 원(8,500만 원+450만 원+400만 원+350만 원)에 3년간 운용수익을 더한 금액을 받을 수 있다. DB를 유지할 때와 비교하면 3,000만 원 전후의 차이가 발생한다.

대부분의 회사는 이런 사정을 알려주지 않는다. 퇴직금 지급액을 줄이기 위해서다. 반드시 나 스스로 챙겨야 한다.

회사의 퇴직연금 담당자에게 물어보면 내 퇴직연금 유형을 알 수 있다. DC형 가입자의 경우 매년 수익률 등을 담은 보고서가 우편으로 발송된다. 퇴직연금 유형을 DB에서 DC형으로 바꾸려면, 퇴직연금 당시 노사합의서를 확인해봐야 한다. 개별전환이 불가능하도록 합의돼 있으면 갈아탈 수 없다. 개별전환이 가능하도록 합의돼 있으면 인사팀 등에 요청해 갈아타기가 가능하다. 갈아탈 사람은 원하는 금융사를 골라 DC형 퇴직연금계좌를 개설하면, 회사가 이 계좌로 적립금을 옮겨준다. DC형 퇴직연금계좌의 수익률은 각 금융사의 홈페이지에서 실시간으로 확인할 수 있다.

🔊 퇴직연금, 추가 투자해볼까

정부는 국민의 노후보장을 위해 개인적으로 퇴직연금을 추가로 납입할 것을 장려하고 있다. 그 일환으로 퇴직연금에 대해 연말정산 세액공제를 해준다.

일단 회사가 쌓는 금액은 세액공제대상이 아니다. 퇴직연금공제를 받고 싶은 사람은 금융회사를 찾아가 **IRP**란 것을 만들어야 한다. 근로자 스스로 납입하는 퇴직연금이라고 생각하면 된다. 은행·증

> • IRP: 개인형 퇴직연금. 근로자 스스로 본인 부담으로 추가 납입할 목적을 가지고 만드는 퇴직연금 계정.

권사·보험사 등을 통해 누구나 가입할 수 있다. 이후 이 계좌에 넣는 금액에 대해 세액공제를 받을 수 있다.

한도가 있다. 연 700만 원까지. 이 한도는 개인연금저축과 합산한 것이다. 이에 따라 연금저축과 퇴직연금을 합쳐 총 700만 원 한도로 세액공제를 받을 수 있다.

700만 원 한도를 모두 채울 경우, 최고 105만 원(700만 원의 15%)의 세액공제를 받을 수 있다. 세금이 105만 원 줄어드는 것이다. 다만 연봉이 5,500만 원 넘는 사람은 12%의 세액공제율이 적용돼 이 경우 세액공제액은 84만 원(700만 원의 12%)이다.

전문가들이 추천한 유형별 퇴직연금 적립 방식

• 임금인상률이 높은 근로자 → DB

임금인상률이 근로자 스스로 올릴 수 있는 수익률을 웃돌 가능성이 큰 경우엔 DB형이 유리.

• 임금인상률이 낮은 근로자 → DC

예금 같은 안전자산으로만 운용해도 그 수익률이 임금인상률을 웃돌 경우엔 DC형이 유리.

• 임금피크제에 진입했거나 인상률이 정체상태인 고참 근로자 → DC

임금인상률이 마이너스이거나 제로에 가깝기 때문에, 정기예금으로만 운용해도 무조건 DB형보다 많은 퇴직금을 받을 수 있음.

• 매년 연봉협상을 해서 연봉이 들쭉날쭉한 근로자 → DC

DB형에 가입했다가 퇴직 시점 연봉이 지금보다 떨어질 경우 퇴직연금 수령액이 크게 줄어들 위험을 피할 수 있음(단 퇴직 시점 연봉이 크게 높아질 경우 퇴직연금 수령액이 급증할 가능성이 사라진다는 점을 감안해야 함).

◀ 세액공제 받으려면 IRP 가입해야

IRP를 만들어두면 연말정산 외에 다른 이점도 있다. 퇴직 때 퇴직금을 일시금으로 받으면 6~38%의 소득세를 내야 하는데, 퇴직금을 IRP에 넣어 55세 이후에 연금으로 나눠 받으면 이보다 훨씬 낮은 연금소득세(3.3~5.5%)만 내면 된다.

다만 유의사항은 반드시 숙지해야 한다. 가입한 지 5년 안에 중도해지하면 해지금액의 16.5%를 소득세로 내야 한다. 세액공제로 돌려받은 세금을 다 토해내는 수준이다.

또 적립금의 최소 0.5%를 금융사에 수수료로 내야 하는 것도 부담이다. IRP에 넣은 돈의 0.5%를 매년 관리수수료 명목으로 금융사들이 떼어가는 것. 그래서 젊을 때 낸 돈의 경우 수수료가 세액공제로 돌려받는 금액보다 더 많을 수 있다.

예를 들어, 24세에 100만 원을 내면 이것의 15%인 15만 원을 세액공제로 돌려받는데, 100만 원에 대해 퇴직할 때까지 매년 0.5%의 수

| 퇴직연금 수령 형태(2013년 퇴직자들 기준) |

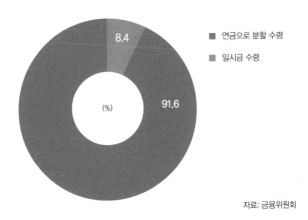

자료: 금융위원회

수료를 내면서 55세가 되면 총 15.5%인 15만 5,000원의 수수료를 내게 된다(31년간 매년 0.5%씩 단순계산 기준. 쌓이는 이자에도 수수료가 붙는 것을 감안하면 총 수수료는 더 커짐).

이에 따라 젊은 직장인의 경우 노후대비가 아니라 단지 세액공제를 받기 위한 목적의 퇴직연금 가입은 신중해야 한다. 상담을 통해 충분히 따져볼 필요가 있다. 특히 연간 2%에 가까운 수수료율을 부과하는 경우도 있어서 퇴직연금에 가입할 때는 반드시 수수료율을 따져봐야 한다. 반면 어느 정도 나이가 든 사람들은 수수료보다 세액공제효과가 더 크므로 가입을 긍정적으로 고려해보는 게 좋다.

🔊 수익률에 현혹되지 말자

금융사가 내세우는 수익률이나 언론의 수익률 비교 기사는 신중히 접근하는 게 좋다. 수수료율이 높은 상품일 수 있고, 지금의 좋은 수익률이 가입 후 나의 수익률까지 보장하는 것은 아니기 때문. 현재 좋더라도 언제든지 고꾸라질 수 있는 게 수익률이다.

퇴직연금에 납입한 돈은 아쉽게도 퇴직 시점에 일시금으로 받는 경우가 많다. 목돈을 쥐는 게 좋아 보이기 때문이다. 그러나 퇴직연금은 노후에 연금으로 받을 때 가장 빛을 발한다. 한꺼번에 목돈으로 수령할 경우 상대적으로 많은 세금을 내야 해서다. 그래서 세액공제를 받으면서 노후대비도 한다는 생각으로 가입하는 게 좋다.

IRP는 법상 1년에 1,800만 원까지만 넣을 수 있다. 보통은 세액공제 한도까지만 납입하는 경우가 많다. 적립금은 예금, 보험, 펀드 등으로 운용할 수 있는데 자신의 투자성향에 맞게 골라야 한다. 적립금을 잘 운용하면, 세액공제효과를 보면서 투자수익까지 누릴 수 있다. 그러나 보통은 안전성을 추구하면서 예금으로만 운용하는 경우가 많다.

가입 후 투자수단을 바꾸고 싶으면 언제든 인터넷에서 간편하게 할 수 있다. 퇴직연금은 위험자산 투자한도가 정해져 있다. 적립금의 30%는 관련법상 원금보장형으로 해야 한다. 노후에 대한 최소한의 안전장치인 셈이다. IRP에 쌓인 돈은 가입기간이 5년이 넘은 55세 이후부터 5~40년간 나눠서 받을 수 있다.

ECONOMIC SENSE

3장

부동산과 가계부채

2012년 인구이동률은 14.9%로, 1974년 15.3% 이후 38년 만에 가장 낮았다. 2000년대 초중반 20%에 육박했다가 계속 떨어지더니 1974년 이후 가장 낮은 수준을 기록한 것이다.

배경엔 집값부진이 있었다. 집값이 오를 것으로 예상되면 무리해서라도 집을 사고 이사하는 사람이 증가한다. 집값이 급등했던 2000년대 초중반이 그랬다. 그러나 글로벌 금융위기 이후 집값이 조정을 받기 시작했고, 집을 바꾸려는 수요가 줄면서 이동률이 떨어졌다. 2011년 반발 매수세로 일시적인 반등을 기록했지만, 이후 상승률이 줄었고 2013년엔 하락세까지 보였다.

2014년 반전이 찾아왔다. 한없이 떨어지던 인구이동률이 정확히 15%를 회복, 2015년엔 15.2%로 올라갔다. 부동산시장 회복 때문이다. 그 기세는 2017년 중반까지 이어지고 있다.

부동산시장엔 사이클이 있고, 다양한 경제 현상이 수반된다. 부동산시장엔 건설사 직원부터 일용직 노동자까지 수백만 명이 생계를 의존하고, 그곳에서 국민 자산가치가 결정되며, 이에 따라 소득, 소비, 투자에 복합적인 영향이 수반된다.

집 없는 사람들은 집값 하락을 내심 반기지만, 부동산시장의 부진은 언제든 극심한 경제위기를 몰고 오면서 모두의 비극으로 귀결될 수 있는 것이다.

01

누가 부동산시장을 움직이나
부동산시장 전망

2012년 인구이동률은 14.9%로, 1974년 15.3% 이후 38년 만에 가장 낮았다. 2000년대 초·중반 20%에 육박했다가 계속 떨어지더니 1974년 이후 가장 낮은 수준을 기록했다. 배경엔 집값부진이 있었다. 집값이 오를 것으로 예상되면 무리해서라도 집을 사고 이사하는 사람이 증가한다. 집값이 급등했던 2000년대 초·중반이 그랬다. 그러나 글로벌 금융위기 이후 집값이 조정을 받기 시작했고, 집을 바꾸려는 수요가 줄면서 이동률이 떨어졌다. 2014년 반전이 찾아왔다. 한없이 떨어지던 인구이동률이 정확히 15%를 회복, 2015년엔 15.2%로 올라갔다. 부동산시장 회복 때문이다. 그 기세는 2017년 중반까지

• 인구이동률: 읍·면·동 경계를 넘어 거주지를 옮긴 사람이 전체 인구에서 차지하는 비율.

이어지고 있다.

부동산시장엔 사이클이 있고, 다양한 경제 현상이 수반된다. 부동산시장에 건설사 직원부터 일용직 노동자까지 수백만 명이 생계를 의존하고, 그곳에서 국민 자산가치가 결정되며, 이에 따라 소득, 소비, 투자에 복합적인 영향이 수반된다.

교과서 경제원리: 이성적인 인간은 수집할 수 있는 정보를 최대한 활용해 합리적인 판단을 한다.
실제 경제현실: 막연한 기대나 공포감이 비합리적인 판단을 유도한다.

◀)여러 원인이 복합됐던 부동산시장 부진

부동산시장은 글로벌 위기 이후 2013년까지 꽤 오랜 침체기를 가졌다. 2011년 반발 매수세로 일시적인 반등을 기록했지만, 이후 상승률이 줄었고 2013년엔 하락세까지 보였다. 원인은 크게 5가지였다.

- 저출산, 고령화에 따른 주택수요 부진 전망
- 2000년대 초·중반 투기수요로 지나치게 올랐다는 불안감
- 앞으로 집값이 떨어질 것이란 비관론적 시각

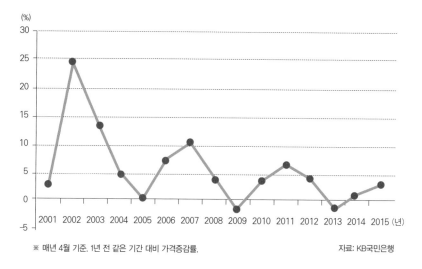

| 전국 아파트가격 평균 증감률 |

※ 매년 4월 기준. 1년 전 같은 기간 대비 가격증감률.

자료: KB국민은행

- 경기침체에 따른 주택매입여력의 약화
- 가격과 청·장년층 매입능력 사이의 괴리

이런 요인들이 복합적으로 작용해 주택수요가 줄면서 부동산시장이 약보합세를 기록했던 것.

2008년 금융위기 때 확실한 집값 조정을 겪지 않았던 것도 원인으로 작용했다. 금융위기 때 집값이 일시적으로 크게 내려갔다면 바닥을 찍고 올라설 수 있지만, 한국은 조정폭이 작았다. 지역별로 고점 대비 반값 아파트가 출현한 곳도 있지만, 지방은 거꾸로 집값이 오르면서 전국 평균은 폭락을 피한 대신 오랜 약보합세를 나타냈다.

집값부진은 역逆자산효과의 충격파를 가져온다. 부동산가격이 크게 오를 때는 자산효과가 나타나지만, 집값이 떨어질 때는 자산이 줄었다고 느껴 각종 경제활동을 줄여버린다. 한국은 역자산효과 충격을 가장 크게 받는 나라 중 하나다. 부동산이 개인자산의 70%를 차지할 정도이다 보니 부동산가격이 경제에 미치는 영향이 크기 때문이다.

> • 역逆자산효과: 자산가치가 감소하면서 소비 등 경제활동이 부진해지는 것.
> • 자산효과: 자산가치가 늘어나고 앞으로 더 늘어날 것이란 기대감에 소비 등 각종 경제활동이 왕성해지는 것.

◀)) 집값부진이 반가워?

부동산시장의 부진은 건설업에 직격탄이 될 수 있다. 부동산가격상승률이 마이너스를 기록한 2013년, 상위 100대 건설사 중 무려 23개사가 은행빚을 갚지 못해 구조조정을 진행했다. 건설업체는 공사를 해서 돈을 버는데, 공사가 줄면서 타격을 입은 것이다.

통계를 보면 2013년 건설수주액은 1년 전보다 13.9% 감소했다. 2012년에는 8.9% 감소했는데 감소율이 더 커졌다. 수주금액으로 보면 2011년 95조 3,320억 원에서 2013년 74조 7,430억 원으로 급감했다.

수주 감소는 수익성 압박으로 이어진다. 물량이 워낙 없다 보니 돈을 벌기 어려운 공사도 불사하기 때문이다. 공사를 벌였다가 미분양으로 손실을 입는 경우도 나온다. 건설공사의 이윤율은 2007년 6.4%

에서 2010년 2.2%, 2011년 1.4%, 2012년 0.5%까지로 급락했다.

또 건설업체 중 이자보상배율이 1 미만(벌어서 대출이자도 못 갚는)인 곳이 65.7%에 달한다. 영업이익이 대출이자액보다도 작다는 뜻이다. 이런 부진을 해결하기 위해 건설업체들은 국외 수주에 나서지만, 우리 업체들끼리 가격경쟁을 벌이면서 원가에도 못 미치는 수주를 할 때가 많다.

앞으로 상황은 더 좋지 않다. 현재 구조조정 중인 기업과 비슷한 수의 회사가 더 구조조정돼야 한다는 분석이 나올 정도다. 건설업의 위기는 곧 한국경제의 위기로 이어진다. 건설업은 우리나라 GDP의 16%를 차지하고, 관련해서 생계를 유지하는 사람이 200만 명 넘을 정도로 영향력이 지대하다. 특히 시중 은행의 건전성 악화를 유발해 금융위기로 이어질 수 있다. 2013년 3월 기준 예금취급기관들의 건설·부동산업에 대한 대출은 149조 4,661억 원에 달한다. 전체 기업대출의 18.6% 비중이다. 이처럼 많은 대출 가운데 상당 부분이 이미 부실화돼 있다. 2012년 말 기준 건설·부동산 대출 중 3개월 이상 원리금 연체대출의 비중은 3.9%로 전체 기업대출 1.8%의 2배를 넘는다. 국제신용평가사 무디스는 "건설·부동산업의 어려운 상황이 한국은행의 자산건전성 악화요인이 되고 있다"고 지적한 바 있다. 집 없는 사람들은 집값 하락을 내심 반기지만, 부동산시장의 부진은 언제든 극심한 경제위기를 몰고 오면서 모두의 비극으로 귀결될 수 있는 것이다.

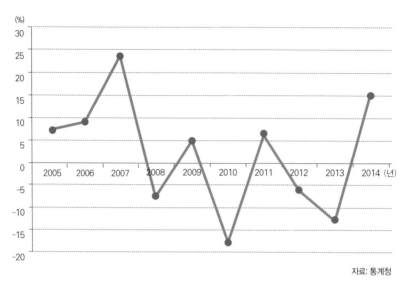

자료: 통계청

◀)) '글쎄' 비관론의 실체

2014년 반전 흐름이 나타났다. 집값이 큰 폭의 상승세로 전환된 것. 전세가가 크게 오르는 상황에서 전세가 월세로 전환되는 상황이 겹치자, 어쩔 수 없이 집을 사겠다는 사람이 생겨났다. 여기에 건설업부진으로 주택공급이 지속적으로 감소해왔고, 정부가 각종 세제혜택과 저금리대출 등을 통해 주택구매를 지원하는 상황이 겹친 것도 영향을 미쳤다.

집값상승 이전에 기대심리 변화가 있었다. 2014년 초 한 기관이 일반인 1,000명에게 집값 동향을 묻자 42.4%가 "오른다"고 답했다. 반면 "떨어진다"는 의견은 12.7%에 불과했다. 또 응답자 중 전세거주자에게 따로 주택구매의사를 묻자 54.5%가 "있다"고 답했다. 구매의사가 없다는 답변은 37.3%였다. 이런 의향이 주택구매수요로 이어지면서 2014년부터 매매가 늘고 집값도 올랐다.

이런 호조세가 언제까지 이어질지 관심이다. 비관론자들은 곧 끝날 것이라고 주장한다. 장기적으론 집값이 약세를 보일 것이란 전망이 굳건한 상황에서 인구감소 같은 문제까지 겹쳐 있어, 일시적인 상승세가 길게 가기 어렵다는 것이다. 구체적으로 "부동산가격이 바닥을 다지면서 보합세에 머무는 'L자'형 시장이 될 것"이라고 전망한다. 정부가 나설 여지가 별로 없다는 주장도 한다. 경제개발이 거의 완료된 상태라 정부 주도로 뭔가 더 지을 게 없다는 것이다.

일각에선 일시적인 상승세가 집값 폭락의 전조일 수 있다는 주장도 내놓는다. 정부의 저금리대출 확대 등으로 매입수요가 생겨 일시적으로 집값이 올랐지만, 매입수요에 한계가 오면 수요가 뚝 끊기면서 집값이 폭락할 것이란 주장이다. 중국 경기가 추락할 경우 그 영향으로 우리나라 경기도 추락하고, 집값 대란이 올 것이란 예측도 있다. 2014년 이후 집을 산 30~40대가 큰 위기를 겪을 것이란 이야기도 들린다. 2015년 2월 기준 20~30대의 주택담보대출증가율은 23.6%로 40대 (11.6%), 50대(7.9%), 60대 이상(7.7%)의 증기율을 훌쩍 뛰어넘었다.

결국 "장기적인 상승을 기대해선 안 되며, 급격한 추락이 아닌 감내

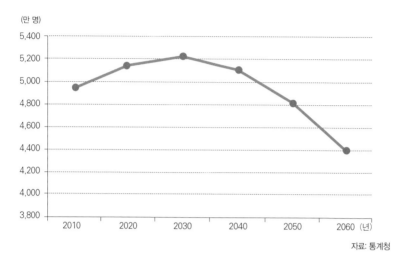

할 수 있는 정도의 하락이 그나마 기대할 수 있는 최선"이란 게 비관론 자들의 결론이다. 한 전문가는 "정부의 부동산경기부양정책은 중장기 적으로 무위에 그칠 가능성이 크며, 장기적으로 급격한 추락을 막는 데 정책기조를 맞춰야 한다"고 조언했다.

이와 관련 부자들의 선택에 주목할 필요가 있다. 금융자산이 10억 원 넘는 사람이 16만 3,000명으로 2011년보다 14.8% 늘었는데, 부동 산가격 하락을 예상하고 부동산을 처분한 사람이 증가했기 때문이다. 실제 부자들의 총자산에서 부동산이 차지하는 비중이 55%로 2011년 58%보다 낮아졌다. 향후 부자들의 선택이 달라질 수 있지만, 과거 성 향으로 완전히 돌아가긴 어렵다는 게 비관론자들의 주장이다.

◀》지방부동산 거품론

　지방부동산은 거품 붕괴 직전이란 지적이 있다. 금융연구원 보고서에 따르면 수도권과 지방의 주택가격은 상승기가 서로 달랐다. 수도권이 오르면 지방이 내리고, 지방이 오르면 수도권이 내리는 식이다. 수도권 집값이 오를 때 각종 투기억제책을 구사하면서 공공기관 지방 이전 정책을 펴면, 수도권이 조정을 받으면서 지방부동산시장은 활성화되는 식이다.

　2000년대 이후 상황을 보면 서울 집값은 2005년부터 2010년까지 상승기였고, 이후 2014년까지 조정기를 가졌다. 반면 지방 5대 광역

| 서울 아파트 거래 건수 추이(매년 3월 기준) |

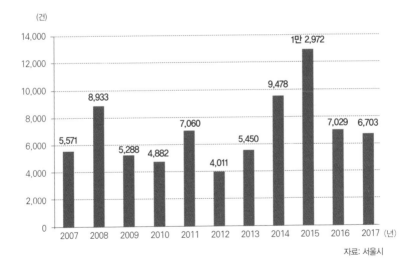

자료: 서울시

시는 2005년부터 2009년까지 조정기를 거친 뒤 2010년부터 상승기를 나타냈다. 특히 2011년과 2012년에는 가격이 크게 오르는 모습을 보였다.

그간 수도권과 지방의 집값 패턴에 따르면 2015년부터 수도권은 상승세, 지방은 조정기로 들어서는 게 자연스러운 가격흐름이었다. 그런데 지방부동산시장은 2015년 들어서도 규제 완화, 저금리대출 공급 등의 요인으로 상승세가 확대됐다. 가격조정이 필요한 시점인데도 오히려 가격이 오른 것을 볼 때 거품이 형성됐을 가능성이 있다는 것이다. 이에 따라 지방에 대해 차별화된 정책접근을 해야 한다는 지적이 나온다.

┊ 전세거주자에게 주택구입의사 물으니 ┊

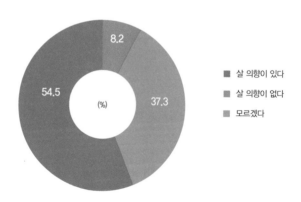

8.2

54.5

(%)

37.3

■ 살 의향이 있다

■ 살 의향이 없다

■ 모르겠다

자료: 대한민국 재테크 박람회 참관객 1,000명 설문조사

◀ 낙관론자들이 말하는 부동산경기의 6단계

　반면 집값이 장기적으로 오른다는 주장을 내놓는 사람들은 집 없는 젊은 층이 아직 많다는 것에 주목한다. 서울시 통계에 따르면 2014년 기준 30대 서울시민의 주거형태 중 전·월세 거주 비중이 84%에 이른다. 전세 48.2%, 보증부 월세(반전세) 28.7%, 월세 7.1%로 나타났다. 반면 자가 비중은 15.5%에 불과했다. 2000년대 중반 많은 30대들이 빚을 내 집을 샀고, 2014년 이후 이런 움직임이 다시 나타나고 있지만, 30대의 대부분은 여전히 집이 없는 것이다.

　젊은 층의 주택보유비율이 낮은 상황에서, 전세가 상승세와 전세의 월세 전환이 계속되면 대출을 받아 집을 사는 젊은 층이 꾸준히 나올 수 있다. 이런 실수요는 부동산가격을 지탱하는 힘이 된다. 일각에서는 크게 오르지 않더라도 최소한 강보합세는 유지할 것이란 전망도 내놓고 있다.

　앞으로 부동산경기를 관찰하려면 다음의 6단계로 상황을 구분해보는 것이 좋다.

- 회복 단계_ 주택가격이 상승하고 거래량 증가
- 활황 단계_ 주택가격이 계속 오르지만 매수자들이 가격에 부담을 느끼면서 거래량 감소
- 침체 단계_ 거래량이 감소하다가 결국 주택가격도 정체

- 불황 단계_ 주택가격은 계속 하락하지만 저가 매수세가 나오면서 거래량 증가
- 회복 진입 단계_ 거래량이 증가하면서 주택가격 하락세가 멈춤

전문가들은 우리나라의 부동산시장이 회복 진입을 거쳐 회복에 들어섰다고 보고 있지만 상황은 더 두고 봐야 한다.

02 전세는 세계적으로 가장 값싼 주거수단?
고가전세와 전세대책

외국선 거의 볼 수 없는 '전세.' 고려시대부터 있던 제도란 얘기가 있지만, 활성화된 건 경제성장기 이후다. 경제성장의 부작용으로 부동산투기 열풍이 불자, 사람들은 어떻게 하면 더 많은 집을 사 모을 수 있을까 고민했다. 그러자 눈에 들어온 게 전세.

집을 한 채 사서 여기에 전세를 들이면 바로 목돈이 생긴다. 이 목돈으로 다른 집을 사고, 여기에 다시 전세를 준 뒤 목돈을 만들어 또 집을 산다. 이런 식으로 집 한 채 살 돈만 있으면 무한정 집을 살 수 있고, 사둔 집들이 모두 오르면 떼돈을 벌 수 있다. 이렇게 많은 사람이 재미를 봤고, 그 과정에서 전세가 흔한 주거형태 중 하나로 자리 잡았다.

그런데 글로벌 위기 이후 큰 변화가 나타났다. 부동산가격상승 기대가 꺾이면서 전세품귀현상이 온 것. 집 없는 사람이 구입보다 전세를 찾으면서 공급이 달려, 전세가가 천정부지로 뛰었다. 여기에 전세를 월세로 돌리는 경우가 늘어나면서 일부 지역에선 전세가가 집값을 넘어서는 현상도 발생했다. 높은 전세가는 정권 차원에서 풀어야 하는 문제란 주장도 있다.

교과서 경제원리: 재산이 많을수록 재산세를 많이 낸다.
실제 경제현실: 임대 형태로 재산을 보유하면 세금을 거의 내지 않는다.

◀) 전세는 가장 저렴한 주거수단?

전세가 2억 원, 매매가 3억 원인 25평 A아파트. 2억 원 가진 사람은 두 가지 선택을 할 수 있다. 가진 돈 2억 원으로 전세를 살거나, 1억 원을 빌려 3억 원을 만든 뒤 해당 아파트를 사거나. 같은 돈으로 전세세입자도, 자가거주자도 될 수 있는 것이다.

순수하게 '거주비용'만 놓고 보면 전세가 낫다. 전세세입자 부담은 연 5,000원인 주민세가 전부다. 반면 1억 원을 빌려 집을 산 사람은 연간 320만 원의 대출이자(연 3.2% 금리 가정) 외에 57만 원의 재산세까지 내야 한다. 전세세입자가 2년마다 이사를 다니며 이사비용과 부동산

중개수수료를 합쳐 150만 원가량 부담한다 하더라도, 전체 부담은 자가거주자에 못 미친다.

즉 '25평 A아파트에 거주하겠다'는 목적의 비용만 고려한다면, 자가보다 전세가 나은 선택이다. 전세라는 제도가 없는 상황에서 25평 A아파트에 거주하려면, 해당 아파트를 구매하거나 높은 월세를 부담해야 한다.

현재 엄청난 전세가를 치르는 사람은 이런 비교에 거부감을 가질 것이다. 그러나 냉정하게 '비용'만 고려한다면, 지금 우리가 집에 가장 싸게 거주할 수 있는 방법은 '전세'다. 그래서 빚을 내서라도 어떻게든 전세를 유지하려 한다. 아니라면 당장 구매 또는 월세로 전환하면 된다.

국제비교로도 알 수 있다. 글로벌 부동산시세 조사기관 '글로벌프로퍼티가이드Global Property Guide'가 세계 87개국의 연간 주거비용 부담을 조사한 바에 따르면, 몰도바가 주택가격의 10%로 가장 비쌌다. 시가 1억 원짜리 집에 세 들어 살려면 연간 1,000만 원의 비용(대부분 월세)을 부담해야 한다는 뜻이다. 멕시코(7.76%), 네덜란드(5.68%), 일본(5.53%) 등의 주거비용 부담도 높게 나타났다.

반면 한국의 전세는 연간 주거비용 부담이 2017년 3월 기준 대략 2% 수준이다. 시가 1억 원짜리 집에 세 들어 사는 데 연간 200만 원만 부담하면 된다는 뜻이다. 이는 집주인에게 거액의 전세금을 맡기면서 포기해야 하는 자산운용이익, 주민세, 이사비용 등을 감안한 것이다(전세대출이자는 제외).

구분	자가(만 원)	전세(만 원)
세금	57(재산세)	0.5(주민세)
이자	320	0
합계	377	0.5

※ 2억 원 있는 사람이 3억 원짜리 집에 살기 위해 빚 없이 전세를 살 때와 1억 원을 연 3.2% 금리로 대출받아 집을 산
경우 비교.
※ 1회성 경비인 취득세 등은 제외함.

자료: 글로벌프로퍼티가이드

🔊 금융사만 신난 전세금 급등

이렇게 '저렴한' 전세 대신, 구매를 선택하는 이유는 2가지다. 내 집
거주에 따른 편의성, 가격상승에 대한 기대가 그것. 가격이 크게 오르
면 주택 보유에 따른 비용 따위는 고려할 필요가 없어진다.

그러나 부동산가격이 부진할 때는 얘기가 다르다. 집값이 오른다고
확신할 수 없는 상태라면 굳이 집을 살 필요 없이 전세만 찾아다니는
게 최선이다. 전세가 가장 저렴한 거주방법이기 때문이다.

문제는 좋은 집을 살 여력이 있는 고소득층까지 전세를 선호할 때
다. 상황이 좋다면 매매시장에서 '놀았을' 고소득층까지 전세시장에
들어온다면, 수요가 공급을 초과하면서 고가주택의 전세금이 폭등한
다. 그러면 이 가격을 감당할 수 없는 중산층은 그 아래 전세시장(주로

서민이 거주하던)으로 내려가게 되고, 해당 시장의 수요가 넘치면서 이 시장도 전세금이 폭등한다. 원래 이 시장에 있던 서민은 다시 더 저렴한 시장으로 내려갈 수밖에 없고, 결국 가장 저렴한 주택의 전세가까지 올라가게 된다.

이때 '저低금리'가 겹치면 상황은 더 심각해진다. 은행에 거액을 맡겨봐야 나오는 이자가 얼마 안 되니, 거액을 맡기고 좋은 집에 살고자 하는 전세수요가 더 커지기 때문이다. 반대로 집주인 입장에선 금리가 내려가면 전세금 운용이익이 줄어 전세가 불리해진다. 그러면 월세로 돌리는 집주인이 많아진다. 전세시장에 '수요 증가＋공급 감소'가 벌어지는 것이다. 결과는? 가격 폭등이다.

그러면 서민과 중산층이 가장 큰 고통을 본다. 고소득층은 전세금이 수억 원씩 올라가도 감당할 수 있지만, 서민과 중산층은 수천, 수백만 원 인상도 감당하기 어렵다. 그렇다고 월세로 갈 수도 없다. 적자가계가 수십, 수백만 원의 월세를 부담하는 건 불가능에 가깝다. 결국 전세를 유지하려고 빚을 내게 된다.

금융사들은 신이 난다. 전세가가 가파르게 올랐던 2014년 말 기준 은행들의 전세대출잔액은 16조 6,000억 원으로 1년 전 11조 5,000억 원과 비교해 무려 43％ 증가했다. 3년 전 3조 5,000억 원과 비교하면 5배에 육박하는 수준이다. 또 전세대출 보증규모는 2013년 5월 기준 19조 4,898억 원으로 2010년 말 9조 5,342억 원에 비해 3년 만에 10조 원이나 늘었다.

| 서울의 전년 대비 전세가격상승률 추이(매년 2월 기준) |

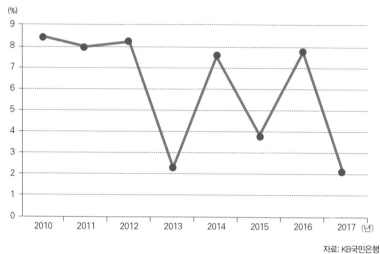

자료: KB국민은행

| 전체 금융회사 전세대출 추이 |

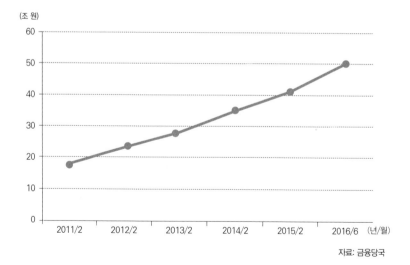

자료: 금융당국

신용등급이나 소득이 낮아 은행권에서 전세금을 구하지 못한 서민들은 금리가 비싼 제2금융권의 문을 두드린다. 현대캐피탈의 2013년 상반기 전세대출취급액은 2,389억 원으로 1년 전 같은 기간보다 30% 증가했다. 전체 금융회사 전세대출을 모두 합하면 2011년 18조 2,000억 원에서 2014년 35조 원으로 증가했다.

◀)) 전세가 잡으려면

이런 상황이 벌어지면 정부는 보통 전세거주자에게 싼 자금을 빌려주는 방식으로 대응한다. 대출이자 부담을 낮춰주겠다는 것. 2014년 금융공기업인 주택금융공사를 통해 시중 은행 전세자금대출보다 금리가 1%포인트 정도 싼 연 3.3% 금리로 최대 1억 원까지 전세자금을 빌려준 것이 대표적이다.

일견 옳은 방향인 것처럼 보이지만 현실은 달랐다. 정부가 고소득층의 전세대출이자 부담까지 낮춰주면서, 고소득층이 계속 전세시장에 남을 여지만 줬다.

불균형적인 자가비용과 전세비용 간 균형을 맞춰야 한다. 어떻게? 바로 고가 전세세입자에게 주택소유자에 준하는 재산세를 물리는 것이다. 주택소유자는 수십, 수백만 원의 재산세를 매년 내는데, 10억 원이 넘는 초고가전세를 사는 사람의 연간 세 부담은 주민세 5,000원에 불과하다. 고가 전세세입자에게 재산세를 매기면, 전세거주비용과 자가거주비용 간 균형을 어느 정도 맞출 수 있다. 여기서 생기는 재원은 서민, 중산층 주거 안정에 쓸 수 있다.

전세세입자를 지원할 경우에는 고가형 전세와 서민형 전세로 구분해 전세대책을 내놓아야 한다. 구분 없이 뭉뚱그려 지원대책을 내놓으면, 고가전세를 얻는 사람이 계속 전세시장에 남아 전세가 상승을 더 부추길 수 있다. 고가전세는 시장에서 알아서 움직이도록 하고, 금융·세제혜택 등 각종 지원은 일정 소득 이하 계층 및 상대적으로 낮은 가격의 전·월세만 대상으로 해야 한다. 또 장기적으로 전세가 월세로 전환되는 추세를 감안해 저소득자에게 월세보조 등 대책을 내놓을 필요도 있다.

03

집 좀 사고 싶은데…
LTV와 DTI

부동산대책을 발표할 때마다 늘 주목받는 것이 있다. LTV와 DTI가 그 주인공이다. 이를 완화할 것인지, 강화할 것인지, 유지할 것인지를 놓고 첨예한 의견 대립이 벌어지곤 한다. 한번은 주무부처 장관끼리 설전을 벌이다 급기야 싸움으로 번진 일마저 있었다.

도대체 LTV와 DTI가 무엇이기에 이런 일들이 생겨나는 것일까. 한번 자세히 파헤쳐보자.

> • LTV(Loan-to-Value, 주택 담보인정비율): 집값 대비 대출금의 비율. 집값이 4억 원인데 대출액이 2억 원이라면, LTV비율은 50%(2억 원/4억 원×100)이다. 지역별로 60~70%가 적용된다. 지방은 수도권보다 주택투기가 덜해 규제가 다소 완화돼 있다.
>
> • DTI(Debt-to-Income, 총부채상환비율): 소득에서 원리금 상환금액이 차지하는 비율. 연봉이 5,000만 원인데 연간 원리금상환액이 2,500만 원이라면 DTI는 50%이다. 지역별로 50~60%가 적용된다.

🔊 사문화된 규제?

LTV, DTI 규제는 그리 오래되지 않았다. 2000년대 이후 도입됐다. 집값 급등이 본격화한 2002년 LTV가 생겼고, 2005년 집값 상승세가 꺾이지 않자 DTI제도가 신설됐다.

그러나 강력한 규제기조는 오래가지 못했다. 2010년부터 글로벌 금융위기 여파로 부동산시장에 침체가 오면서, 정부는 LTV, DTI를 점진적으로 풀기 시작했다. 빚 갚을 능력이 있는 사람에까지 대출을 제한해, 거래를 위축시키고 있다는 지적에 따른 것이었다.

나아가 LTV와 DTI 규제를 없애야 한다는 주장까지 나왔다. 부동산 가격이 하락할 때 LTV 규제가 사문화되는 현실이 이런 주장을 뒷받침했다.

LTV 상한선은 60~70%지만, 대출 후 집값이 하락할 경우 이 비율을 넘어선 주택이 속출할 수 있다. 예를 들어, 서울에서 2억 원 대출을 얻어 4억 원짜리 집을 사면 이 집의 LTV비율은 50%이다. 그런데 대출 후 집값이 3억 원으로 떨어지면 이 집의 LTV비율은 66.7%(2억 원/3억

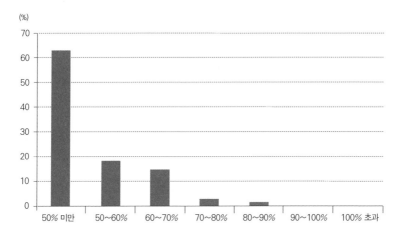

※ 예를 들어, 50% 미만은 주택대출이 집값의 50%가 안 되는 주택을 의미함. 이런 주택이 우리나라 주택의 62.9% 비중을 차지하고 있다는 뜻. 또 100% 초과는 주택대출이 집값보다 많은 주택을 의미함. 이런 주택이 우리나라 주택의 0.2% 비중을 차지하고 있음.

자료: 금융감독원

원×100)로 올라버린다. 지역에 따라 규제비율을 넘는 것이다. 금융감독원의 자료에 따르면 2012년 6월 말 기준 LTV비율을 초과한 대출자가 39만 5,145명에 이른다.

이런 상태의 대출자가 만기연장을 신청할 때 규제의 취지대로라면 기준을 넘은 금액만큼 대출금을 상환하도록 해 LTV비율을 낮춰야 한다. 대출이 2억 원인데 집값이 3억 원으로 떨어진 경우라면 대출 가운데 2,000만 원을 갚게 해 LTV비율을 60%(1억 8,000만 원/3억 원×100)로 맞추는 식이다.

하지만 갑작스러운 상환 요구는 대규모의 연체를 불러올 수 있다. 그래서 이런 경우라도 은행들은 이자연체만 없다면 그대로 만기연장을 해주고 있다. 나아가 정부는 대출자의 어려움을 감안해 전액만기연장을 독려하고 있다. 이는 어떻게 보면 정부가 규제위반을 장려하는 일이 된다.

이런 현실을 감안해 LTV비율 규제를 할 필요가 없다는 주장이 나온다. 은행이 알아서 능력 있는 사람에게는 기준치를 넘더라도 대출을 더 해주고, 능력 없는 사람에게는 기준치를 훨씬 밑돌더라도 대출을 덜해주는 게 맞다는 것이다.

◀)) 규제의 부작용

전 세계적으로 한국은 LTV 규제가 가장 강한 편이다. 주요국의 LTV 규제를 보면 중국·홍콩 70%, 미국·스웨덴 80%, 핀란드 90%, 캐나다 95%, 일본 100% 등이다. 여기서 100%란 집값 전체를 은행대출금으로 조달할 수 있다는 뜻이다. 심지어 네덜란드는 105%를 적용하고 있다.

집값보다 더 많은 금액을 빌려주는 것은 집 살 때 들어가는 세금, 중개비용, 이사비용까지 대출로 충당할 수 있도록 하기 위해서다. 한국만큼 낮은 나라는 싱가포르(60%) 정도다.

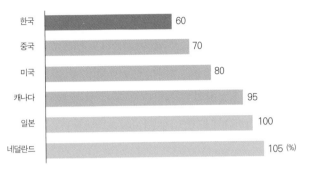

| 국가별 최고 LTV비율 현황 |

한국 60
중국 70
미국 80
캐나다 95
일본 100
네덜란드 105 (%)

※ 한국은 1금융권(은행) 적용 비율 기준.　　　　　　　　　자료: 하나금융경영연구소

또 명시적으로 일률적인 DTI 규제를 시행 중인 나라는 없다. 대출을 얼마나 해줄지에 대한 결정을, 기본적으로 금융사의 영역으로 보기 때문이다.

실제 외국은행들은 자율적인 규제를 하고 있다. 일본주택의 평균 LTV는 규제 상한인 100%보다 크게 낮다. 규정상 집값만큼 대출해줄 수 있지만, 은행들이 자체적으로 엄격한 심사를 하면서 평균 LTV가 규제 상한보다 낮게 형성되는 것이다. 유럽 평균 LTV도 68%로 규제 상한(80~105%)보다 낮은 수준을 형성하고 있다.

시장이 자체적으로 판단할 일을 정부가 강제로 규제하면 시장효율성이 크게 떨어지는 경우가 많다. 그래서 강제규정을 만드는 것보다 사후관리에 집중하는 게 외국의 대체적인 흐름이다.

규제 완화론자들은 금융당국이 '대출총량'에 집착할 필요가 없다고 지적한다. 가계부채 문제가 심각한 것은 사실이지만, 갚을 능력 있는 사람이 빚을 늘리는 것은 문제 될 것이 없다는 것이다.

금융사들이 빚낼 여력이 있는 사람에는 추가로 대출을 해주고, 빚이 거의 없더라도 갚을 능력이 없다면 대출을 해주지 않는 식으로 관리하면 가계부채와 금융사 건전성에 악영향을 주지 않을 것이란 지적도 한다. 그래서 LTV, DTI 규제를 없애도 된다는 설명이다.

◀) 그러나 일괄해제는 위험

그러나 LTV와 DTI를 전면 자유화할 경우 은행들이 무분별하게 대출을 해주면서 시장에 불안이 야기될 가능성도 충분하다. 거품이 끼는 것이다. 또 부동산경기만 볼 게 아니라 1,000조 원을 넘어선 가계부채 문제의 심각성도 고려할 필요가 있다. KDI(한국개발연구원)에 따르면 LTV를 10%포인트 높이면 주택가격은 0.7% 오르는 데 그치면서, 가계대출은 29조 원 늘어난다.

이럴 경우 무리해서 집을 샀다가 감당하지 못해 피해 보는 사람을 양산할 수도 있다. 특히 집값이 폭락하게 되면 무리한 대출이 경제위기를 유발할 위험이 다분하다.

LTV와 DTI 규제 덕분에 그나마 2000년대 초·중반 대출이 지나치게 증가하는 것을 막을 수 있었고, 이런 조치가 글로벌 금융위기를 극복

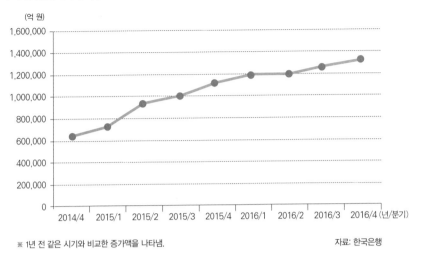

(억 원)

※ 1년 전 같은 시기와 비교한 증가액을 나타냄.

자료: 한국은행

하는 비결이 됐다는 점을 기억할 필요가 있다. 전면 자유화는 어려운 것이다.

◀◎ 비율강화가 현실적인 대응?

부동산경기가 지나치게 뜨거울 경우 현실적으로 이를 완화할 5가지 방법이 있다.

첫째는 일률적인 비율 하향조정이다. 서울의 DTI비율을 현행 50%에서 40%로 낮추는 식이다.

둘째는 연령별로 적용을 달리하는 방안이다. 중장년층보다 오랜 기간 돈을 벌어 빚 갚을 능력이 있는 젊은 직장인이나 신혼부부만 LTV, DTI비율을 여유 있게 적용하는 것이다.

셋째는 대출 형태에 따라 차등을 둬서 원리금 일시상환보다 안정적인 원금분할상환대출은 우대하는 것이다.

넷째는 변동금리형 대출보다 안정성 높은 고정금리형 대출을 우대하는 것이다. 고정금리형은 비교적 안정적으로 대출상환 스케줄을 짤 수 있어 연체 가능성이 낮기 때문.

다섯째는 사업자금 등 다른 목적이 아니라 주택구입을 위한 대출에 한해 LTV, DTI비율을 낮추는 것이다. 특히 고가 다주택자 또는 과열지구에 대해 보다 강화할 수 있다.

이와 관련해 정부는 2017년부터 DTI 규제를 신新DTI 규제로 개편했다. 신DTI는 장래 소득변화 가능성, 소득안정성 여부, 보유자산 등을 종합 평가해서 대출규모를 정하는 방식이다. 이전과 비교하면 장래 소득이 늘어날 가능성이 큰 젊은 대기업직원은 대출한도가 늘고, 반대로 수입이 불규칙한 사람의 대출한도는 줄어든다.

또 보조지표로 DSR(총체적상환능력비율)을 도입했다. 소비자가 모든 금융사에 지고 있는 빚을 감안해 대출한도를 정하는 방식을 말한다. 예를 들어, 연봉 5,000만 원인 김성식 씨에게 DSR 60% 규제를 적용하면, 김씨는 연간 원리금상환액이 3,000만 원(5,000만 원의 60%)을 넘어선 안 된다. 이런 상황에서 김 씨가 연간 원리금상환액 1,000만 원의 신용대출을 안고 있다면, 원리금상환액이 2,000만 원이 되는 수준까지만 주택담보대출을 받을 수 있다. 이는 다른 빚도 갖고 있는 사람의 주택대출한도를 낮추는 효과를 낸다. 가계부채 문제 해결을 위해 도입된 제도다.

04

가계부채 1,000조 시대, 기로에 선 한국가계
가계부채와 생계형 대출

경제학은 '가계는 저축의 주체, 기업은 대출의 주체'라고 가르친다. 가계가 남는 돈을 저축하면 기업이 그 돈을 빌려 투자를 해 경제가 돌아간다는 뜻이다. 하지만 이제 가계는 저축의 주체가 아니다.

가계부채총량은 2013년 말 1,021조 3,000억 원으로 1,000조 원을 돌파했다. 이는 1년 전보다 57조 5,000억 원 증가한 것으로, 매년 사상 최대치를 경신하고 있다.

사실 가계부채는 경제성장으로 해결할 수 있는 문제다. 빚이 아무리 많더라도 소득이 그보다 빠르게 증가하면 번 돈으로 갚을 수 있기 때문. 그러나 저성장으로 선순환이 어려워지고 있어 가계부채 해결이 쉽지 않은 것이다. 노무라증권은 "한국은 구조적으로 가계부채를 줄이기 어려우며, 앞으로 이런 문제는 더 심각해질 수 있다"고 경고한 바 있다.

교과서 경제원리: **가계가 저축을 하면 기업이 대출을 받아 투자해서 경제가 성장한다.**
실제 경제현실: **대출주체로 바뀐 가계가 경제에 큰 짐이 되고 있다.**

◀) 10가구 중 3가구 고금리 대출

통계청 조사에 따르면 우리나라 가구의 평균부채액은 2016년 기준 6,655만 원이다. 그런데 모든 가구에 부채가 있는 것은 아니다. 통계에 따르면, 부채가 있는 가구는 10가구 중 6가구꼴이다. 이렇게 부채 있는 가구만 따로 분류하면 평균 부채액이 8,122만 원으로 높아진다. 가계부채를 안고 있는 가구비율은 2012년 58.9%에서 2016년 64.5%로 높아졌다. 부채보유비율은 계속 올라가고 있으며, 10가구 중 3가구 이상이 고금리대출을 쓰고 있는 것으로 조사됐다.

심각성은 가계건전성지표 악화로 나타난다. 2016년 3월 말 기준 우리나라 가구의 평균자산대비부채비율은 18.4%에 이른다. 부채규모가 총자산의 평균 18.4%에 해당한다는 뜻이다. 저축액 대비 금융부채비율은 67.5%다. 또 가처분소득 대비 금융부채비율은 1년 전보다

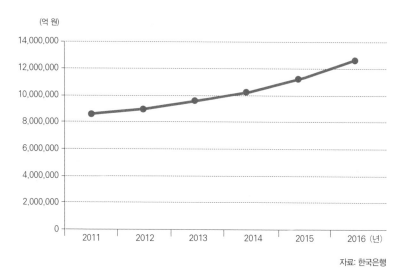

(억 원)

자료: 한국은행

5.5%포인트 올라간 116.5%에 이른다. 소득보다 부채가 크게 증가하면서, 소득에 비해 과한 부채를 떠안고 있다는 뜻이다.

> **가처분소득:** 처분 가능 소득. 소득에서 세금, 건강보험료, 대출이자 등 자동으로 징수되는 지출을 제외한 소득. 실제 소비에 쓸 수 있는 소득을 의미한다.

가계부채의 가장 큰 원인은 '내 집 마련'이다. 글로벌 금융위기 이후 소강상태를 보이다가 2014년 부동산경기가 다소나마 살아나면서 가계부채는 다시 급증세를 보였다.

생계와 전세금 마련을 위한 대출도 있다. 통계청에 따르면 2016년 기준 가계대출의 27%가 사업자금 마련이나 생계유지 등을 위한 대출이었다. 집을 사기 위해 대출받는 게 아니라 사업자금을 마련하거나

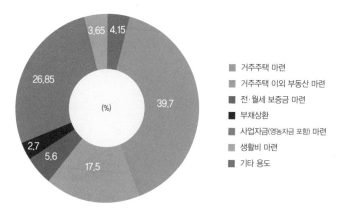

| 주택담보대출을 받은 이유 |

(%)

39.7

17.5

5.6

2.7

26.85

3.65 4.15

- 거주주택 마련
- 거주주택 이외 부동산 마련
- 전·월세 보증금 마련
- 부채상환
- 사업자금(영농자금 포함) 마련
- 생활비 마련
- 기타 용도

자료: 통계청 설문조사결과

생활비를 충당하기 위해 기존에 살고 있는 집을 담보로 돈을 빌리는 것이다.

좀처럼 멈출 줄 모르는 전세금 상승세도 대출 증가를 부추기고 있다. 2016년 기준 전체 가계대출의 6.5%가 전·월세 보증금을 마련하기 위한 목적인 것으로 조사됐다. 2012년의 5.8%보다 올라간 수치다.

생계형대출과 전세대출의 심각성은 소득계층별 대출증가율로 알 수 있다. 2014년 기준 소득 하위 20%는 1년 전보다 빚이 24.6%나 늘었고, 하위 20~40% 계층 역시 16.3%의 높은 증가율을 기록했다. 또 40~50대보다 30대가, 상용근로자보다 임시·일용직 및 자영업자의 대출증가율이 더 높다. 하위계층일수록 부족한 생활비나 전세금을 대느라 대출증가율이 더 높은 것이다.

◁» 하위 10% 계층, 빚 갚는 데 소득 절반 지출

2015년 기준 전체 가구의 연평균 이자부담액은 177만 원으로 1년 전보다 2.8% 늘면서 사상 최대치를 경신했다. 이자가 늘면서 소득 가운데 **비소비지출** 비중도 함께 늘고 있다. 통계청에 따르면 소득 가운데 비소비지출 비중은 2003년 17%에서 2015년 17.6%로 증가했다. 소득이 늘어난 것 이상으로 비소비지출이 늘어난 데 따른 결과다. 여기에 물가상승을 감안하면 가구들이 실제 소비에 쓸 수 있는 소득의 증가율은 사실상 마이너스인 상태다.

* 비소비지출: 세금, 4대 보험료, 대출이자 등 소비에 쓸 수 없는 경직성 비용.

특히 하위계층이 심각하다. 2015년 기준 소득 하위 20%에 속하는 빈곤층 351만 가구 가운데 빚 있는 가구가 116만 가구인데, 이런 가구는 소득의 43%를 빚 갚는 데 쓰는 것으로 나타났다. 평균 733만 원의 연수입을 올려, 이 가운데 312만 원을 빚 갚는 데 쓰는 것. 이후 생활비로 쓸 수 있는 돈은 연간 421만 원, 한 달 30만 원이 조금 넘는다.

소득 하위 20%의 소득 대비 부채상환비율 43%는 우리나라 평균 20%의 두 배가 넘는다. 빚 있는 소득 하위 20~40% 가구(209만 가구)의 소득 대비 부채상환비율도 32%에 달한다. 은행의 문턱을 넘지 못해 대부업체 등 금리가 무척 높은 곳에서 대출받는 경우가 많아서, 대출액이 얼마 되지 않더라도 매우 과중한 이자 부담을 떠안고 있는 상황이다.

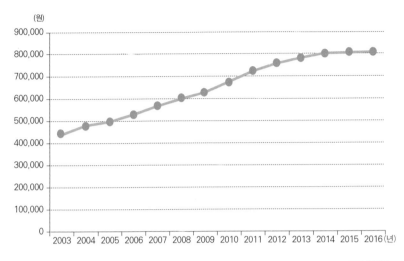

자료: 통계청

금융전문가들은 '소득 대비 30% 원리금상환'을 원금과 이자를 갚으면서 정상적인 생활을 할 수 있는 마지노선이라고 본다. 이 기준으로 보면 소득 하위 40% 중 빚 있는 325만 가구(116만 가구＋209만 가구)는 빚이 생활을 이어가기 어려운 수준에 있다.

반면 고소득계층은 빚을 유지할 수 있다. 소득 상위 20% 가구의 소득 대비 부채상환비율은 16%로 낮은 편이다. 상위 20～40% 가구는 같은 비율이 23%다. 이를 근거로 일부 전문가들은 가계부채 문제가 당장 한국경제에 큰 위협이 되지는 않을 것이라고 주장한다. 소득 상위 40%가 전체 가계부채의 75%를 갖고 있고, 이들은 상환능력에 별 문제가 없다는 것이다.

그러나 빈곤층 입장에서 문제를 볼 필요가 있다. 빚의 규모가 객관적으로 작다 하더라도 갚는 데 어려움이 크고, 이게 모이면 전체 경제에도 부담으로 작용할 수 있다. 저소득층의 이자 부담을 덜어주려는 노력이 필요한 이유다.

◀» 한국은 피해간 디레버리징

위험징후는 이미 나타나고 있다. 2015년 중 한 번이라도 원금이나 이자상환날짜를 어긴 가구는 전체 부채보유가구 중 20.5%. 빚 있는 5가구 중 1가구는 제때 원금이나 이자를 갚지 못한 것이다. 이는 2012년의 18.2%보다 나빠진 것으로 경기가 침체되면서 계속 악화 추세다. 연체이유로는 소득 감소가 29.5%로 가장 많았고, 자금융통 차질, 원리금상환 부담 상승 순으로 나타났다. 이런 상황은 계속 악화될 수 있다. 금융부채를 보유한 가구 중 "원리금상환이 부담스럽다"고 응답한 가구는 70.2%로 나타났다.

빚 있는 10가구 중 7가구는 빚이 무척 부담스러운 것이다. 이들 가구의 80.5%는 원금상환 및 이자지급 부담으로 가계의 저축 및 투자, 지출을 줄인 것으로 조사됐다.

또 기한 내에 대출을 갚을 수 있다고 답한 가구는 전체의 59.7%에

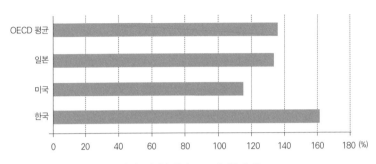

※ 한국의 경우 평균 가계부채규모가 평균 가처분소득의 160.7%에 달한다는 뜻.

자료: OECD

불과했다. 나머지는 곧 연체하거나 아예 갚지 못할 것이라고 전망했다. 1년 전에는 66%가 기한 내에 대출을 갚을 수 있다고 답했는데, 1년 사이 59.7%로 크게 악화된 것이다. 국내 은행의 가계대출연체율은 2012년 1%를 넘어섰고, 국내 은행의 대출책임자들이 보는 가계의 신용위험지수도 계속 올라가고 있다.

미국 등 선진국들은 2008년 터진 글로벌 금융위기 때 가계 **디레버리징**의 기회를 가졌다. 부동산가격이 급락하자 대출을 감당할 수 없어 어쩔 수 없이 집을 내놓는 방식으로 가계부채를 일부 털어낸 사람이 많은 것이다. 반면 한국은 외국 수준의 집값 급락이 없었다. 정권은 위기를 슬기롭게 극복한 결과라고 설명했지만, 그

• 연체율: 전체 대출 가운데 원리금상환을 연체하고 있는 대출의 비중. 보통 한 달 이상 연체부터 통계에 잡힘.

• 디레버리징Deleveraging: 부채 축소. 적은 자본금을 가진 사람이 빚을 내서 자산을 구입해 높은 수익률을 낸다는 뜻인 레버리징leveraging의 반대말.

이면에는 역설적으로 디레버리징의 기회를 갖지 못한 문제가 생겼다. 오히려 위기 이후에도 한국은 집 사겠다는 수요가 줄지 않으면서 가계부채가 지속적으로 늘었다. 언젠가 이런 거품이 터지면, 가계부채 위기가 올 수 있다는 게 일부 전문가들의 지적이다.

◀» 변동금리, 일시상환대출의 문제

가계부채의 구성도 문제다. 2014년 말 기준 원금을 만기에 한꺼번에 갚는 만기 일시상환대출의 비중이 전체 가계대출의 30%에 이른다. 만기에 집값이 올라 있으면 집을 팔아 갚으면 되지만, 집값이 떨어진 상태라면 대출을 갚을 길이 막막해지는 것이다. 또 시장금리 변화에 따라 수시로 대출금리가 바뀌는 변동금리대출 비중이 80%에 달한다. 금리가 올라갈 경우 이자 부담이 크게 증가할 수 있는 것.

이에 대해 정부는 만기일시상환이거나 변동금리인 대출을 '분할상환 고정금리' 대출로 전환하는 작업을 하고 있다. 금리를 고정시켜 만기까지 같은 이자를 내도록 하고, 10년 이상 원금과 이자를 나눠 갚도록 해 한꺼번에 목돈을 마련해야 하는 위험에서 벗어나게 해주자는 것이다. 가계부채 위기에 대응하는 정부의 주된 노력인 셈이다.

구체적으로 정부는 2000년부터 근로자·서민 주택구입자금대출, 생애최초 주택구입자금대출, 보금자리론, 적격대출 등의 이름으로 고정금리대출을 줄줄이 출시했다. 하지만 부부합산소득 7,000만 원 이하 등의 자격요건이 있는 데다, 2009년 이후 지속된 저금리로 변동금리대출이 금리 면에서 훨씬 유리한 상황이 지속되면서 정부의 대책은 효과를 보지 못했다. 그러자 정부는 은행들을 상대로 주택담보대출 중 고정금리대출 비중을 2017년까지 40%까지 높이라는 강제 지침을 하달했다.

이 비율을 맞추기 위해 은행들은 고정금리대출을 집중 판매했다. 나아가 정부는 기존 대출보다 금리가 1%포인트 이상 대폭 낮은 '안심전환대출'을 출시해 변동금리이거나 만기 일시상환대출을 갖고 있는 사람들이 분할상환 고정금리대출로 전환할 수 있도록 했다.

이 정책이 빛을 발하려면 앞으로 정부 예상대로 금리가 계속 올라야 한다. 만일 저금리체제가 지속된다면 변동금리대출의 금리가 지속적으로 떨어지면서 고정금리대출을 받은 사람으로부터 정부에 대한 비판이 나올 수 있다.

정부 말을 믿었다가 이자 부담을 더 떨어뜨릴 수 있는 기회를 상실했다는 것이다.

또 현재 이자 갚기도 버거운 저소득층은 분할상환 고정금리대출을 원해도 받기 어렵다. 이 대출을 받으면 바로 원금상환에 들어가야 하는데 그럴 능력이 없기 때문. 이 경우는 정책의 사각지대에 있다.

가계부채가 정말 문제 되는 경우는 저소득층인데, 이들에 대한 대책은 현재 사실상 없는 것이나 마찬가지다. 결국 원금까지 갚을 수 있는 상대적으로 능력 있는 사람들만 안심전환대출로 갈아타면서 정부 도움이 필요 없는 사람의 이자 부담만 완화해줬다는 비판이 나오고 있다. 저소득층의 가계부채를 방치하면 전체 금융시스템의 안정성을 해치면서 자칫 금융위기가 올 수 있다. 정부의 면밀한 대응이 요구된다.

05

푸어의 시대가 온다
하우스푸어·렌트푸어·에듀푸어

경제학은 '합리적인 경제주체'인 인간이 현 소득뿐 아니라 미래에 자신이 얼마나 벌지를 감안해 감당할 수 있는 수준의 빚만 낸다고 가르친다. 여기서 빚을 내는 행위는 미래소득을 현재로 가져와 사용하는 행위다. 그래서 빚의 크기는 현 시점에서 기대할 수 있는 미래소득을 초과하지 않는다.

그런데 현실은 어떤가. 가히 '푸어poor'의 시대다. 빚을 감당하지 못해 어려움을 겪는 사람이 여기저기 널려 있다. 푸어 중에서도 가장 심각한 하우스푸어, 렌트푸어, 에듀푸어를 보면 인간이 얼마나 '비합리적인 경제주체'인지 알 수 있다. 이들은 무리해 집을 사거나 전세를 얻은 후 그 비용을 감당하지 못해 허덕이는가 하면, 은퇴가 얼마 남지 않았는데도 담보대출을 받아 자녀의 학원비며 과외비를 낸다.

교과서 경제원리: 경제주체는 현재와 미래소득을 감안해 합리적인 수준의 빚을 낸다.

실제 경제현실: 경제상황 혹은 개인적인 이유로 무리하게 빚을 냈다가 푸어로 전락한다.

◀» 하우스푸어 138만 가구 사회

하우스푸어는 다음 4가지 조건 모두에 해당하는 가구를 뜻한다.

- 현재 주택 보유
- 거주주택 마련을 위한 대출 보유
- 가처분소득 가운데 10% 이상을 원리금상환에 쓰고 있음
- 원리금상환으로 생계에 부담을 느끼고 있고, 그 영향으로 가계지출을 축소하고 있음

이에 부합하는 하우스푸어는 2016년 말 기준 138만 6,000가구로, 주택보유 1,103만 가구 가운데 12.6%에 달한다. 2010년과 비교하면 21.8% 증가했다. 대표적인 하우스푸어의 모습은 '수도권 아파트를 보

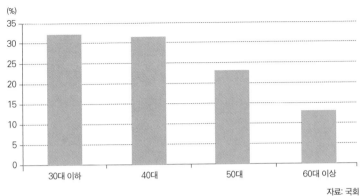

자료: 국회

유한 30대 중산층'이다. 하우스푸어 중 소득 상위 20~60%인 가구가 74만 3,000가구로 절반이 넘고, 30대 이하가 44만 4,000가구로 연령별로 가장 높은 비중을 차지한다.

비참하다. 하우스푸어의 평균 '가처분소득 대비 원리금상환액비율'은 2010년 40.7%에서 2011년 50.3%로 크게 올라갔다. 소득의 절반 이상을 빚 갚는 데 쓰는 것. 특히 소득 하위 20%에 해당하는 하우스푸어의 가처분소득 대비 원리금상환액비율은 무려 149.1%에 이른다. 월급의 1.5배를 빚 갚는 데 쓰는 것으로, 빚 갚기 위해 또 빚을 내는 상황이다.

특히 젊은 하우스푸어 문제가 심각하다. 2016년 기준 집을 가진 30대 이하 177만 2,000가구 중 하우스푸어의 비중은 25.1%에 이른다. 집 가진 30대 4명 중 1명이 하우스푸어인 것이다. 집값이 많이 오를 것으로 보고 무리하게 베팅했다가, 생각만큼 가격이 오르지 않아 고생하는 경우다.

부동산가격이 내려가면 하우스푸어 문제는 보다 심각해진다. 2016년 기준 전세를 내준 집 가운데, 집값이 전세금과 대출금 합계를 밑도는 이른바 '깡통주택'이 전국적으로 18만 5,000세대에 이르는 것으로 추산됐다.

🔊 전세금 대느라 렌트푸어 전락

2010년대 들어 새로 부상한 게 **렌트푸어**다. 집을 사기는커녕 전세금도 감당하지 못해 많은 빚을 낸 경우다. 2011년 기준 20대 이

> • 렌트푸어rent poor: 치솟는 전세금 때문에 빚더미에 올라앉은 사람.

하 가구주 가구의 평균 부채는 2,597만 원으로(부채 보유 가구 기준) 1년 전보다 34.9% 증가했다. 급등한 전세금을 마련하느라 대출을 얻은 경우가 많았기 때문. 전세금 급등은 다른 목적의 빚도 늘린다. 전세금 대느라 생활비가 부족해 생계형 대출을 하게 되는 것이다. 2014년 통계청이 20대 이하 대출자에게 대출목적을 물으니, 25%가 '전세보증금 마련', 29.5%가 '생활비 마련'이라 답했다.

젊은 렌트푸어는 전세금을 대느라 금융자산을 늘리기 어렵다. 20대 이하 가구주 가구의 금융자산은 2011년 평균 3,912만 원으로 2010년

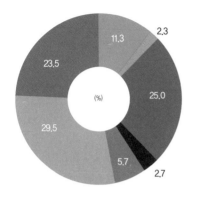

■ 거주주택 마련
■ 거주주택 이외 부동산 마련
■ 전·월세 보증금 마련
■ 부채상환
■ 사업자금(영농자금 포함) 마련
■ 생활비 마련
■ 기타 용도 등

자료: 통계청 설문조사결과

보다 7.7% 감소했다. 전 연령대에서 유일한 감소세다. 전체 가구의 평균 금융자산이 17.3% 증가했는데, 20대만 금융자산이 줄어든 것이다. 금융자산 가운데 특히 예·적금 등의 저축액 감소세가 크다. 저축을 헐어 전·월세보증금을 올려주는 경우가 많기 때문이다.

또 2016년 가계금융조사에 따르면 30대의 순자산증가율은 2.6%에 불과했다. 50대의 8.3%에 훨씬 못 미쳤고, 4%대인 40대와 60세 이상보다도 낮다. 전세금을 마련하느라 투자할 여력이 없는 것이다.

• 순자산: 자산에서 부채를 뺀 것. 자산이 10억 원이고 부채가 3억 원인 사람의 순자산은 7억 원이다.

어려운 상황은 재무건전성지표 악화로 나타난다. 30대 평균 부채비율(가계부채를 보유자산으로 나눈 것)은 2016년 기준 22.2%로 전체 연령대에서 가장 높다. 자산의 22.2%에 해당하는 빚을 지고 있다는 의미다. 20대 이하는 부채비율의 증가폭이 가파르다. 2010년 12.4%에서 2011년 15.3%로 크게 늘었다. 자산을 늘릴 여력이 없는 상황에서 전세대출을 지고 있으니 부채비율이 악화되는 것이다.

◀)) 내 자식은 다르게 키워 보자며 에듀푸어로

현대경제연구원에 따르면 2012년 기준 에듀푸어는 전국적으로 82만 4,000가구에 이른다. 자식 교육비를 지나치게 지출하느라 기본적인 생활이 어려운 가구다. 교육비지출이 1원이라도 있는 가구는 총 632만 6,000가구인데, 그중 평균보다 많은 교육비를 지출하는 가구가 288만 7,000가구, 부채가 있으면서 적

• 에듀푸어Edu poor: 교육빈곤층. 가계가 적자 상태이거나 부채가 있는데도 평균 이상으로 교육비를 지출하는 가구를 의미함.

자상태인 에듀푸어가 총 82만 4,000가구로 조사됐다. 한 명이라도 학생 자녀를 두고 있는 가구 9곳 중 1곳꼴이다. 평균 이하로 교육비를 지출하더라도 소득이 낮아 교육비지출이 가계에 심한 압박을 받을 수 있다. 이런 숫자까지 포함하면 에듀푸어는 더 크게 늘어난다.

2016년 기준 에듀푸어는 소비지출의 평균 28.5%를 교육에 쓰는 것으로 조사됐다. 일반 가구의 18.1%보다 훨씬 높다. 금액으로 보면 중·고교 자녀를 둔 에듀푸어 가구는 평균 81만 원의 교육비를 지출해 일반 가구 58만 원보다 훨씬 많았다. 에듀푸어 가장의 평균적인 모습은

구분	에듀푸어	일반 가정
월소득	313만 원	433만 원
월평균 교육비용	81만 원	58만 원
소비지출 가운데 교육비용 비중	28.5%	18.1%
가계지출 가운데 의식주비용 비중	29.4%	32.8%

자료: 현대경제연구원

대졸 이상 학력의 40대 중하층이다. 에듀푸어의 월평균소득은 2011년 기준 313만 원으로 일반 가구(433만 원)보다 120만 원가량 낮다. 중산층에 속하긴 하지만, 중산층 내에서 위쪽보다는 아래쪽에 가까운 계층이다. 지속적으로 본인보다 사정이 나은 사람과 자신을 비교하면서, 자식은 더 잘살게 해주겠다는 심리를 갖게 되고, 그 결과 지나치게 많은 교육비를 지출하게 된다는 게 전문가의 설명이다.

소득이 적은데 교육비를 더 쓰다 보니 매달 적자를 보면서 빚이 늘고 있다. 에듀푸어는 매달 68만 5,000원씩 적자를 보면서, 한 달 대출에 따른 이자 부담으로 평균 15만 2,000원을 낸다. 삶의 질이 떨어질 수밖에 없다. 가계지출 가운데 의식주지출 비중이 29.4%로 일반 가구 32.8%보다 낮다. 보건, 오락문화, 외식 등 다른 분야도 마찬가지.

에듀푸어의 가장 큰 문제는 노후대비를 제대로 하지 못한다는 것이다. 진정 자녀를 위하려면 늙어서 자식에게 짐이 되지 않도록 본인의 호구지책糊口之策 정도는 마련해놓고 자녀교육도 해야 한다. 진정 자녀를 위한 길이 뭔지 생각할 필요가 있는 것이다.

ECONOMIC SENSE

4장 일자리 잡기가 하늘의 별 따기

2017년 취임한 문재인 대통령은 국정 최우선과제로 '일자리 문제 해결'을 거론했다. 그만큼 우리나라에 실업자가 많고 양질의 일자리가 부족하다는 방증일 것이다. 그런데 2014년 기준 우리나라의 실업률은 3.5%로 OECD 34개국 가운데 가장 낮은 것으로 나타났다. 역대 최악이라는 취업난과 동떨어진 수치다. 현실을 제대로 반영하지 못하는 실업통계의 허점 탓이다.

통계를 보면 2010년 기준 실직한 사람 가운데 실업자로 분류된 사람은 21.8%에 불과했다. 나머지 78.2%는 비경제활동인구로 분류됐다. 자의건 타의건 일하다 그만둔 5명 중 4명이 구직활동을 하지 않았다는 이유로 실업통계에서 빠진 것. 특히 자영업자가 심각하다. 2010년 폐업한 자영업자 가운데 7.7%만 구직활동을 하는 실업자로 분류됐고, 나머지 92.3%는 비경제활동인구로 넘어갔다.

이렇듯 우리나라는 고용의 양적 측면에서 개선할 부분이 많다. 그래서 새롭게 들어서는 정권마다 고용률 제고를 외치고 있는 것이다.

문제는 양적인 측면에 집착한 나머지 정작 중요한 부분을 놓치는 경우가 잦다는 사실이다. 질 낮은 일자리를 늘리는 방식으로 수치 개선에만 골몰해왔다는 것이다. 그러나 질 낮은 일자리는 취업준비자들의 외면을 받을 수밖에 없다.

01

실질실업자 300만 명 넘는 나라
실업률·고용률과 실질실업자

2017년 취임한 문재인 대통령은 국정 최우선과제로 '일자리 문제 해결'을 거론했다. 그만큼 우리나라에 실업자가 많고 양질의 일자리가 부족하다는 방증일 것이다. 그런데 2014년 기준 우리나라의 실업률은 3.5%로 OECD 34개국 가운데 가장 낮은 것으로 나타났다. 역대 최악이라는 취업난과 동떨어진 수치다. 현실을 제대로 반영하지 못하는 실업통계의 허점 탓이다.

이것만은 꼭!

교과서 경제원리: **실업률이 낮아지면 고용상황이 개선된다.**
실제 경제현실: **취업의사를 접는 사람이 늘어 실업률이 낮아졌다면 고용상황이 악화된 것이다.**

◀) OECD에서 실업률이 가장 낮은 나라?

우선 **실업자**와 **실업률**의 의미부터 보자. **경제활동인구**가 100만 명인데 이 가운데 97만 명이 일하고, 3만 명이 직장을 구하고 있으면 실업률은 3%로 계산된다. 그런데 3만 명 가운데 2만 명이 일할 의사를 접었다고 하자. 그러면 실업자는 3만 명에서 1만 명으

> • 실업자: 일할 의사가 있어 이력서를 내는 등 구직활동을 하고 있는 사람.
> • 실업률: 경제활동인구 가운데 실업자의 비율.
> • 경제활동인구: 일할 의사가 있어서 일을 하고 있거나 일을 구하고 있는 사람.

로, 경제활동인구는 100만 명에서 98만 명으로 내려간다. 일할 의사가 없어진 2만 명이 실업자에서도, 경제활동인구에서도 빠지는 것.

그러면 실업률은 기존 3%에서 1.02%(실업자 1만 명을 일할 의사가 있는 98만 명으로 나눠준 수치)로 내려간다. 3만 명이 일을 못 하는 현실에 아무런 변화가 없는데, 2만 명이 취업 자체를 포기하며 실업률이 급격히 떨어지는 것이다.

이처럼 실업률은 구직을 포기하는 사람이 늘면 수치가 떨어지는 문제가 있어서 고용시장의 정확한 상황을 보여주는 데 한계가 많다. 예를 들어보자. 졸업 후 한 대기업의 인턴사원으로 일하던 26세의 C씨는 최근 인턴을 하면서 여러 곳에 입사지원서를 냈지만 취업에 실패하자 인턴 기간이 끝나고 곧바로 9급 공무원 시험을 준비하기 시작했다. 일반적으로 보면 C씨는 대학 졸업 후 줄곧 실업자 신세였다. 그런데 통계상 C씨는 실업자인 적이 없다. 인턴으로 일할 때는 취업자였고, 공

무원 시험을 준비하는 지금은 비경제활동인구다. 실업자의 정의가 '현재 구직활동을 하고 있지만 아직 취업하지 못한 사람'으로 한정되면서, 나머지 미취업자들은 모두 비경제활동인구로 분류돼 실업자에서 빠지고 있는 것이다.

• 비경제활동인구: 일할 의사가 없는 인구. 현재 일하지 않고 있거나, 이력서를 내는 등 구체적인 구직활동을 하지 않고 있는 모든 사람들이 여기에 포함된다.

통계를 보면 2010년 기준 실직한 사람 가운데 실업자로 분류된 사람은 21.8%에 불과했다. 나머지 78.2%는 비경제활동인구로 분류됐다. 자의건 타의건 일하다 그만둔 5명 중 4명이 구직활동을 하지 않았다는 이유로 실업통계에서 빠진 것. 특히 자영업자가 심각하다. 2010년 폐업한 자영업자 가운데 7.7%만 구직활동을 하는 실업자로 분류됐고, 나머지 92.3%는 비경제활동인구로 넘어갔다.

전문가들은 공식실업자의 4배 정도 되는 취업희망자가 비경제활동인구에 숨어 있다고 추정한다. 단지 이력서를 내지 않아 실업자로 분류되지 않을 뿐이다. 즉 비경제활동인구에는 주부, 학생 같은 정말 취업의사기 없는 사람 외에, '실질실업자'가 대거 끼어 있다. 정부의 실업률통계는 이런 현실을 반영하지 못한다. 특히 "아프지 않은데 가사·학업·취업준비 등 아무것도 하지 않고 그냥 쉬고 있다"고 답한 이들, 즉 심신이 멀쩡한데도 이유 없이 그냥 노는 사람이 문제다. 2015년 4월 기준 149만 2,000명에 달한다. 공식실업자 수인 105만 3,000명을 훌쩍 뛰어넘는다. 이들 역시 통계상으론 실업자가 아닌 비경제활동인구에 포함된다.

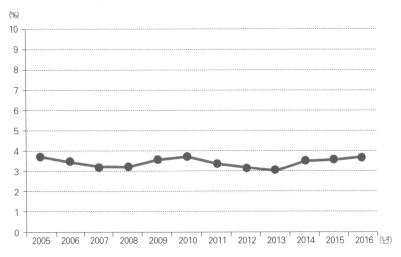

우리나라의 낮은 실업률 추이

(%)

자료: 통계청

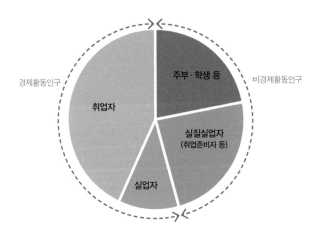

경제활동인구 개념

경제활동인구

비경제활동인구

주부·학생 등

취업자

실질실업자
(취업준비자 등)

실업자

자료: 통계청

청년실업도 마찬가지다. 정부가 집계한 2015년 청년실업률(15~29세)은 10.5%. OECD 국가 가운데 8번째로 낮다. 이 역시 취업을 포기한 청년이 통계에서 빠지면서, 현실을 반영하지 못하고 있다.

사실상 실업상태에 있는 청년은 갈수록 늘고 있다. 학원 다니며 자격증을 준비하는 취업준비생, 오랫동안 취업이 안 돼 자포자기한 구직단념자가 대표적이다. 이런 청년은 2004년 32만 7,000명에서 2010년 46만 6,000명으로 42.5% 증가했다. 모두 이력서는 내고 있지 않아 실업통계에선 빠진다.

◀》 고용률은 OECD 중·하위권

실업률 대신 고용률에 주목해보자. 인구가 100만 명인데 80만 명이 일한다면 고용률은 80%. 고용률은 구직활동을 포기한 사

• 고용률: 전체 인구 가운데 얼마나 많은 사람이 일하는지를 나타내는 수치.

람들을 포함하기 때문에, 전체 고용상황을 한눈에 보여줄 뿐 아니라 국가경제의 활력도도 드러낸다. 그리스(59.6%), 아일랜드(60.4%), 이탈리아(56.9%), 스페인(59.4%) 등 재정위기를 겪은 나라들은 고용률이 모두 OECD 평균(64.6%)과 비교해 5~10%포인트 가량 낮다. 결국 세금이 잘 걷히지 못하면서 재정위기를 겪고 말았다. 반대로 고용률이 높은 나라들은 복지비용이 많이 들어도 소득세 수입으로 감당할 수 있다.

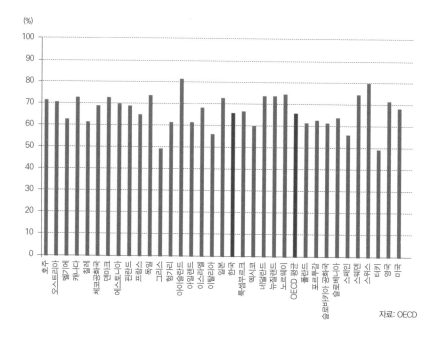

(%)

자료: OECD

고용률이 72.7%에 이르는 스웨덴이 대표적이다.

우리나라 고용률은 국제적으로 무척 부진한 편이다. 15~64세 인구 기준 우리나라 고용률은 2014년 65.5%다. 34개 OECD 회원국 가운데 23위에 불과하다. 실업률은 OECD 국가 중 첫 번째로 좋은데, 고용률은 중하위권에 그치는 것이다.

청년만 따로 보면 더 심각하다. 우리나라 15~24세 청년고용률은 2014년 기준 16.2%로 OECD 평균(39.6%)에 훨씬 못 미

> • 청년고용률: 전체 청년 가운데 얼마나 일하고 있는지를 나타내는 숫자.

쳐 30위에 불과하다. 병역의무나 높은 대학진학률을 감안하더라도 지나치게 낮은 수준이다. 한 전문가는 "대학진학률이 80%를 넘는 상황에서, 좋은 일자리가 별로 없다 보니 많은 청년이 구직대열에 끼는 것 자체를 포기하고 있다"고 지적한다.

🔊 실질실업자 300만 명 넘는다

민간에서 실질실업자를 추산하는 노력이 이뤄지고 있다. 이 범주에 포함되는 경우는 다음과 같다.

- 취업준비자
- 쉬었음: 육아·가사·질병 등 특별한 사유 없이 쉰 사람
- 불완전 취업자: 현재 급여로 생계유지가 어려워 추가취업을 희망하는 사람
- 구직단념자: 취업이 안 돼 포기한 사람
- 한계근로자: 원하면 취업할 수 있지만 안 하는 사람
- 취업 의사는 있지만 구직은 안 하고 있는 사람

모두 실질실업자로 볼 수 있지만, 현재 구직활동을 하고 있지 않다는 이유로 비경제활동인구로 분류되는 사람들이다.

이와 관련해 정부는 '취업애로계층'이란 내부통계를 만든 바 있다.

공식실업자 외에 불완전취업자와, 취업 의사는 있지만 구직은 안 하고 있는 사람을 포함한 개념이다. 2010년 기준 취업애로계층은 공식실업자(92만 명)의 두 배쯤 되는 192만 1,000명에 이른다. 이를 토대로 한 청년실질실업률은 공식청년실업률(8.7%)보다 3%포인트 높은 11.7%로 계산됐다. 또 전체 실업률은 2009년 기준 7.2%로, 당시 공식실업률(3.6%)의 정확히 2배를 기록했다.

이에 대해 민간전문가들은 범위를 너무 좁게 잡았다고 비판했다. '취업준비자' '쉬었음' '구직단념자' 등이 빠졌기 때문이다. 이런 사람까지 합산하면 실질실업자는 300만 명이 넘는다. 하지만 정부는 일부만 실질실업자로 잡고 있다.

한편 민간연구기관은 광범위하게 실질실업자통계를 내고 있다. 서울노동권익센터와 한국고용정보원은 각각 청년실질실업률이 30.9%, 16.7%에 이른다고 발표한 바 있다.

정부는 제대로 된 취업애로계층 통계를 내놓을 필요가 있다. 그것이야말로 보다 현실에 가까운 일자리정책을 만들기 위한 첫걸음이다.

02

사라진 아빠 1만 4,000명
연령별 취업자와 경제활동참가율

　앞서 우리는 우리나라의 고용률이 선진국과 비교해 그렇게 높지 않다는 사실을 살펴봤다. 이는 고용의 양적 측면에서 개선할 부분이 많다는 점을 시사한다. 그래서 새롭게 들어서는 정권마다 고용률 제고를 외치고 있는 것이다. 문제는 양적인 측면에 집착한 나머지 정작 중요한 부분을 놓치는 경우가 잦다는 사실이다. 질 낮은 일자리를 늘리는 방식으로 양적인 부분, 즉 수치 개선에만 골몰해왔다는 것이다. 그러나 질 낮은 일자리는 취업준비자들의 외면을 받을 수밖에 없다.

　일자리정책이 성공을 거두려면 무엇보다 좋은 일자리 만들기에 집중해야 한다. 그러려면 먼저 연령대별 일자리상황에 주목할 필요가 있다.

🔊 이유 없는 20대 백수 23만 명

통계청에 따르면 2015년 33만 7,000개의 새로운 일자리가 생겼다. 그런데 우리 경제의 '젊은 피' 역할을 해야 할 20대 후반(25~29세) 청년층 취업자는 6,000명 증가에 그쳤다. 이는 대기업들이 대규모 신입채용을 자제한 채, 경력직만 뽑는 것과 관련 깊다. 신입보다는 경험이 풍부한 경력직을 스카우트해 바로 활용하려는 것. 이에 따라 20대의 일자리점유율이 계속 내려가고 있다.

경기침체가 계속되면 상황은 더 심각해질 수 있다. 인건비 압박으로 미숙련 일자리는 고졸자 등으로, 숙련 일자리는 소수의 경력직으로 채우는 패턴이 강화될 수 있기 때문이다. 20대가 선호하는 기업일수록 이런 경향이 심하다. 공채를 폐지한 네이버가 대표적이다. 기성세대는 "눈높이를 낮추라"고 하지만, 가정의 집중지원 속에 고등교육을 마친 20대 입장에선 어려운 선택이다.

이에 따라 청년층의 **경제활동참가율**이 지속적으로 악화되는 추세에 주목할 필요가 있다. 20대의 경제활동참가율은 2008년 63.6%에서 2013년 61.6%로 내려갔다. 취업하기 어려우니 취업의사를 접는 청년이 크게 증가한 탓이다. 특히 '아프지 않은데도 가사·학업·취업준비 등

• 경제활동참가율: 전체 인구 가운데 일할 의사가 있는 경제활동인구의 비중. 현재 취업하고 있는 사람과, 취업하고 싶지만 아직 취업하지 못한 실업자가 전체 인구에서 차지하는 비중이다.

아무것도 하지 않고 집에서 그냥 쉬는' 20대 인구가 2016년 10월 기준 23만 3,000명으로, 20대 전체 인구(637만 명)의 3.7%를 차지했다. 20대 100명 중 4명이 아무런 이유 없이 집에서 노는 것이다.

| 20대와 60세 이상의 엇갈린 경제활동참가율 추이 |

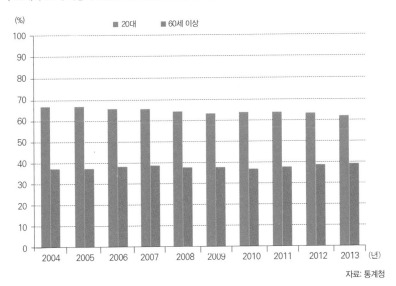

자료: 통계청

◀) 노인 경제활동참가율 OECD 1위의 그늘

반면 중·고령층의 경제활동은 활발하다. 50대 경제활동참가율은 2015년 76.4%에서 2016년 77.1%로 올라갔다. 취업자 수는 1년 사이 13만 3,000명 증가했다. 또 60대 취업자 수는 27만 4,000명 늘었다. 삼성경제연구소의 분석에 따르면 2011년 상반기 중 취업시장에 신규 진입한 사람의 49.9%는 50대 이상이었다. 새로 취업하겠다는 사람의 2명 중 1명이 50대 이상인 것이다.

60세 이상 노인의 2016년 경제활동참가율은 42.3%에 이른다. OECD 국가 가운데 가장 높은 수치다. 우리나라 65~69세 고령층 경제활동참가율은 남녀 각각 53.7%, 32.3%로 OECD 평균(각각 30%, 17.7%)의 두 배에 가까우면서 두 번째로 높다. 프랑스(5.5%, 3.5%)나 독일(10.9%, 6.6%)과는 비교조차 할 수 없다.

가장 오래 일하기도 한다. 우리나라 고령층은 하루 평균 1시간 39분을 일한다. 다른 OECD 국가의 7~42분에 비해 훨씬 긴 시간이다.

중·고령층 취업자 증가를 무조건 부정적으로 볼 필요는 없다. 문제는 취업목적이다. 통계청이 일하는 고령인구(55~79세)에게 이유를 묻자, 59.4%가 "생활비를 벌기 위해서"라고 답했다. "일하는 즐거움을 누리기 위해서"라고 답한 노인은 35.5%에 그쳤다.

결국 고령층의 취업행렬은 불안한 사회안정망과 관련이 깊다. 65세 이상 고령층 가운데 노후대비가 어느 정도 돼 있다고 응답한 사람은

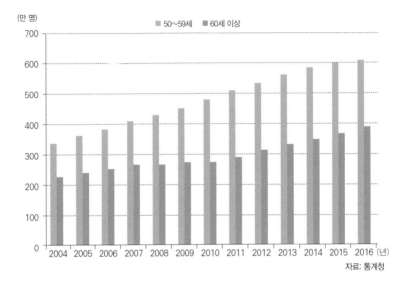

(만 명)

■ 50~59세 ■ 60세 이상

자료: 통계청

전체의 39%에 불과했다. 10명 중 6명꼴로 노후불안에 노출돼 있는 것이다. 젊은 층과 경쟁하며 취업에 나서는 이유다.

　이런 상황을 놓고 정부는 조금 다른 설명을 한다. 매년 수많은 40대가 50대로, 또 50대가 60대로 진입하면서 해당 계층의 고용인원이 늘고 있다는 것. 만 49세에서 50세로 넘어가는 사람이 만 59세에서 60세로 넘어가는 사람보다 많으면 그해의 50대 인구가 늘게 되고, 그에 따라 50대 취업자 수도 증가하는 것으로 나타난다는 설명이다.

　20대는 반대로 설명한다. 갈수록 아이를 적게 낳는 경향 때문에 10대 인구는 적다. 결국 19세에서 20세로 넘어가는 인구보다 29세에서 30세로 넘어가는 인구가 더 많다. 이 때문에 20대 인구가 줄고, 20대

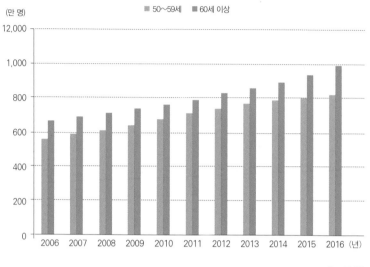

(만 명) ■ 50~59세 ■ 60세 이상

자료: 통계청

취업자 인구도 줄어든다는 것이다.

일견 설득력 있는 설명이다. 그러나 경제활동참가율의 추이는 설명의 정당성을 많이 약화시킨다. 20대의 경제활동참가율은 2007년 64.6%에서 2013년 61.6%로 하락했다. 반면 50대와 60세 이상의 경제활동참가율은 같은 기간 각각 71.2%에서 74.5%로, 38.6%에서 39.1%로 늘었다. 젊은 층의 참가율이 줄어든 반면 고령층은 늘어난 것이다.

결국 청년층은 좋은 일자리가 없어 떠돌고, 고령층은 은퇴 후에도 생계를 위해 구직에 나서는 게 지금 한국의 현실이다.

🔊 40대 고용 감소, 진짜 위기 오나

40대 고용에 주목해야 한다는 분석이 많다. 일자리 문제가 정말 심각하다는 것을 알 수 있는 마지막 징후이기 때문이다. 2012년 하반기 40대 취업자가 석 달 연속 감소세를 기록한 적이 있다. 당시 전문가들은 기존 50대 간부급 위주로 이뤄졌던 기업 구조조정이 경기침체가 장기화하면서 40대로 내려오고 있는 것이 아니냐는 분석을 내놨다.

40대 취업자 감소는 경제위기 때나 나타나는 이례적인 현상이다. 연령별 취업자통계가 집계되기 시작한 2000년 이후 40대 취업자가 전년 대비 감소한 것은 글로벌 금융위기 때인 '2009년 3월~2010년 2월'과 유럽 재정위기 때인 2012년이 '유이'했다. 그리고 2015년 그 현상이 재현됐다. 2015년 40대 취업자 수가 666만 8,000명으로, 2014년(668만 2,000명)보다 1만 4,000명 감소한 것. 2015년에는 세계경제에 큰 변수가 없었는데도 40대 취업자 수가 감소했다.

전문가들은 우려한다. 소폭이지만 감소했다는 사실 자체에 주목해야 한다는 것이다. "40대는 퇴직하면 제대로 된 일자리를 잡는 게 무척 어렵다. 젊은 층보다 충격이 훨씬 크다. 영향이 누적되면 경제위기의 뇌관이 될 수 있다"는 지적이다. 경제가 백척간두에 있다.

03

근로자 절반이 월급 200만 원도 못 받는다
워킹푸어

금융위기 이후 세계적으로 고용사정이 악화되는 동안 한국은 나름대로 선방했다는 평가를 받고 있다. 양적으로 큰 후퇴가 없었기 때문일 것이다.

하지만 이는 착시다. 다른 나라에선 사회 안전망으로 보호받을 위치의 사람들이, 한국에선 생계를 위해 취업전선에 나서면서, 양적인 후퇴가 없는 것처럼 보인 것뿐이다.

<u>워킹푸어</u> 문제가 심각하다. '일하면 나아질 수 있다'는 믿음이 있어야 하는데 그렇지 못한 사람들이다. 비정규직만의 문제가 아니다. 정규직에도 워킹푸어가 많다.

> • 워킹푸어: 일하면서 자신의 소득이 부족하다고 느끼고, 심지어 일하면서도 가난한 사람들.

🔊 근로자 절반이 열정페이 받는다

통계청에 따르면 2016년 상반기 기준 임금근로자는 총 1,946만 7,000명이다. 이 가운데 월급이 100만 원도 안 되는 사람이 218만 2,000명으로 전체의 11.2%를 차지했다. 법정 최저임금을 받거나 이조차 못 받는 사람들이다. 또 100만 원대 월급을 받는 사람이 673만 5,000명으로 전체의 34.6%를 차지했다. 근로자 2명 중 1명이 월급 200만 원도 못 받는 것. 이들 중 상당수가 이른바 '열정페이'를 강요받는 젊은이다.

월급 200만 원은 4인 가구가 기본생활만 할 수 있는 돈이다. 세금, 4대보험료, 대출이자 등 명목으로 30만 원 정도 떼고 나면 170만 원이 남는데, 이는 4인 가구의 최저생계비 149만 5,000원에 근접하는 수준이다. 자녀 사교육이나 저축은 꿈도 꿀 수 없다.

> • **최저임금**: 근로자에게 최소한의 인간다운 삶을 보장하는 수준의 임금. 매년 노·사·정이 협의해 물가인상 등을 반영해 조금씩 인상시킨다. 2016년 기준 시간당 6,030원으로 이를 주지 않는 고용주는 처벌받는다.
> • **최저생계비**: 정부가 가구원수별로 한 가족이 한 달을 버티는 데 필요한 금액을 산정한 것. 매년 조금씩 인상되며, 이를 벌지 못하는 가구에게 각종 복지혜택이 제공된다.

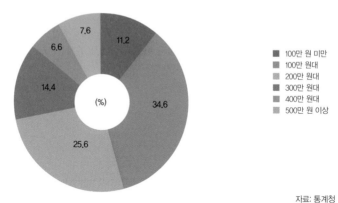

월급별 근로자 분포(2016년 상반기 기준)

- 100만 원 미만
- 100만 원대
- 200만 원대
- 300만 원대
- 400만 원대
- 500만 원 이상

자료: 통계청

저임금은 저학력 소외계층의 얘기가 아니다. 대졸 이상 근로자의 27%가 월급 200만 원을 못 받는다. 대학을 나와도 4명 중 1명은 200만 원 미만의 월급쟁이가 되는 것. 대졸 이상 학력자 가운데 월급 100만 원 미만인 사람도 24만 명에 이른다. 이런 가장을 둔 가구는 대부분 생계형 맞벌이를 한다. 역시 저임금이다. 맞벌이 여성 10명 중 8명 (76.7%)이 200만 원 미만의 저임금일자리를 갖고 있다.

노동계에선 법정 생활임금을 도입해야 한다고 주장한다. 너무 낮은 최저임금을 생활임금으로 대체하자는 것이다. 최저임금을 시간당 1만 원으로 올리자는 주장도 있다. 그러나 재계는 비용 부담을 이유로 반대하고 있다.

> • 생활임금: 인간다운 삶을 영위할 수 있는 적정 수준의 임금. 주거, 교육, 문화 등 각종 생활비를 감안해 산출한다. 한국노총은 2015년 기준 생활임금을 시간당 6,629원으로 보았다.

◀» 심화되는 임금 양극화

한편에서는 고임금근로자가 늘고 있다. 2016년 상반기 월급 500만 원을 넘는 사람은 148만 7,000명으로 2012년(102만 9,000명)보다 50% 가까이 증가했다. 저임금근로자가 2명 중 1명꼴인데, 고임금근로자가 늘고 있다는 건, 임금 양극화가 심해지고 있다는 의미다. 중간일자리 라고 할 수 있는 월급 200만~400만 원대 근로자 비중은 2016년 상반기 기준 46.6%로 50%가 되지 않는다. 중간일자리가 부진한 상황에서, 고임금근로자와 저임금근로자가 함께 큰 비중을 차지하는 게 한국 고용시장의 현실이다.

현대경제연구원은 2012년 전체 일자리를 171개 직종으로 분류해 시간당 평균 임금에 따라 다섯 등급으로 나눈 바 있다. 임금이 높은 순서대로 상위·중상·중간·중하·하위 등 5개 등급으로 분류했다. 예를 들어, 통신업종 사무직 종사자의 평균 임금은 상위 20%에 해당돼 다섯 등급 중 가장 높은 '상위'에 포함됐고, 제조업 기능직은 하위 20~40%에 해당돼 '중하' 등급에 포함됐다.

이 기준으로 2001년과 2011년 일자리현황을 비교했더니 가장 높은 등급인 '상위'와 가장 낮은 등급인 '하위' 일자리는 각각 101만 1,000 개(37.5%), 105만 3,000개(37.6%) 증가했다. 반면 중간일자리는 60만 5,000개(22.1%) 증가에 그쳤다. 임금수준이 좋거나 나쁜 양극단의 일자리만 많이 증가하고, 중간일자리의 증가폭은 여기에 못 미친 것이다.

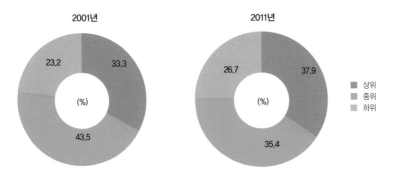

자료: 현대경제연구원

2001년부터 2011년까지 전체 임금소득자 중 중간임금소득자(중위소득의 66~133%) 비중이 43.5%에서 35.4%로 줄었다는 연구결과도 있다. 임금이 중위소득의 66% 미만인 하위임금소득자의 비중은 23.2%에서 26.7%로, 임금이 중위소득의 133%를 넘는 상위임금소득자 비중은 33.3%에서 37.9%로 각각 늘어났다는 것이다. 일자리 양극화 현상이 확실하게 발견되고 있다.

업종별 양극화 현상도 심화되고 있다. 어떤 업종을 선택했느냐에 따라 월급간극이 크게 벌어지는 것. 2012년 기준 출판·영상업의 월급 100만 원 미만 근로자는 1년 전보다 47.4% 증가했다. 월급 500만 원 이상 근로자는 10명 중 1명에 불과하다. 반면 금융업은 월급 100만 원 미만 근로자가 1년 전보다 7.4% 감소했고, 월급 500만 원 이상 근로자는 20.3% 늘었다. 그 결과 금융업은 종사자 78만 명 중 14만 명

| OECD 국가들의 저임금근로자 비중 |

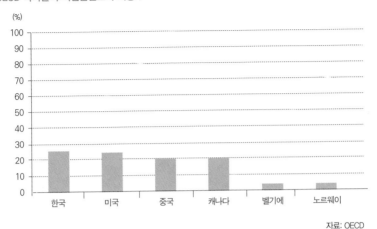

자료: OECD

(18%)이 월급 500만 원 이상을 받고 있다.

좋은 일자리는 기존에 직장을 갖고 있던 경력직이나 '스펙' 좋은 소수의 몫이다. 새로 고용시장에 진입하는 대다수 청년은 중간일자리를 노린다. 그러나 중간일자리 상황이 부진해, 많은 청년이 백수에 머물거나 하위일자리로 전락하고 있다.

양극화의 심각성은 국제비교에서도 드러난다. 근로자의 임금수준을 9등급으로 나눌 때, 우리나라 2010년 1등급(상위 11%)의 임금은 9등급(하위 11%)의 4.7배 수준으로 나타나 임금격차가 OECD 국가 가운데 미국에 이어 2번째로 높았다. 2010년의 4.7배는 2000년 4배보다 악화된 것이다. 같은 기간 OECD 평균수치는 3.1배에서 3.3배로 소폭 악화되는 데 그쳤다. 한국만 크게 악화된 것이다.

또 우리나라 근로자 가운데 **중위임금**의
3분의 2도 받지 못하는 저임금근로자 비중

• 중위임금: 정확히 가운데 수준의 임금.

은 25.9%로 OECD 회원국 중 가장 높았다. 벨기에(4.0%), 노르웨이
(4.0%) 등 유럽국가는 물론 미국(24.8%), 영국(20.6%), 캐나다(20%) 등
영미권국가보다도 높았다.

🔊 사라지는 제조업 중간일자리

부진한 중간일자리는 한국 제조업이 처한 저성장, 성장패턴 변화,
국외 이탈, 재벌 위주 성장 등의 현실과 깊은 관련이 있다.

전국경제인연합회에 따르면 경제성장률이 1%포인트 상승하면 6만
개의 일자리가 순증한다. 이를 거꾸로 해석하면 성장률이 1%포인트
떨어지면 6만 개의 일자리가 사라진다는 것이다. 저성장이 심화될수
록 일자리상황이 부진해질 수밖에 없다.

70년대 이후 한국의 성장전략은 경공업 위주에서 '고용 절약 혁신
주도형'으로 바뀌었다. 관련 산업의 성장은 수출을 늘릴 수 있어도, 고
용과의 상관관계는 크지 않다. 한국은행에 따르면 2009년 기준 기초
화학업종의 **고용계수**는 0.3명에 불과하다.

자동차(2.3명), 금속(4.3명), 기계·장비(3.1명)
등 다른 주력업종도 마찬가지다. 이런 산업

• 고용계수: 매출 10억 원을 늘리는 데 필요한 고용인원.

이 대세가 되면서 지난 10년간 우리 경제는 연평균 4.1% 성장했지만 일자리는 연평균 1.2% 증가하는 데 그쳤다. 경제성장과 일자리 사이의 연결고리가 느슨해지고 있는 것이다. 2000년대 중반 건설업이 호황을 누릴 당시 체감경기가 좋았던 데는, 건설업 고용계수가 9.6명으로 무척 높은 것이 큰 영향을 미쳤다. 현재 한국경제는 이런 산업을 찾지 못하고 있다.

국내기업의 국외 진출이 활발한 반면 외국인투자가 부진한 것도 문제다. 2000년부터 2011년까지 국내기업의 외국 직접투자는 연평균 24% 증가했지만, 한국으로의 외국인 직접투자는 연평균 3% 증가에 그쳤다. 이로 인해 2000년부터 2011년까지 12년간 66만 개의 국내 제조업 일자리가 사라진 것으로 추정된다. 국내기업은 외국으로 가는데, 외국기업은 덜 들어온 탓이다.

재벌 위주의 성장도 원인이다. 우리나라 기업매출에서 재벌이 차지하는 비중은 25.6%에 이르지만, 일자리 비중은 6.9%에 불과하다. 경제에서 차지하는 비중은 4분의 1이 넘는데, 고용기여도는 훨씬 못 미치는 것. 또 제조업종사자 가운데 재벌기업 소속 근로자 비중은 2009년 18.5%에서 2010년 16.6%로 떨어졌다. 종사자 수 자체도 45만 7,000명에서 44만 1,000명으로 감소했다. 매출액 대비 고용기여도가 낮은데, 그마저도 떨어지고 있는 것이다. 재벌이 국외 진출에 집중하면서, 대규모 장비에 대한 의존을 늘리고 있기 때문이다.

이 밖에 기존 근로자 임금을 올리느라 여력이 줄어, 새로 뽑는 일자

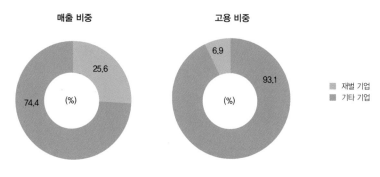

매출 비중   고용 비중

25.6   74.4   (%)

6.9   93.1   (%)

■ 재벌 기업
■ 기타 기업

자료: 한국은행

리를 저임금 비정규직으로 채우는 것도 영향을 미치고 있다. 그러면서 장년근로자와 청년근로자 사이의 임금격차가 계속 커지고 있다.

반면 서비스업은 취업자가 계속 늘고 있다. 중·장년층이나 주부계층에서 생계형취업자가 계속 나오기 때문이다. 딜레마다. 서비스업 기업들은 저임금근로자를 쉽게 구할 수 있으니 생산성 개선을 할 필요가 없다. 결국 경쟁력이 계속 퇴보하면서 저임금근로자에 더욱 의존하는 악순환이 벌어지고 있다.

고용사정이 부진하자 경제에서 노동소득이 차지하는 비중이 줄고 있다. 보통 경제가 성장하면 노동소득의 비중이 커져야 하는데 우리 경제는 거꾸로 가는 것. 2005년 61%이던 국민소득 대비 노동소득 비중은 2010년 59%로 내려앉았다. 성장이 좋은 일자리를 만들어내지 못하면서, 보통 사람의 몫이 쪼그라들고 있다.

일자리 양극화는 소득과 사회계층의 양극화로 귀결된다. 2001년 이후 우리나라는 고소득층과 빈곤층 비중이 증가하는 반면 중산층 비중이 감소하고 있다. OECD에 따르면 우리나라의 중산층 비중은 2000년부터 2010년까지 71.7%에서 67.5%로 줄고, 빈곤층 비중은 19%에서 20%로 증가했다. 이런 양극화를 방치하면 추후 거대한 재앙이 될 것이 자명하다.

04

근로자 3명 중 1명은
월급 100만 원 비정규직
비정규직과 자영업자

일을 하면서 행복을 느끼면 좋겠지만 현실은 그렇지 않다. 대개 일은 고통스럽다. 칼 마르크스는 '노동의 소외'란 말로, 일의 고통을 표현했다. 일하면서 소외감을 느낀다는 뜻이다. 노동현실이 열악한 한국은 이런 상황이 특히 심각하다. 고통받는 비정규직과 자영업자의 이야기에 귀 기울여보자.

교과서 경제원리: 일자리가 늘어나면 경제주체들의 삶이 개선된다.
실제 경제현실: 질 낮은 일자리만 증가하면 저임금근로자의 비중이 늘면서 평균적인 삶의 질이 악화된다.

◀)) 공식 비정규직 600만 명의 시대

비정규직근로자는 2016년 8월 기준 644만 4,000명이다. 전체 근로
자 1,962만 7,000명 중에서 32.8%의 비중으로, 근로자 3명 중 1명꼴
이다. 비정규직은 정부의 감축 노력에도 불구하고 2009년 537만 명
에서 2013년 573만 명으로 증가하더니 2015년 600만 명을 넘어서
700만 명을 향해 가고 있다. 대학 졸업 후에 비정규직이 되는 이도 많
다. 대졸 이상 학력을 가진 비정규직근로자는 2016년 8월 기준 204만
8,000명. 2016년 3월 처음 200만 명을 넘어선 것으로, 전체 비정규직
의 31.8%다.

비정규직이 크게 늘어난 이면에는 고령화의 암운이 드리워져 있

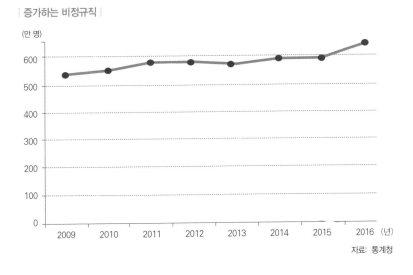

| 증가하는 비정규직 |

자료: 통계청

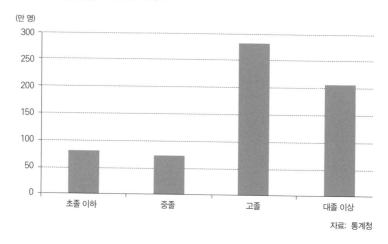

(만 명)

자료: 통계청

다. 연령별 비정규직증가율(2016년 8월 기준)에서 60대 이상이 11.5%
로, 연령대별로 가장 높을 뿐 아니라 전체 비정규직증가율 2.8%도 훌
쩍 넘어선다. 노후준비가 안 돼 퇴직 후 비정규직으로 다시 일하는 사
람이 많기 때문이다. 2012년 60세 이상 비정규직근로자는 처음 100만
명을 돌파했고, 2016년 8월 146만 8,000명으로 증가했다. 60세 이상
임금근로자 가운데 비정규직 비중은 70%에 이른다.

10대 청소년의 상황도 심각하다. 2012년 10대 비정규직은 1년 전보
다 22.6%(3만 6,000명) 급증해 19만 5,000명을 기록했다. 경기침체와
무관치 않다. 부족한 가계수입을 보충하거나 학자금을 마련하기 위해
10대부터 아르바이트 전선에 뛰어들고 있는 것이다.

비정규직에 대한 처우는 열악하다. 2015년 3월 기준 비정규직근

로자의 월평균임금은 146만 7,000원으로, 정규직근로자(월평균 271만 3,000원)의 54% 수준에 불과하다. 또 비정규직의 국민연금가입률은 38.2%, 건강보험가입률은 44.1%, 고용보험가입률은 42.3%에 그치고 있다.

◀) 실질적인 비정규직 800만 명 넘어

더 큰 문제는 따로 있다. 통계가 비정규직 숫자를 축소시키고 있는 것. 정부통계에 안 잡히는 비정규직이 250만 명쯤 더 있다. 이들은 고용상태가 불안하고 처우가 부실하지만, 통계에서는 정규직으로 잡힌다. 통계청은 다음 4가지 중 하나에 해당하면 비정규직으로 분류한다.

- 근로계약상 2년 등으로 근무기간이 정해져 있는지
- 직장에서 같은 일을 하는 다른 동료보다 적은 시간 일하는지
- 파견업체나 용역업체에 소속돼 있는지
- 일한 만큼 받는 수당체계인지

여기에 해당하지 않지만 실질적으로 비정규직인 경우는 꽤 된다. 고용노동부 조사에서 33만 명(2010년 기준)으로 추산된 사내하도급과 영세자영업체 종업원이 대표적이다. 이들은 스스로를 비정규직으로 인

식하지만, 4가지 기준 중 어느 하나에도 해당하지 않아 통계상 정규직으로 분류된다.

현대차 사내하도급 직원은 현대차 정규직보다 연봉이 작을 수밖에 없고 지위도 불안정하다. 하지만 협력업체가 고용한 정규직이기 때문에 비정규직에 포함되지 않는다.

• 사내하도급: 대기업의 하도급 업체에 소속돼 있으면서 일은 대기업에서 하는 사람들. 예를 들어, 현대자동차 협력업체 소속 직원이 현대자동차에 파견돼 현대차 직원 옆에서 같은 일을 하는 식. 꼼수 중 하나다. 대기업이 필요로 하는 인력을 협력업체에게 뽑게 한 다음 대기업이 쓰는 것이기 때문이다.

또 식당이나 커피전문점 등에서 일하는 종업원도 직장 내 다른 직원과 비교해 차별적 대우를 명시한 고용계약을 맺지 않았다는 이유로 정규직으로 분류되고 있다. 비록 최저임금을 받더라도 모두 같은 대우를 받으니, 정규직이란 것이다.

이런 사내하도급과 자영업체 종업원까지 합하면 우리나라의 비정규직 규모는 831만 명(2011년 8월 기준)에 이른다는 게 한국노동사회연구소의 분석이다. 임금근로자 2명 중 1명이 처지가 불안한 비정규직이란 것이다. 이에 대해 통계청은 "자영업체 종업원이나 사내하도급 직원 중에도 일식 주방장처럼 계속 근무가 보장되고 급여수준도 높은 사람이 많으니, 이런 직군에 해당한다고 무조건 비정규직으로 보기는 곤란하다"고 주장한다. 그러나 이런 사람은 소수에 불과하다.

외국과 비교해도 우리나라의 비정규직비율은 높은 편이다. 2011년 기준 한국은 25~54세 근로자 가운데 임시직 고용비중이 19.3%로 체코와 폴란드 등에 이어 다섯째로 높다.

비정규직 가운데 시간제근로자(파트타이머)만 따로 떼어내 비교해보

구분	정규직	비정규직
평균 월급(만 원)	271.3	146.7
월급인상률(전년 대비 %)	4.3	0.5

자료: 통계청

자. 2010년 우리나라 전체 근로자 중 시간제근로자 비중은 13.5%를 기록했다. OECD 평균 16.5%를 밑돌았지만, 최근 16년간 증가폭은 아일랜드에 이어 두 번째로 컸다. 1995년 4.3%에서 2011년 13.5%로 9.2%포인트나 높아졌다.

특히 시간제근로자 가운데 남성비율이 43.5%에 이른다. OECD 평균 30.7%를 크게 웃돌며, 가장 높다. 일반적으로 파트타이머는 가장으로서 가족의 생계를 책임지는 남성보다는 여성의 비중이 높은데, 한국은 유독 남성의 비중이 무척 높은 것이다.

또 한국의 25~54세 근로자 가운데 임시직 고용비중은 19.3%로, OECD 평균 9.9%의 2배에 이른다. OECD에서 다섯째로 높은 수치다.

◀》정부대책 비웃는 기업들

정부는 비정규직근로자를 정규직으로 전환하는 중소기업 고용주에게 전환인력 1명당 100만 원씩 세액공제혜택을 주는 등 이런저런 노력을 기울이고 있다. 또 공공기관 비정규직근로자를 단계적으로 **무기계약직**으로 전환하고 있다.

그런데 정부정책은 자주 부작용을 불러온다. 2007년 정부는 2년 이상 근무한 비정

> • **무기계약직**: 계약기간이 무기한이어서 계약직이지만 정년이 보장되는 일자리.

규직을 정규직이나 무기계약직으로 전환하는 것을 핵심으로 하는 비정규직법을 도입했다. 하지만 법 시행 이후 비정규직의 정규직전환율은 20%(2007년)에서 16.4%(2011년)로 오히려 떨어졌다. 기업들이 2년 단위로 비정규직을 해고하고 새로 뽑거나, 법 적용을 받지 않는 하도급(외부에서 파견받은 직원) 고용을 늘리는 식으로 인사정책을 바꿨기 때문이다. 예를 들어 한 대기업은 단순업무를 하는 비정규직 서무직원의 경우 최장 4년만 고용한다. 처음 2년은 외부용역업체 소속으로 파견받아 근무시키고, 다음 2년은 계약직으로 신분을 전환시켜 일하게 하는 것. 그러면 비정규직법의 규정을 피해 나갈 수 있다.

여기에 기업들이 임금 부담을 줄이기 위해 오래 근무한 정규직을 희망퇴직 등의 형태로 정리하고, 그 자리를 상대적으로 젊은 비정규직으로 대체하는 것도 비정규직 증가에 영향을 미치고 있다.

◀》 자영업자 81% 월수익 200만 원도 안 돼

일자리 상황이 좋지 못한 까닭에 많은 사람이 자영업을 한다. 2013

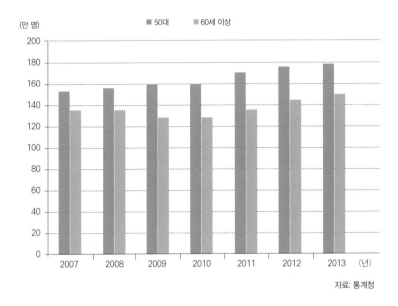

자료: 통계청

년 말 기준 국내 자영업자 수는 682만 7,000

> • 무급無給 가족종사자: 월급
> 를 받지 않고 자영업을 하는 가
> 족을 돕는 사람.

명이다. 종업원을 두고 있는 자영업자, 1인

자영업자, 무급 가족종사자를 합한 수치다.

우리나라 자영업은 이미 포화상태에 달해 '창업자의 무덤'이 되고

있다. 중소기업청의 전국 소상공인 실태조사에 따르면 월평균수익이

200만 원도 안 되는 소상공업체가 81%에 이르고, 100만 원 이하로 버

는 업체가 30.8%, 적자인 업체가 26.8%에 달한다.

이런 상황에서 고령의 자영업자가 늘고 있다. 60세 이상 자영업자

는 2007년 170만 1,000명에서 2013년 182만 5,000명으로 7.3% 증가

했다. 또 50대 자영업자의 수도 11.6% 증가했다. 나이 들어 생계유지를 위해 자영업에 뛰어드는 고령층은 실패할 경우 회복하기 어렵고, 그 고통이 자식세대에까지 전달된다는 측면에서 큰 위험성을 안고 있다.

특히 빚을 내서 창업하는 경우가 위험하다. 2011년부터 2013년 3월까지 60세 이상 자영업자의 대출은 66.5%나 증가했다. 그러면서 60세 이상 자영업자의 소득 대비 평균 이자부담률은 12.9%로, 50대(10.1%), 40대(8.4%)보다 크게 높아졌다. 이들의 실패를 막기 위해 정부의 세심한 노력이 필요한 상황이다.

다단계판매 등을 하는 '무늬만 사업자'의 문제도 심각하다. 이들은 무려 2012년 기준 415만 명에 이른다. 부업으로 하는 경우가 많지만 주업으로 삼는 경우도 있는데, 판매원 가운데 단돈 1원이라도 수당을 받은 사람은 전체의 25.5%에 불과하다. 4명 중 3명은 수당을 한 푼도 못 받은 것이다.

수당을 받은 사람조차 1년 동안 지급받은 평균수당이 88만 8,000원에 불과하다. 수당이 상위 1% 안에 드는 사람도 평균수령액이 1년에 5,106만 원에 그치고, 하위 40%는 2만 1,000원에 불과하다.

05

괜히 대학 가서 손해 본 67만명
교육투자와 일자리정책

유례없는 취업난 이면에는 사실 '인력난'을 호소하는 업체도 많다. 일손부족에 시달리는 중소기업, 외국인노동자로 채워지는 농촌이 대표적이다. 하지만 이런 곳 중에는 구직자의 눈높이에 맞지 않는 경우가 많다. 구직자와 구인자 간 '미스매치'를 해소하려면, 좀 더 치밀한 접근이 필요하다.

교과서 경제원리: **합리적인 경제주체는 미래수익을 예상해 적정선 내에서 투자를 한다.**
실제 경제현실: **미래수익을 예상하지 않고 무리하게 투자했다가 실패하는 이가 많다.**

🔊 대졸 인력이 넘쳐난다

우리나라의 대학진학률은 세계에서 가장 높은 수준이다. 2011년 기준 82%에 이르러 미국(60%대), 일본(50% 대), 유럽(40%대) 등과 비교해 월등히 높다.

대학교육비용은 급증세다. 1인당 연간대학등록금은 2001년 243만 원에서 2010년 444만 원으로(국·공립 대학), 480만 원에서 754만 원으로(사립대학) 늘었다. 영어학원 같은 '스펙' 쌓는 데 도움된다는 사교육비도 급증세다. 한 취업업체 조사에 따르면 대학생 사교육비는 월평균 32만 원에 이른다.

대학을 졸업한 누구나 그간 투자한 만큼 좋은 직장에 가고 싶어 한다. 그러나 좋은 직장 공급이 줄고 있다. 통계청에 따르면 좋은 일자리(300인 이상 기업·금융사·공무원 등) 개수는 1995년 412만 개에서 2009년 405만 개로 감소했다. 노동대체적 성장, 기업의 국외 이전 등이 그 원인이다.

삼성전자, 현대자동차, SK텔레콤 등 주요 20개사 대졸채용인원은 매년 2만 5,000여 명 수준이다. 그런데 서울대 등 상위 10개 대학만 매년 2만 7,000명가량 졸업생을 매출한다. 한 해 전체적으로 쏟아지는 대학졸업자는 50만 명에 이른다.

결국 대부분의 졸업생이 원하는 직장에 가지 못한다. LG경제연구원의 '교육투자비용 회수하지 못하는 대졸자 늘고 있다' 보고서에 따르면, 대학에 가지 말았어야 할 대졸자가 늘고 있다. 대학에 진학하면 등록금 같은 눈에 보이는 비용 외에, 대학 다니는 동안 돈을 벌지 못하는 등 보이지 않는 비용도 쓰게 된다. 대학을 나와 좋은 일자리를 얻으면 이런 비용을 만회할 수 있지만, 실패하면 그대로 날린다. 진학 대신 바로 취업하는 게 훨씬 나았을 사람들, 이들이 2011년 기준 67만 5,000명에 이른다.

다른 연구결과도 있다. 한국직업능력개발연구원이 특성화고 졸업자를 조사한 바에 따르면(2005년 졸업자 2,000명), 바로 취업한 사람의 2012년 평균 월급은 205만 원이었다. 반면 대학을 거쳐 취업한 사람은 같은 기간 183만 원에 불과했다. 대학 나온 사람이 오히려 22만 원 적게 받은 것이다.

물론 대학교육으로부터 얻는 학문적 성취감이나, 사회적 지위 등 다른 변수도 고려해야 한다. 대학교육을 무조건 폄하할 수는 없다. 그러나 대학교육이 좋은 일자리로 연결되지 않는 현실은 분명히 짚고 넘어가야 한다.

정부는 무조건적인 대학진학을 줄이고 고졸취업을 늘리기 위한 노력을 하고 있다. 공공기관이 고졸자를 신규채용할 때 대졸초임의 최소 70% 이상을 주도록 하고, 4년을 근무하면 대졸초임과 같은 급여를 받을 수 있도록 한 게 대표적. 4년의 근무기간을 대학교육과 같은 경력으로 인정해주는 것이다. 승진차별도 없앴다.

그러나 이는 근본적인 대책이 될 수 없다. 수혜자는 소수에 불과하

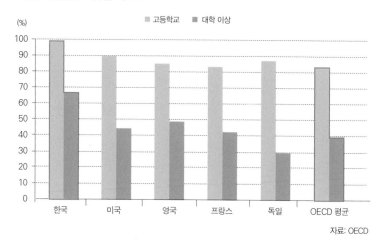

| 25～34세의 고등교육이수율 비교 |

(%) ■ 고등학교 ■ 대학 이상

자료: OECD

고, 대졸자에 대한 역차별 논란만 불러일으키고 있기 때문이다.

◀) OECD에서 근로시간 두 번째로 길어

막상 일자리를 얻어 일을 시작해도 고통스럽다. 2015년 한국인의 연간 평균 근로시간은 2,273시간으로 OECD 회원국 중 1위다. OECD 평균 1,766시간과 비교하면 500시간 정도 많고, 가장 짧은 네덜란드보다 59% 길다. 한번 취업하면 장시간 노동에 시달리는 것이다.

노동시간이 짧다고 좋은 것도 아니다. 2016년 일자리는 1년 전보다 29만 9,000개 증가했다. 그런데 일주일에 36시간 미만 일하는 일자리가 48만 개 증가했고, 36시간 이상 일하는 정상적인 일자리는 오히려 18만 9,000개 감소했다. 둘을 합하니 29만 9,000개 증가한 것. 주 36시간 미만 일자리는 대개 임시직, 비정규직 일자리다. 2016년엔 이런 일자리만 늘고, 정상적인 일자리는 감소했다. 결국 많은 사람이 '어쩔 수 없이' 임시직 등의 일자리를 전전하고 있고, 이들 상당수가 생계를 위해 투잡을 뛰면서 결과적으로 실제 노동시간은 훨씬 긴 상황이다. 좋은 일자리에서 적당한 시간 동안 일하는 사람이 많아야 하는데, 한국은 오랜 노동시간에 시달리거나 질 낮은 일자리를 전전하는 사람만 많은 것이다.

일자리 질이 좋지 못하니 이직이 많다. 2015년 기준 한국근로자의 한 직장 근속기간은 평균 5년으로 OECD 소속국 가운데 가장 짧다. 프랑스(11.7년), 독일(11.2년), 네덜란드(10.6년) 등은 평균 근속기간이 10년이 넘는데, 한국은 절반에도 못 미친다.

또 1년 미만 초단기근속자 비중이 37.1%로 일본(7.3%)의 5배 수준에 달하고 덴마크(20.3%), 미국(19%) 등보다 크게 높다. 한 직장의 인적 구성을 보면 한국은 10명 가운데 4명이 들어온 지 1년도 안 된 사람인 반면(경력과 신입 합산), 일본은 이런 초단기근무자가 1명이 채 안 된다는 얘기다. 이에 따라 한국의 10년 이상 장기근속자 비중은 17.4%로 이탈리아(45.3%), 일본(44.5%), 프랑스(44.1%), 독일(42.7%)보다 크게 낮다.

근로자들의 평균근속연수 추이를 보면 한국은 2008년과 2010년 사

| 2015 OECD 회원국 취업자 연간노동시간 |

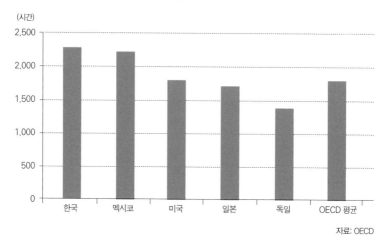

(시간)

자료: OECD

| 주요국 근로자 평균근속기간 |

11.7년 11.2년 8.7년 5.0년

프랑스 독일 영국 한국

| 주요국 1년 미만 근속자 비중 |

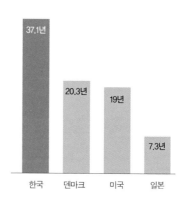

37.1년 20.3년 19년 7.3년

한국 덴마크 미국 일본

자료: OECD

이 '4.9년 → 5년'으로 거의 변화가 없다. 반면 외국은 같은 기간 영국 '8.3년 → 8.7년', 독일 '10.8년 → 11.2년' 등으로 평균근속연수가 늘어나는 흐름이다. 인구고령화로 근로자의 평균연령이 올라가면서 평균근속기간도 함께 늘어나는 것이 자연스러운 현상인데, 한국에선 이 같은 흐름이 나타나지 않고 있는 것이다.

이는 비정규직근로자 고용이 급증하는 것과 관련이 깊다. 주로 2년 단위로 근로계약을 맺는 비정규직은 한 직장에서 오래 근무하기 어렵다. 비정규직근로자의 현 직장 평균근속기간은 27개월로, 정규직의 3분의 1 수준에 불과하다. 이런 사람이 많은 까닭에 평균근속기간이 줄고 있다.

🔊 단기처방에 급급한 정부

정부가 좋은 일자리를 많이 만들면 된다. 그런데 그 대책이란 게 주로 대증요법에 머무르고 있다. 공공기관 청년인턴 확대가 대표적이다. 진정한 일자리창출정책이 되려면, 오랜 기간 근무할 수 있는 일자리를 많이 만들어야 하는데 임시일자리를 만드는 데 그치고 있다. 그나마 임시일자리라도 계속 유지하려면 지속적으로 예산을 투입해줘야 하지만, 예산에 제약이 있어 여의치 않다.

국회예산정책처에 따르면 신규고용촉진장려금 일자리사업의 고용

유지율은 36.4%에 불과하다. 또 정부지원 인턴제의 고용유지율도 57%에 그친다. 심지어 부작용만 낳는 경우도 있다. 정부는 2009~2010년 농가를 돕기 위해 희망근로 사업을 실시했다. 그런데 이 사업에 사람이 몰리면서, 일반 농가들이 일손을 구하지 못하는 사태가 발생했다.

　정부가 이런 대책만 꾸준히 내놓은 것은 단기간에 고용지표를 올리는 데 효과가 있기 때문이다. "고용인원을 ○명 늘렸다"고 발표하기 좋은 것이다. 당연히 국민은 숫자를 체감하기 어렵다. 진정 효과 있는 고용대책을 펼치려면, 관련 사업을 전면 재조정해야 한다.

　최근 일자리정책은 어떻게 일자리를 늘릴지 과거정권과 방법론에서 차이를 보인다. 과거정부는 경제성장이 먼저고, 그 부산물로 일자리가 늘어난다고 봤다. 이에 따라 성장정책이 곧 일자리정책이었다.

　반면 지금은 일자리를 늘릴 수 있는 즉효약에 초점을 맞춘다. 고용에 도움이 된다면 성장률에서 손해 보는 것도 감수한다. 더는 과거와 같은 성장공식이 통하지 않으며, 경제선순환의 출발점을 일자리에서 찾자는 쪽으로 기본시각이 변했다. 그런데 그 시야가 지나치게 좁다. 단기대책에 집착하는 것이다.

　전문가들은 비즈니스 친화적인 환경을 만들어 기업이 자생적으로 일자리를 만들 수 있도록 해야 한다고 조언한다. 또 과감한 고용영향평가제 도입을 주문하기도 한다. 정부가 실시하는 모든 사업에 이 제도가 도입되면 고용창출효과를 극대화할 수 있다.

시간제 일자리에 대한 인식전환도 필요하다. 시간제 일자리를 무조건 터부시할 필요는 없다. 육아 부담이 있는 주부 등 원하는 사람이 있기 때문. 결국 전일제 일자리를 원하는 사람에게 전일제 일자리를, 시간제 일자리를 원하는 사람에게 시간제 일자리를 주면 된다. 다만 일정수준 이상의 근무환경 등 기본이 보장된 일자리여야 한다. 지금의 시간제 일자리와는 근본부터 다른 시간제 일자리를 합심해 만들어야 하는 것이다.

독일은 한때 두 자릿수를 넘나들던 실업률이 현재 5% 내외에서 안정돼 있는데, 그 비결 중 하나가 시간제 일자리 확대였다. 게르하르트 슈뢰더 총리 시절 기업에 세제혜택을 주면서 이른바 미니잡 창출에 전력을 다했고, 이게 전 국민적 지지를 받으면서 성공을 거둔 것이다.

독일은 엄청난 실업 때문에 한때 '유럽의 환자'란 소리까지 들었다. 하지만 시간제 일자리정책 성공 이후 청년실업이 과거의 절반으로 줄었고, 이제 유럽의 엔진이란 평가를 듣는다. 이런 정책은 비단 독일뿐 아니라 미국과 영국도 하고 있는 방법이다. 우리 정부도 장기적인 시각에서 보다 근본적인 일자리대책을 세워야 한다.

ECONOMIC SENSE

5장

식어버린 한국경제

"한국경제가 일본식 장기불황에 빠질 수 있다. 성장률이 1%를 밑도는 심각한 경기 침체를 10년 이상 겪을 수 있다."(우리금융지주 CEO 리포트)

"앞으로 10년 안에 우리나라가 과거 일본보다 더 심각한 성장 둔화 및 자산가치 하락에 직면할 수 있다."(삼성생명 대외비 리포트)

"장기불황은 경제구조 자체를 바꾼다. 오랫동안 사업을 해왔고 경영기반이 탄탄한 기업들도 절대 안심할 수 없다. 장기불황시대 일본에서 도산한 기업들 3곳 중 1곳은 창업 후 30년 넘게 잘나갔던 회사였다."(LG경제연구원 보고서)

한국경제는 '가계-기업-정부'의 삼각축을 통해 성장해왔다. 그러나 글로벌 금융위기 이후 모두가 긴축에 나서면서 협업의 고리가 끊어지고 있다. 가계와 정부는 부채로 신음하면서 긴축하고, 기업은 투자부진에 시달린다. 2012년과 2013년의 성장률은 각각 2.3%와 2.9%에 불과했고 2014년엔 3.3% 성장했다. 그리고 2015년엔 2.6%에 그쳤다. 저성장이 이처럼 오래 이어진 것은 역사상 처음 있는 일이다. 지금 한국경제는 1980~1990년대 거뒀던 연 10% 내외의 고성장은커녕 2000년대 초반 기록했던 5% 내외의 성장속도마저 기대할 수 없게 됐다. 무서운 경고가 현실이 돼가고 있는 것이다. 왜 이리 문제가 꼬여버린 것일까.

01

일본의 잃어버린 20년 닮아가나
저성장과 투자부진

"한국경제가 일본식 장기불황에 빠질 수 있다. 성장률이 1%를 밑도는 심각한 경기침체를 10년 이상 겪을 수 있다."(우리금융지주 CEO 리포트)

"앞으로 10년 안에 우리나라가 과거 일본보다 더 심각한 성장 둔화 및 자산가치 하락에 직면할 수 있다."(삼성생명 대외비 리포트)

"장기불황은 경제구조 자체를 바꾼다. 오랫동안 사업을 해왔고 경영기반이 탄탄한 기업들도 절대 안심할 수 없다. 장기불황시대 일본에서 도산한 기업들 3곳 중 1곳은 창업 후 30년 넘게 잘나갔던 회사였다."(LG경제연구원 보고서)

한국경제는 '가계-기업-정부'의 삼각축을 통해 성장해왔다. 그러나 글로벌 금융위기 이후 모두가 긴축에 나서면서 협업의 고리가 끊어지고 있다. 가계와 정부는 부채로 신음하면서 긴축하고, 기업은 투자 부진에 시달리고 있다. 지금 한국경제는 1980~1990년대 거뒀던 연 10% 내외의 고성장은커녕 2000년대 초반 기록했던 5% 내외의 성장 속도마저 기대할 수 없게 됐다. 무서운 경고가 현실이 돼가고 있는 것이다. 왜 이리 문제가 꼬여버린 것일까.

이것만은 꼭!

교과서 경제원리: **기업은 부족한 자금을 대출받아 투자활동을 한다.**
실제 경제현실: **돈이 남아돌아도 투자하지 않고 저축의 주체로 변신하는 기업이 늘고 있다.**

◀ 역사상 처음 맞는 초저성장

글로벌 금융위기가 발생한 2008년부터 2011년까지 한국경제는 연평균 3.1% 성장했다. 이전의 5%를 넘었던 성장률과 비교하면 한없이 초라한 수치다. 이후 더 심각해졌다. 2012년과 2013년의 성장률은 각각 2.3%와 2.9%에 불과했고 2014년엔 3.3% 성장했다. 그리고 2015년엔 2.6%에 그쳤다. 저성장이 이처럼 오래 이어진 것은 역사상 처음 있는 일이다.

IMF 외환위기 직후를 보면 1998년부터 2002년까지 5년간 연평균

5% 성장했다. 또 2003년 카드대란 이후에도 5년간 연평균 4.3% 성장했다. 지금처럼 몇 년 연속으로 2~3% 성장을 한 적은 없었다.

경제회복력도 눈에 띄게 둔화됐다. 우리 경제는 외환위기 직후인 1998년 -5.7% 성장을 했지만, 이듬해인 1999년엔 10.7%의 고도성장을 했다. 반면 글로벌 금융위기 이후엔 성장률이 2008년 2.8%, 2009년 0.7%, 2010년 6.5%, 2011년 3.7%를 기록해 2010년을 제외하고는 잠재성장률 수준에도 미치지 못하고 있다. 씨티그룹은 '한국경제 거시분석' 보고서에서 "한국이 수출과 내수 동반 약세를 경험하고 있다. 앞으로 심각한 고용문제에 직면할 수 있다"고 경고한 바 있다.

• 잠재성장률: 물가급등 같은 부작용 없이 경제가 자체적인 능력으로 자연스럽게 성장할 때의 성장률.

| 우리나라 경제성장률 추이 |

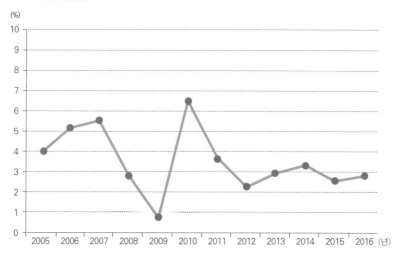

자료: 통계청

◀) 2년 연속 마이너스 성장한 설비투자

저성장의 가장 큰 원인은 세계경기의 부진에 있다. 분명 조금씩 좋아지고는 있지만 2008년 글로벌 위기와 2011년 유럽 재정위기 이후 미국과 유럽의 경제회복속도는 만족스럽지 못하고, 중국은 **경착륙** 가능성이 제기되고 있다. 과거 우리 경제가 외환위기와 카드사태에서 빠르게 회복한 것은 수출이 경제회복을 견인해준 덕이 컸다. 그

> **· 경착륙:** 경제가 위기를 맞아 갑자기 고꾸라지는 현상.

러나 지금은 수출이 만족스럽지 못하다. 2015년 1월부터 2016년 10월까지 22개월 연속 마이너스 수출증가율을 기록한 바 있다. 2017년 들어 나아졌지만 업종별 양극화가 심하다.

특히 조선과 해운업종이 문제다. 세계 교역이 줄면서 선박운송의 필요성이 줄어들어 조선과 해운업체들의 일감이 줄어들고 있는 것이다. 조선·해운업의 부진은 현재 한국경제의 가장 큰 고민이다. 이런 분위기 탓에 경제주체들의 심리가 약화되면서 소비투자 등 대부분의 지표가 부진을 면치 못하고 있다.

투자도 문제다. 통계청에 따르면 2016년 1분기 설비투자증가율은 -4.5%다. 1년 전과 비교해 설비투자가 늘기는커녕 오히려 감소한 것. 기업들의 자금사정이 나빠 투자가 부진한 게 아니다. 한국거래소에 따르면 상장사들이 보유한 **현금성 자산**은 50조 원이 훌쩍 넘는다. 특히 수출을 통해 많은 돈을 버는 대기업들은 현금성 자산이 급증

세다. 2016년 1분기 기준 삼성전자는 24조 7,797억 원의 현금 및 현금성 자산을 갖고 있다. 그 결과, 제조 대기업들의 부채비율은 2014년 기준 73.4%에 불과하다. 1998년

> • 현금성 자산: 현금 또는 바로 팔아서 현금으로 만들 수 있는 자산. 부동산처럼 파는 데 오랜 시간이 걸리는 자산은 제외된다.

295.4%, 2002년 128.9%보다 크게 낮아진 것으로 투자재원 마련을 위한 빚을 내지 않으면서 벌어진 결과다.

기업들이 이처럼 투자하지 않는 것은 미래에 대한 불확실한 전망 탓이 크다. 설비를 확장해 물건을 더 만들었다가 팔지 못할까 두려워 과감한 투자에 나서지 못하는 것이다. 이는 저성장을 더 심화시키고, 이것이 또다시 투자부진을 가속화시키는 악순환의 고리가 형성되어

| 설비투자증가율 추이 |

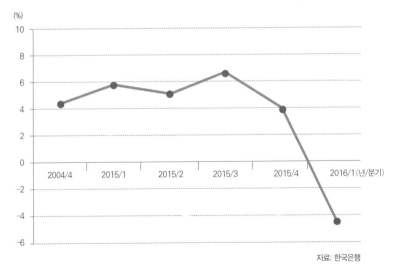

자료: 한국은행

버린 심각한 상황이다.

기업들은 투자를 하지 않고 현금을 쌓아두는 데 급급해하면서도 생산의 과실은 가장 많이 가져가고 있다. 한국은행에 따르면 우리나라의 노동소득분배율은 2015년 62.9%를 기록했다. OECD 국가 가운데 가장 낮은 수준이다. 기업들 스스로가 많이 가져가면서 근로자한테 덜 주고 있다는 뜻이다.

• 노동소득분배율: GDP 가운데 근로자가 가져가는 소득의 비율.

그렇다고 주주한테 배당을 많이 돌려주는 것도 아니다. 우리나라의 주식배당률은 세계적으로도 가장 낮은 수준이다. 결국 기업들은 노동자와 주주에게 덜 지급하고 스스로 많이 가져가면서도, 투자도 별로 하지 않고 현금만 쌓아두고 있다.

◀)) 복합불황으로 진화하는 경기침체

우리나라 기업들의 투자부진은 다른 나라와 비교해도 심각한 수준이다. WEF(세계경제포럼)의 국가경쟁력순위에 따르면 2013년부터 2015년 사이에 한국기업활동의 성숙도순위는 24위에서 26위로 내려갔고, 기업혁신순위는 17위에서 19위로 하락했다. 우리 기업이 외국기업보다 투자를 덜 하다 보니 관련 순위가 내려간 것. 그동안 한국경제가 민간기업의 효율성으로 정부의 비효율성을 상쇄해왔던 점을 감안하면 기업경쟁력순위 하락은 우려할 만한 일이다.

투자부진에 따른 경기침체는 고용부진으로 이어진다. 부진한 투자만큼 사람이 덜 필요해져, 고용을 줄이는 것이다. 사상 최악의 청년취업난은 이 때문이다. 여기에 기존 노동자들도 소득증가율이 만족스럽지 못하다. 이런 상황은 곧 소비부진으로 이어진다. 쓸 돈이 부족하니 소비를 줄이는 것이다. 2016년 1분기 민간소비증가율은 -0.2%로 마이너스를 기록했다.

결국 현재 한국경제는 수출, 투자, 소비, 소득이 모두 부진한 복합불황으로 정의할 수 있다. 일부 대기업 중심의 주식시장, 부동산시장만 호황일 뿐 전반적으로 부진하다. 이 어려움은 한계기업이나 저소득층 같은 취약계층에서 일반기업이나 중산층으로 번져가고 있다. 이에 따라 구조조정을 해야 하는 기업이나 신용불량자가 급증할 것이란 전망이 나오는 실정이다.

◀》 선도자의 단물은 잠깐?

한국기업들은 그간 추격자모델로 성공해왔다. 그런데 시장을 선도하던 글로벌 기업들이 사라지거나 국내기업이 외국기업과의 경쟁에서 승리하면서, 선도자 지위로 올라서는 한국기업들이 나오고 있다. 삼성전자

> • 추격자fast follower: 앞선 기업의 제품이나 전략을 따라잡기 위해 노력하는 기업. 폭스바겐이나 도요타를 따라잡으려는 현대자동차가 대표적인 경우다.
> • 선도자first mover: 시장선도기업. 이 기업의 제품이나 전략은 다른 기업의 벤치마크 역할을 한다.

가 대표적이다. 추격자일 때는 따라잡을 대상이 있고 뭘 할지가 정해져 있어 오히려 편한 측면이 있다. 그러나 갑자기 선도자가 되면 어떻게 해야 할지 몰라 우왕좌왕하다가 실패하는 경우가 많다. 현재의 투자부진이 계속되면서 기업의 역동성이 떨어지면 한국기업들은 언제든 나락으로 떨어질 수 있다. 과거 휴대전화시장의 최강자로 군림했지만 이제 변방에 머물고 있고 있는 노키아나 블랙베리처럼 될 수 있는 것이다.

그럼에도 기업들의 투자심리는 계속 얼어 있는 상태다. 한국은행에 따르면 우리나라 기업들의 **심리지수**는 70 내외에 불과하다. 이런 투자심리가 언제나 깨어날 수 있을지 예측하기 어렵다.

> • 심리지수: 기업들에게 경기 예상에 대해 설문한 뒤 지수화 한 것. 이 숫자가 100보다 작을수록 경기를 비관적으로 보는 기업들이 더 많고, 100보다 클수록 긍정적으로 보는 기업이 더 많다는 뜻이다.

이에 대해 HSBC는 '한국, 생산성혁신 필요하다' 보고서를 통해 "글로벌 경기둔화 영향으로 투자가 크게 감소하고 있는 것이 한국경제의 가장 큰 문제가 되고 있다"고 지적한 바 있다. HSBC는 또 "기업들이 보유한 특허 중에서 국외특허의 비중이 한국은 26%로 일본(39%), 미국(46%)보다 낮은 수준을 기록하는 등 세계 트렌드를 좌우할 기술혁신도 부족하다"고 지적하면서 "중소기업의 노동생산성이 대기업의 3분의 1 수준이라 노동생산성 양극화 문제도 심각하다"고 비판한 바 있다. "한국경제의 전체 생산성을 높여온 대기업들의 역할을 상기해야 한다. 한국기업과 정부는 기술혁신에 집중해야 한다"는 모건스탠리의

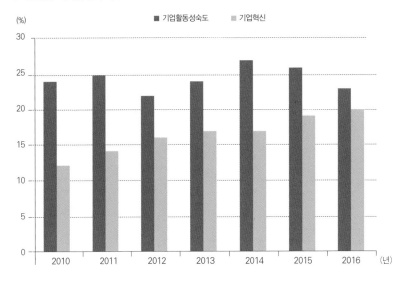

(%) ■ 기업활동성숙도 ■ 기업혁신

지적도 있다.

심리가 안 좋으면 백약이 무효다. 한국은행이 경기부양을 위해 금리를 내리면 기업들은 이자 부담이 줄어든 만큼 투자에 나서는 게 아니라, '금리를 내릴 정도로 경제가 불안하다'는 분석이 나오면서 오히려 더 움츠러드는 식이다.

심리지표가 주목받게 된 것은 2008년 글로벌 금융위기 이후부터다. 금융위기가 장기간 지속되는 동안 실물경제에 대한 심리 악화의 영향력이 보다 강력해졌던 것이다. 미국 샌프란시스코 중앙은행의 2010년 연구결과에 따르면, 실업률이 어떻게 변할지에 대한 주관적인 심리지표가 하락할 경우 일정한 시차를 두고 실제 실업률이 하락하는 것으로 나타났다. 또 ECB(유럽중앙은행)는 "미국의 소비자심리지수를 연구한 결과, 지수가 올라가면 실제 소비가 늘어나며 그 영향이 6개월가량 지속되는 경향이 발견됐다"는 연구결과를 내놓은 바 있다. 국내에서도 고용지표에서 이런 경향이 발견된다. 6개월 후의 고용시장전망을 나타내는 '소비자취업기회전망' 지표를 보면 2011년 4분기 들어 3분기에 비해 흐름이 악화되기 시작했다. 그리고 이런 심리는 6개월 후의 실제 고용에 반영됐다.

이런 상황에서 최근 기업들의 심리가 지속적으로 약세를 보인다는 것은 앞으로 투자부진이 무척 길어질 것이란 점을 시사한다. 이처럼 경제심리가 좋지 못할 때는 선제적인 조치가 중요하다. 경기가 계속 부진할 것이란 심리가 굳어지기 전에 경기를 살릴 것이란 메시지를 시장에 강력하게 전달하는 식으로 말이다.

◀) 일본식 불황 겪을 수 있다

이런 이유로 최근 국내기업들 사이에 '일본연구' 열풍이 불고 있다. 경제성장률이 크게 주저앉은 가운데 통화강세, 수출둔화, 저금리현상, 고령화와 저출산, 부동산가격 하락 등의 문제를 동시에 맞은 상황이 1990년대 일본과 너무나 닮았기 때문. 일본은 1992년부터 시작된 단기불황과 장기저성장이라는 변화에 대처하는 데 실패한 후 '잃어버

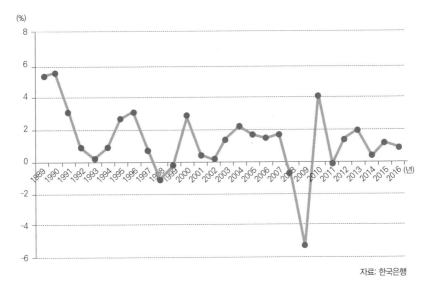

자료: 한국은행

린 20년'이라 불린 장기불황을 맞았는데, 한국도 비슷한 상황에 처할 수 있다.

이런 상황이면 일본을 따라잡는 것은 영원히 불가능하다. 2011년 기준 일본의 경제규모(GDP)는 5조 8,690억 달러로 한국(1조 1,160억 달러)의 5배가 넘는다. 1인당 GDP도 한국은 2만 1,500달러로 2만 달러를 겨우 넘긴 반면, 일본은 4만 4,600달러로 여전히 우리의 2배가 넘는다. GDP는 한 나라의 경제적인 생산능력의 종합평가지표인데, 우리는 아직 일본의 맞수가 안 된다는 애기다. 또 우리나라의 주력산업은 아직 원천기술과 핵심부품의 상당부분을 일본에 의존하고 있다. 이

때문에 우리나라는 여전히 일본과의 무역에서 적자신세를 벗어나지 못하는 상황이다. 2014년 기준 우리나라는 일본과 무역에서 216억 달러의 적자를 봤고, 이 같은 추세는 우리나라가 일본과 경제교류를 재개한 이래 줄곧 이어져왔다. 특히 한·일 간의 산업경쟁력과 생산성의 차이는 단기간에 역전되기 힘들다.

아직 따라잡아야 할 간극이 이렇게나 먼데, 벌써부터 장기불황에 들어간다면 한국경제가 일본을 따라가는 것은 너무나 힘든 일이 될 것이다. 특히 경기침체가 길어지면서 2015년엔 경제성장률이 일본에 역전되는 일까지 벌어졌다. 이미 선진국이면서 오랜 불황에 시달렸던 일본보다는 우리나라의 성장률이 높을 수밖에 없다는 게 상식이었는데, 이 상식이 깨져버린 것이다. 그나마 2016년부터 세계경제 호조와 부동산 경기회복에 힘입어 경기가 회복세를 보이고 있지만, 이런 흐름이 길지 않을 것이란 지적이 많다. 이에 따라 많은 전문가들이 한국경제에 큰 우려의 시선을 보내고 있다.

02

젊은이도 노인도 불행하다
저출산과 고령화

2015년 태어난 신생아를 기준으로 봤을 때 한국인의 기대수명은 82.1세에 이른다. 우리나라의 기대수명 증가속도는 세계적으로 유례없는 수준이다. 1990년 71.7세, 2000년 76세, 2005년 78.2세, 2010년 80.2세, 2015년 82.1세 등으로 가파르게 늘고 있다. 2003년부터 2009년까지 OECD 기대수명 증가폭을 보면 한국(3세)은 독일(1.7세), 일본(1.2세), 영국(2.1세) 등 다른 나라를 훨씬 상회한다.

그런데 많은 전문가가 기대수명 증가를 우려한다. 오래 사는 게 축복이 아니란 것이다. 대한민국이 '준비 없는 장수'란 재앙에 맞닥뜨리고 있다.

교과서 경제원리: **선진국일수록 출산율이 낮다.**
실제 경제현실: **한국의 출산율이 선진국보다 낮다.**

🔊 2016년부터 생산가능인구 감소

고령화는 저출산과 겹쳐서 온다. 어떤 나라 인구가 유지되려면 남자와 여자가 만나 2명 이상 자녀를 남겨야 한다(요절하는 경우가 있으므로). 그런데 우리나라의 출산율은 2016년 기준 1.17명에 불과하다. 2명이 만나 남기는 자녀가 평균 2명이 안 된다는 것. 막대한 교육비 등으로 자녀를 낳지 않으려는 풍조 속에 결혼기피현상까지 겹치면서 출산율이 계속 줄고 있다. 결과는 하나, 인구감소다.

통계청에 따르면 우리나라의 총 인구는 2030년 5,216만 명을 정점으로 감소하기 시작해 2060년 4,396만 명까지 줄어들 전망이다. 4,396만 명은 1992년 인구수준이다. 아직까지는 매년 태어나는 사람이 죽는 사람보다 많아 인구가 늘고 있지만, 낮은 출산율 때문에 죽는 사람이 더 많아지는 순간 인구는 점차 감소하기 시작할 것이다.

이미 **생산가능인구**는 2016년 정점을 찍고 감소하기 시작했다. 65세가 돼 생산가능인구

> • 생산가능인구: 너무 어리거나 너무 늙은 사람을 제외하고 각종 생산활동에 투입될 수 있는 연령층. 15~64세가 국제 표준이다.

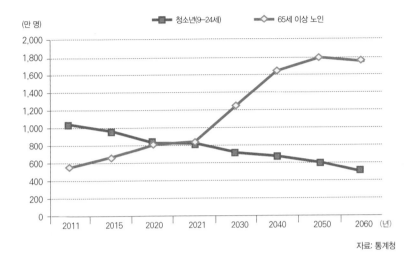

(만 명)
■ 청소년(9~24세) ◇ 65세 이상 노인

자료: 통계청

에서 탈락하는 노인이, 15세가 돼 생산가능인구로 편입되는 청소년보다 더 많아서 생기는 현상으로, 이는 곧 일할 사람의 감소를 뜻한다.

모든 인구가 감소하는 것은 아니다. 증가하는 인구도 있다. 문제는 그 인구가 노령이라는 점. 65세 이상 노인인구는 2010년 545만 명에서 2060년 1,762만 명으로 급증할 것으로 전망된다. 이에 따라 노인 비중도 2010년 11%에서 2060년 40.1%로 늘어날 전망이다. 기대수명 증가 덕분이다.

고령화로 인해 **중간연령**은 2010년 37.9세에서 2060년 57.9세로 높아질 전망이다. 환갑에 가까운 사람이 사회의 허리가 되어

> • 중간연령: 전체 인구를 나이 순서대로 나열해 정확히 중간에 오는 나이.

버리는 것이다. 대한민국 전체가 요즘의 농촌처럼 변화할 것이라고 이해하면 된다.

저출산·고령화는 우리 경제의 저성장구조를 고착화시키고 있다. 우리보다 앞서 고령화 사회로 진입한 미국과 일본은 생산가능인구의 감소와 동시에 저성장 기조에 진입했다. 돈을 벌어 자산을 증식하는 사람보다 있는 자산을 헐어 쓰는 사람이 늘기 때문이다. 이는 세수부족과 자산가치 하락을 불러오고, 경제는 활력을 잃고 저성장의 악순환에 빠지게 된다.

◀》 2060년 되면 1명이 2명 먹여 살려야

노인인구 증가는 생산가능인구의 부담 증대로 이어진다. 2010년 **부양률**은 0.37명을 기록했다. 도식적으로 3명 정도가 1명을 먹여 살리는 구조다.

> • 부양률: 생산가능인구(15~64세) 대비 65세 이상 노인 및 15세 미만 어린이의 수.

그런데 2060년이면 부양률이 1.01명으로 오른다. 생산가능인구보다 노인과 어린이의 숫자가 많아지는 것. 여기에 생산가능인구 가운데 절반가량이 육아, 가사 등을 이유로 일하지 않는 상황을 감안하면 일하는 사람 1명이 2명 이상을 책임져야 하는 상황이 올 수 있다. 저출산·고령화로 생산가능인구가 감소하는 반면 고령인구가 급증하면서 벌어지는 현상이다.

게다가 부양인구 구성이 좋지 않다. 2010년엔 생산가능인구 10명이 1명의 노인과 3명의 어린이를 부양하면 됐는데, 2060년엔 생산가능인구 10명이 노인 8명과 어린이 2명을 부양해야 한다. 노인 비중이 크게 늘어나는 것이다.

국제비교를 해보면 심각성이 두드러진다. 우리나라의 부양률은 OECD 34개국 가운데 2010년 4위에서 2050년 33위로 추락할 전망이다. 지금은 양호하지만, 2050년이면 OECD 내 두 번째로 나빠지는 것이다(꼴찌는 일본으로 예상된다).

보험료를 부담할 사람이 줄어드는 반면 혜택을 입는 노인은 늘면서, 국민연금 조기고갈과 건강보험 재정악화가 우려되는 심각한 상황이다. 보건복지부에 따르면 65세 이상 인구에 대한 건강보험 지급액은 2000년 2조 6,577억 원에서 2013년 18조 852억 원으로 급증했다. 65세 이상 인구가 늘기도 했지만 1인당 진료비가 2000년 88만 원에서 2013년 321만 900원으로 급증한 영향이 컸다. 의학 발전으로 못 고치던 병을 고칠 수 있게 됨에 따라, 1인당 병원방문횟수가 늘면서 벌어진 현상이다.

또 노인인구가 늘어감에 따라 정부의 부담도 커지고 있다. 정부는 65세 이상 노인 가운데 소득과 재산이 하위 70%에 해당하는 사람에게 기초연금을 지급한다. 2017년 기준 월 2만~20만 4,010원 수준이다. 그런데 이 기초연금지급액이 2008년 2조 2,094억 원에서 2017년

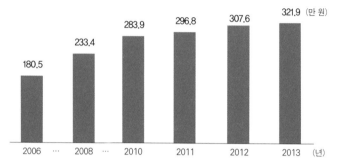

| 노인 1인당 연평균 진료비(연말 기준 65세 이상 노인) |

자료: 건강보험심사평가원, 국민건강보험공단

무려 8조 원으로 껑충 뛰었다.

보험료와 세금을 올리지 않으면 지속할

• 실질세부담: 세금과 사회보험료를 합한 것.

수 없는 상황이 되고 있다. 결과는 젊은층의 '비소비지출' 부담 증대.

OECD가 2000년부터 2011년까지 각 나라 월급생활자들의 실질세부담을 분석한 결과를 보면 한국 등 일부 국가만 실질세부담이 늘고 있다. 두 자녀를 둔 평균소득(연 3,615만 원) 외벌이 봉급생활자 가구의 경우, 실질세부담비율이 2000년 15.6%에서 2011년 17.9%로 상승했다. 다시 말해, 세금, 국민연금보험료, 건강보험료 등 월급에서 자동으로 떼어가는 돈이 월급에서 차지하는 비중이 15.6%에서 17.9%로 늘었다는 뜻이다. 한국처럼 증가한 나라는 OECD 소속 33개국 가운데 8개국에 불과했다.

◀)) 생계 위해 70세까지 일해야

젊은 층이 막대한 부담을 진다면 고령층은 편안해야 하는데, 현실은 다르다. 젊은 층은 막대한 부담을 진다고 생각하지만, 노인 개개인에 돌아가는 돈은 얼마 안 된다. 단지 노인인구가 많으니 젊은 층이 그 부담을 크게 느낄 뿐이다.

고령화 시대엔 맘 편하게 은퇴하기 어렵다. 자기계발이 아니라, 생계를 위해 일할 수밖에 없는 상황에 처한다. 통계청이 조사한 **노동기대여명**에 따르면 지금의 노동시장 여건이 동일하게 유지된다는

> • 노동기대여명: 향후 더 일할 것으로 기대되는 노동연수.

가정 하에 40대 후반에서 50대 후반(45~59세)인 중·고령층은 평균적으로 70세 안팎까지, 40대 후반(45~49세)은 17.8년, 50대 후반(55~59세)은 10.6년 더 일해야 할 것으로 예측됐다.

분석대상을 남성으로 한정하면, 일하는 시간이 더 늘어난다. 40대 후반 남성은 21.2년, 50대 초반 남성은 17년, 50대 후반 남성은 13년 더 일할 것으로 예상됐다. 다니던 직장에서 퇴직한 후 생계를 위해 재취업해야 하는 현실을 반영한 것이다. 이렇게 노동기대여명은 계속 길어지고 있다. 2001년의 40대 후반 남성은 19.2년 더 일하면 됐는데, 2011년의 40대 후반 남성은 21.2년 더 일해야 한다.

나이 들어 일하는데도 노인빈곤율은 세계

> • 빈곤율: 가구소득이 중간소득의 절반에 못 미치는 가구가 전체 가구에서 차지하는 비율.

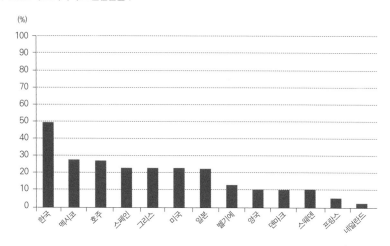

자료: OECD

최고수준이다. 2015년 기준 한국의 노인빈곤율은 49.6%다. 네덜란드 (1.7%), 프랑스(5.3%), 스웨덴(9.9%) 등과 비교하면 처참한 수준이다. 이런 상황은 세대가 바뀌어도 지속될 가능성이 크다. 자녀교육비, 높은 전세가 같은 문제 때문에 제대로 노후준비를 못하는 경우가 대부분이기 때문이다.

결국 계속 일하는 방법밖에 없다. 통계청이 55~79세 고령층을 설문조사한 결과, 10명 중 6명이 취업을 원하는 것으로 나타났다. 노후대비가 어느 정도 돼 있다고 응답한 사람이 전체 응답자의 39%에 불과한 탓이다. 이런 현실은 고령층과 젊은 층의 일자리경쟁으로 이어지면서 계층갈등을 유발하고 있다.

◀》어떻게 바꿔나갈 것인가

인구정책의 핵심은 출산율 관리다. 정부는 보육수당에만 초점을 맞추고 있는데 이는 반드시 재고할 필요가 있다. 한 달에 20만 원 정도의 보조금은 출산을 결정하는 데 영향을 거의 주지 못하고 재정건전성만 해칠 수 있다.

한때 초저출산국이던 프랑스는 출산과 관련한 장기휴직을 여성의 당연한 권리로 보장하면서 출산율이 2명에 육박하는 나라로 변신했다. 혼인과 출산에 따른 여성의 경력단절을 최소화해야 상대적으로 높은 출산율을 유지할 수 있다는 점을 증명하는 사례다.

국내기업 유한킴벌리는 우리도 프랑스처럼 될 수 있음을 시사한다. 유한킴벌리 여직원의 합계출산율은 1.8명으로, 우리나라 전체 출산율(1.2명)보다 월등히 높다. 이 회사는 2007년부터 임산부간담회를 마련하는 등 임신과 출산을 회사 차원에서 축하하고, 교대근무 등 각종 유연근무제를 실시해 육아시간을 보장하고 있다.

우리나라로 들어오는 외국인에 대한 인식을 바꿔야 한다는 지적도 나온다. 통계청에 따르면 '인구의 국제순이동'이 연간 3만 명 정도를 유지해갈 전망이다. 90일 이상 체류할 목적으로 국내에 들어온 외국인이 반대로 90일 이상 외국에서 체류할 목적으로 나가는 한국인보다 1년에 3만 명 이상 많다는 뜻이다. 이들을 잘 활용하면 저출산·고령화 시대의 노동력부족 문제를 해결할 수 있다.

이와 함께 국민연금·건강보험을 포함해 전방위적인 제도개혁을 실시해야 한다. 보건복지부 '베이비부머 정책기획단', 기획재정부 '100세사회' 등 중구난방 펼쳐지는 사업을 정리해 범정부적인 대응을 할 필요도 엿보인다.

03

2050년 한국은
0%대 성장할 수 있다
잠재성장률과 통일의 경제효과

　저성장과 고령화는 여러 변화를 야기하
고 있다. 최근 일부 금융사들은 **벤치마크**를

> • 벤치마크benchmark: 목표
> 로 설정하는 특정 수익률.

폐기했다. 그간 벤치마크는 금융사의 투자활동에 있어 가장 기본이 되
는 역할을 했다. 예를 들어, 벤치마크를 코스피지수로 했는데 코스피
지수가 1년간 8% 올랐다고 하자. 이때 어떤 투자회사의 수익률이 연
8% 이상이면 잘한 것이고, 못 미치면 못했다고 보는 식이다.

　그런데 저성장 시대가 도래하면서 벤치마크가 의미를 잃고 있다.
2013년의 경우 코스피는 불과 0.71% 상승하는 데 그쳤다. 이런 상황
에서 어떤 회사가 1년간 0.72%의 수익률을 올렸다면 잘했다고 할 수
있을까. 아무것도 안 하고 은행 정기예금에만 가입해도 2% 내외의 수

익률을 올릴 수 있는데도 말이다. 이에 따라 글로벌 금융사들은 벤치마크를 폐기한 채, 자체적으로 5%, 6% 등 목표수익률을 정해 투자에 임하고 있다. 저성장으로 금융시장의 수익성이 급격히 하락하면서 벌어지는 현상이다.

저성장은 정부정책에도 제약을 가한다. 경제성장률이 1%포인트 하락하면 세금은 2조 원가량 덜 걷힌다. 현재 추세대로라면 앞으로 정부의 역할은 극도로 제약될 수 있다. 전문가들은 한국경제가 잠재성장률 추락이란 재앙을 맞고 있다고 경고한다.

교과서 경제원리: **경제위기가 끝나면 이전의 성장 궤도로 돌아온다.**
실제 경제현실: **위기충격으로 성장 능력이 저하되면서 잠재성장률이 떨어진다.**

◀) 잠재성장률이 추락한다

잠재성장률을 사람의 키에 비유하자면, 보약 등에 의존하지 않고 스스로 클 수 있는 능력에 해당한다. 저성장이 오래 지속돼 체질화돼버리면, 잠재성장률이 추락한다. 몸이 크게 아픈 후 성장판에 문제가 오는 상황과 비슷하다.

여러 연구기관에 따르면 2008년 말의 글로벌 금융위기를 계기로,

한국의 잠재성장률은 4%대 중·후반에서 3%대로 추락했다고 분석된다. 현대경제연구원은 우리나라의 잠재성장률이 1998~2007년에 연평균 4.7%였다가 2008~2012년에는 연평균 3.8%로 하락했다고 추정한 바 있다. 글로벌 금융위기의 충격으로 경기가 일시적으로 타격을 받은 게 아니라, 성장능력 자체가 떨어졌다는 것. 이 이상으로 성장률을 높이려면 막대한 재정지출을 하는 등 극약처방을 해야 한다. 그러면 높은 물가상승 등 부작용이 발생한다.

잠재성장률이 하락하는 현상은 한국경제에 큰 위기가 있을 때마다 반복돼왔다. 70년대 후반의 오일쇼크, 1997년의 외환위기가 대표적이다. 이런 위기를 겪고 나면 성장수준 자체가 내려갔다.

앞으로의 전망은 무척이나 우울하다. KDI는 현재 3.6% 정도인 잠재성장률이 2020년대 2.7%, 2030년대 1.9%, 2040년대 1.4% 등으로 계속 떨어지다가 2050년대 결국 1%를 기록한 뒤, 이후에는 소수점 수준으로 추락할 것이란 분석을 내놓은 바 있다. 또 고려대는 잠재성장률이 2017년에 2%대로 내려가고, 2030년대엔 1% 중반까지 추락할 것이라고 전망했다. 위기가 상시화되고 있는 상황에서 고령화와 투자부진이 계속되는 데다 생산성 개선추세가 미약하다는 게 그 이유다.

기획재정부가 2012년 대학교수 등 19명의 전문가에게 의뢰해 작성한 '2020년 한국사회의 질적 수준 제고를 위한 미래연구보고서'에 따르면 한국경제는 잠재성장률이 지속적으로 낮아지는 것은 물론, 전반적인 위기극복능력이 떨어질 것으로 전망된다. 앞으로 숱하게 경제위

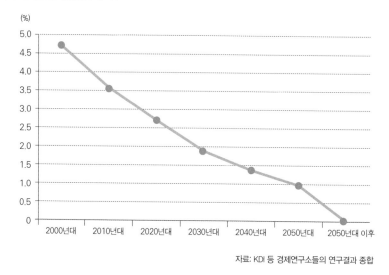

자료: KDI 등 경제연구소들의 연구결과 종합

기가 발생할 텐데 스스로 극복할 수 있는 체력이 약화되면서, 위기충
격이 한층 커질 것이라는 경고다.

◀》신성장동력 부재와 서비스업 경쟁력

잠재성장률의 추락원인은 여러 가지다. 앞서 지적한 투자부진 외에
도 고령화로 인한 노동의 질 악화, 원자재가격상승에 따른 기업이익률
의 저하, 지속적인 내수부진, 신성장동력의 미출현 등이 주요원인이
다. 이 가운데 1970~1980년대에 육성한 철강·기계·전자·자동차·조

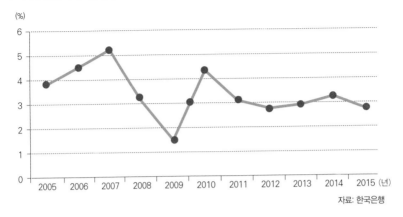

자료: 한국은행

선 등이 아직도 한국경제의 주력산업 역할을 하면서 신산업이 출현하지 못하는 것이 큰 원인으로 작용하고 있다.

그중 서비스업이 가장 취약하다. 2013년 우리나라가 녹색세계은행이라 불리는 '녹색기후기금GCF' 사무국을 인천 송도에 유치하는 과정을 보면 우리나라 서비스업의 열악한 현실이 그대로 드러난다. 당시 정부에 따르면, 외국의 심사위원들은 우리나라를 상대로 이런 질문을 던졌다. "국제기구 종사자의 배우자가 가질 직업이 있나?" "자녀가 다닐 외국인학교는 있나?" "편하게 이용할 병원은 있나?" 이에 대해 정부관계자들은 "곧 좋은 시설이 들어설 예정이니 안심해도 괜찮다"는 식으로 얼버무렸다. 당시 인천 송도엔 대형종합병원이 없었고 외국인학교도 한 곳에 불과했다.

제조업성장이 한계에 다다른 상황에서 신성장서비스업이 출현해야 하지만 우리 현실은 그렇지 못하다. 열악한 서비스업의 현실은 이익집단들의 반대 때문이기도 하다. 가령 현재 병원은 의사와 공익재단만 설립할 수 있는데, 이 규제를 풀어 누구나 병원을 설립할 수 있도록 해 의료산업의 경쟁력을 높이자는 논의가 진행 중이다. 그러나 일부 의사들과 시민단체의 반대로 진척을 보지 못하고 있다.

앞서 소개한 인구 문제도 있다. 우리나라의 생산가능인구는 2040년이면 2,880만 명으로 지금보다 1,000만 명 가까이 줄어든다. 아무리 산업경쟁력이 좋더라도 일할 사람이 없으면 성장능력이 떨어질 수밖에 없다.

🔊 정책적 노력과 함께 통일시대 준비해야

우리 경제는 이제 인력이나 돈, 기술을 더 투자해 덩치를 키울 수 있는 단계를 지나고 있다. 적극적으로 생산성을 높이려는 노력이 필요하다. 성장의 질과 양을 동시에 높여야 한다는 것이다.

이를 위해서는 경제체질개선이 시급하다. 기업들의 경우 장기불황이 길어지면 각 분야의 1~2등 기업만 살아남을 수 있으므로 반드시 1~2등 수준을 유지하거나, 그 수준으로 도약하려는 전략을 세워야 한다. 또 정부는 다양한 정책적 노력을 해야 한다. 산업 포트폴리오를 확대하면서 비주력산업에서도 수출경쟁력을 강화시키려는 노력을 해

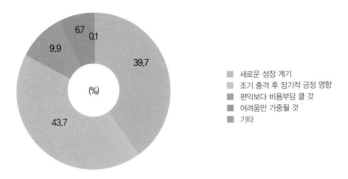

| 통일이 기업경영에 미치는 효과 |

- 새로운 성장 계기
- 조기 충격 후 장기적 긍정 영향
- 편익보다 비용부담 클 것
- 어려움만 가중될 것
- 기타

6.7 0.1
9.9
39.7
(%)
43.7

※ 대한상공회의소가 2014년 남북경협기업 100개사와 매출액 상위 200대 기업을 상대로 설문조사한 결과임.

자료: 대한상공회의소

야 한다. 특정산업에 의존하는 경제체질을 개선하고, 고용시장개혁도 서둘러야 한다.

생산가능인구의 감소를 늦추려면 여성과 장년·노년 인력의 사회진출을 장려하고, 우수한 외국인력을 적극 유치해야 한다. 미국은 인구증가율이 낮아지면서 성장동력이 떨어지자, 중남미 이민을 폭넓게 받아들여 저가의 노동력을 보강했다. 한국도 이민이나 외국인노동자에 대한 의식전환이 필요하다. 일부 민간전문가들은 체계적인 이민정책의 실행을 위해 '이민청' 신설이 필요하다고까지 말한다.

또 중·장기적으로 통일을 준비해야 한다. 사실 잠재성장률을 높이려는 그 어떤 노력도 통일의 파워에는 미치지 못한다. 김정은체제 이후 북한은 심각한 체제불안상태에 놓여 있어, 어떻게 보면 통일을 앞당기는 기회가 마련될 수도 있다. 지난 수십 년간 숱한 도발을 겪으며 한국경제는 북한 변수에도 크게 흔들리지 않는 내성을 이미 쌓았다. 전쟁만 터지지 않는다면 주식시장이나 환율이 크게 흔들릴 걱정도 없다.

북한은 전 세계에서 거의 마지막으로 남은 미개발지다. 이런 상황에서 통일이 되면 우리 기업들은 큰 기회를 가질 수 있다. 그 과정에서 고용상황개선과 내수경기회복을 기할 수 있고, 위기의 건설업을 일거에 일으킬 수 있다.

현재 국민소득 2만 달러, 인구 5,000만 명의 대한민국이 통일이 되면 국민소득 4만 달러의 인구 8,000만 명 국가로 도약할 수 있다는 게 전문가들의 진단이다. 통일이 되면 북한인구가 대거 남하해 사회혼란을 야기할 수 있고 막대한 재정이 소요될 수 있다. 두려움도 물론 존재한다. 그러나 그 혼란을 어떻게 기회로 만들지에 대한 본격적인 논의는 분명 필요하다.

04

한국인 삶의 질은 OECD 꼴찌수준
행복 GDP

계속해서 성장을 이어가야만 행복해질 수 있다는 믿음이 있다. 성장을 해야지만, 복지재원이 생기고 사회의 그늘진 곳을 없앨 수 있기 때문이다.

그런데 이 명제에 과연 모두가 동의할까? 전혀 그렇지 않다. 국가가 아무리 눈부신 경제성장을 해도 국민의 행복은 그와 반대로 고꾸라지는 경우를 우리는 수없이 목격하고 있다. 잘사는 만큼 행복해야 하는데 현실은 전혀 그렇지 못한 이유, 대체 무엇일까?

교과서 경제원리: **경제가 성장하면 국민의 행복수준이 올라간다.**
실제 경제현실: **경제가 성장해도 삶의 질은 뒷걸음질 칠 수 있다.**

🔊 1인당 GDP 2만 달러 = 1인당 소득 2만 달러?

성장우선론자들은 GDP 증가율, 즉 경제성장률을 가장 중요한 경제 지표로 본다. GDP가 빠르게 증가할수록(경제가 빠르게 성장할수록) 국민의 삶이 나아질 것으로 보기 때문. 이에 따라 각국 정부는 성장률을 높이기 위해 갖가지 노력을 기울인다. 그 결과로 국민 각자가 얼마나 부자가 됐는지를 보여주는 게 1인당 GDP다. 이를 통해 국민 개개인이 얼마나 윤택한 삶을 사는지 짐작할 수 있다는 것이다.

그런데 1인당 GDP는 완전한 지표가 아니다. GDP를 단순히 인구수로 나눈 것이기 때문이다. GDP에는 가계소득뿐 아니라 기업이윤, 세금도 포함돼 있다. 때문에 1인당 GDP는 그 나라의 인구대비 경제총량을 보여줄 수는 있어도, 국민 개개인이 진정으로 얼마나 잘살고 있는지는 보여주지 못한다. 1인당 GDP가 2만 달러라는 건 그 나라의 모든 국민이 평균 2만 달러의 소득을 올린다는 게 아니라, 그 나라의 경제수준을 1인당으로 계산해보니 단지 2만 달러에 해당하더라는 의미일 뿐이다.

가계소득, 기업이윤, 정부수입을 모두 포함하는 1인당 GDP에서 개인소득을 추출한 순수한 1인당 소득은 1만 달러도 5,000달러도 될 수 있다. 이를 알려주는 게 통계청의 평균 가계소득이다. 우리나라의 평균 가계소득은 2016년 기준 5,279만 원을 기록했다. 평균 가구원 수인 3.2명으로 나눠주면, 진정한 우리나라의 1인당 소득은 1,649만 원이

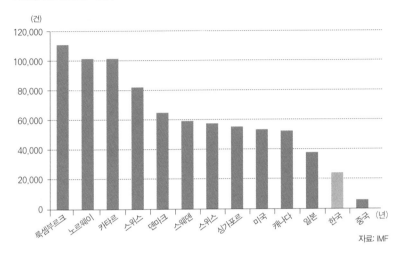

자료: IMF

다. 이는 세전소득 기준이며, 2016년 1인당 GDP 2만 7,561달러(3,032만 원)의 54% 수준이다. 나머지는 모두 기업이윤과 정부수입으로 돌아갔다.

결국 1인당 GDP로는 국민의 경제적 삶을 대강 짐작만 할 수 있을 뿐 정확하게 가늠하긴 어렵다. 1인당 GDP가 4만 달러를 넘는 일본인의 생활수준이 그렇게 높지 않은 것이 대표적이다. 반면 1인당 GDP가 무척 낮아도 국민이 행복해하는 나라 역시 얼마든지 존재한다.

이밖에 GDP로는 그 사회가 얼마나 안전하고 깨끗하면서 살기 좋은지를 관찰할 수 없다. 이런 문제 때문에 GDP에 대한 회의론이 강하게 제기되고 있다.

◀) 한국, 삶의 질 낮은편

기존 GDP 지표를 대체할 수 있는 **행복지수**가 속속 출현하고 있다. 한국은 이 지표가 매우 낮게 나타난다.

> • 행복지수: 경제·소득 수준 뿐 아니라 삶의 만족도까지 고려해 만든 생활수준지표.

니콜라 사르코지 프랑스 전 대통령은 2008년 노벨경제학상 수상자인 조지프 스티글리츠 미 컬럼비아대 교수에게 의뢰해, 기존 GDP를 대체할 수 있는 '행복 GDP('스티글리츠 행복지수'라고도 불린다)'를 발표한 바 있다. 이 지수엔 주거환경, 소득, 직업, 공동체생활, 교육, 환경, 정치참여도, 보건, 삶의 만족도, 사회안전, 일과 삶의 균형 등 11개 세부 지표가 들어 있는데, 한국은 이 지표가 OECD 34개국 가운데 26위에 불과한 것으로 나타났다.

또 OECD는 2011년 미국 미시간대학 세계가치조사World Values Survey, WVS 팀의 1981년부터 2008년까지 5회 조사 결과를 바탕으로 32개 회원국의 행복지수를 산출한 바 있다. 일·삶에 대한 만족도, 사회적 신뢰, 정치적 안정, 포용성, 환경, 소득 등 10개 변수를 종합해 산출한 것인데, 한국인 10점 만점에 6점대 초반에 머무르면서 32개국 중 31위를 기록했다. 거의 꼴찌수준으로, 우리나라 1인당 소득순위가 OECD 국가 중 22위인 것과 비교하면 훨씬 낮은 것이다.

당시 OECD는 소득격차가 커 구성원 사이에 박탈감이 형성돼 있거나, 사회 전체적으로 경쟁압력이 지나치게 높은 나라들의 삶의 질이 낮다고 밝혔다. 한국이 여기에 해당한다. 한국은 또 집단 간 포용력 같은 신뢰부문에서 낮은 평가를 받았다. 당시 OECD는 "한국은 체코, 에스토니아 등과 함께 사회구성원 사이의 신뢰가 매우 낮은 군에 속해 있다"며 "신뢰 등 사회적 자본을 좀 더 탄탄히 구축할 필요가 있다"고 지적했다.

국내에서도 비슷한 시도가 있었다. 민간경제연구소인 국가미래연구원이 2011년 국민들의 경제적 행복을 결정하는 주요지표를 하나로 모아 행복지수를 개발한 것이다. 스티글리츠 행복지수와 기본개념은 유사하지만 한국실정에 보다 적합한 지표들을 별도로 선정해 작업을 진행했다.

당시 연구원은 주요지표를 중요도에 따라 순위를 매겨 행복지수를 산정했다. 행복지수를 구성한 1~10위까지의 지표는 고용률, 사회안전도, 건강 및 의료 지표, 소득5분위배율, 지니계수, 교육지표, 1인당 가계부채, 저축률, 빈곤율, 물가상승률이었다. 대부분 경제적 고통과 관련 있거나 경제적 분배상태를 나타내는 것들이다. 이 지수 역시 한국은 매우 낮은 것으로 나타났다.

전반적으로 한국인의 삶의 질은 무척 떨어지는 것으로 나타난다. 성장도 좋지만 국민 삶의 질을 높이려는 노력이 필요한 이유다. 하지만 역대 그 어떤 정권도 이를 제대

• 소득5분위배율: 상위 20%의 평균 가처분소득이 하위 20% 평균 가처분소득의 몇 배가 되는지를 나타내는 비율. 상위 20%의 평균이 1,000만 원이고 하위 20%의 평균이 200만 원이면 5(1,000만 원/200만 원)로 나온다.

• 지니계수: 소득 불평등 정도를 0~1 사이의 수치로 지수화한 것. 1에 가까울수록 불평등한 것이다.

로 성공하지 못했다. 여전히 성장수치에만 신경을 쓰고 있다.

　박근혜정권은 2014년 2월 국민소득 4만 달러 달성을 위한 초석을 놓겠다는 약속을 했다. 대선기간에 고용률 70%, 중산층비율 70% 외에 어떤 수치공약도 내놓지 않다가, 갑자기 임기 2년 차에 4만 달러라는 성장목표를 제시한 것이다. 숫자에 집착하지 않겠다고 하다가 거꾸로 간 셈이다. 결국 수치달성도 하지 못했을 뿐더러 삶의 질 제고에도 실패하고 말았다.

05

절약은 나쁜 것이다
소비부진과 절약의 역설

현재 한국경제의 가장 큰 골칫거리 중 하나가 소비부진이다. 소비가 활발해야 이에 맞춰 생산이 늘면서 경제가 성장할 수 있는데, 선순환 구조가 완전히 무너지고 말았다.

앞으로가 더 문제다. 소비부진이 일시적인 문제에 그치지 않고 만성질환이 될 가능성이 크다.

이것만은 꼭!

교과서 경제원리: 가계가 절약해서 여유자금을 저축해야 해당 경제에 자본이 축적된다.

실제 경제현실: 지나치게 절약하면 소비가 위축되고 기업이 만든 물건이 팔리지 않아 경기가 침체된다.

◀️9번 마이너스 기록한 소비증가율

글로벌 금융위기가 터진 2008년부터 2016년 4분기까지 민간소비는 9차례 마이너스증가율(분기 기준)을 기록했다. 이 기간에 경제성장률이 마이너스를 기록한 건 위기충격이 극심했던 한 차례(2008년 4분기)에 불과한데, 소비는 9번이나 마이너스증가율을 기록한 것이다. 이는 소비가 성장을 견인하는 시대가 사실상 끝났다는 신호로 읽힐 수 있다.

현재 소비부진이 얼마나 심각한지는 대형유통업체의 실적으로 알 수 있다. 2017년 2월 대형마트 매출은 1년 전보다 19.5% 급락하면서 2013년 이후 16분기 연속 하락세를 기록했다. 수년째 매출이 뒷걸음질 치고 있는 것. 백화점도 마찬가지다. 2017년 2월 백화점 매출은 1.3% 감소했다. 백화점은 세일 여부에 따라 매출이 증가할 때도 있지만, 전체적인 기조는 감소세다.

소비자전망지수로도 소비부진을 알 수 있다. 대표적인 소비자전망지수인 현재경기판단지수는 2010년 9월부터 지속적으로 100을 밑돌고 있다. 그 결과 전국 가계의 소비지출증가율은 2011년 2분기 이후 계속해서 소득증가율을 밑돌고 있다. 예를 들어, 2013년 1분기 소득은 1.7% 증가한 반면, 소비는

• 현재경기판단지수: 소비자들에게 현재경기상황을 물어서 그 결과를 지수화한 것. 현재경기가 좋다고 생각하는 사람이 더 많을수록 100을 넘어 숫자가 커지고, 반대로 현재경기가 나쁘다고 생각하는 사람이 더 많을수록 100을 밑돌면서 작아진다. 한국은행 조사.

• 평균소비성향: 가처분소득 가운데 소비지출의 비중. 소득이 100만 원이고 소비가 70만 원이면 70%다.

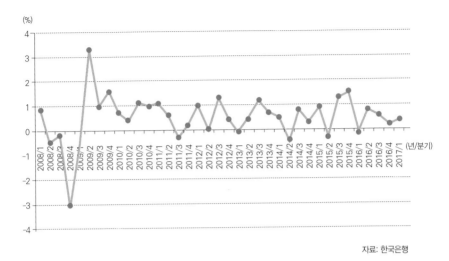

자료: 한국은행

1% 감소했다. 2016년 평균소비성향은 71.1%로 조사가 시작된 2003년 이후 최저치를 나타냈다.

◀ 소비부진의 3가지 이유

소비부진은 크게 3가지 이유 때문이다.

첫째는 갈수록 증가하는 비소비지출 부담이다. 현재 소득 가운데 비소비지출 비중은 평균 20%에 이른다. 가구소득이 300만 원이면 60만 원은 소득세, 대출이자 등으로 나간다는 뜻. 이런 비소비지출 비중이

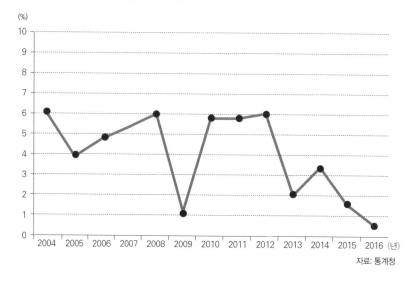

자료: 통계청

갈수록 높아지면서, 가처분소득이 무척 부진하다. 소비여력이 줄어드는 것이다. 특히 가계부채 급증에 따른 이자 문제가 심각하다. 이자를 줄이기 위해 대대적인 감축에 나서는 가계가 많다.

둘째는 만족스럽지 못한 실질소득·자산증가율이다. 소득이 증가하더라도 같은 비율로 물가가 오르면 실질소득은 제자리다. 한국경제는 자주 소득증가율이 물가상승률을 밑돈다. 그러면 실질소득이 증가는 커녕 감소하고, 소비여력 저하로 이어진다. 또 고도성장기와 비교해 만족스럽지 않은 자산수익률도 소비심리를 위축시킨다. 자산수익률이 높으면 이에 따라 소비가 증가하는 '자산효과'가 발생하는데, 저성장으로 자산효과를 기대하기 어려운 상황이다.

셋째는 교육비다. 교육은 분류상 소비지출의 일종이지만 실질적으로 비소비지출과 성격이 비슷하다. 어쩔 수 없이 지출되는 측면이 큰 것. 정부는 사교육비를 줄이기 위해 선행학습금지 같은 조치를 취했지만 개선되지 않고 있고, 가계 부담이 계속 커지면서 소비여력이 악화되고 있다.

◀)) 절약은 좋은 것이지만

2016년 가계 평균 흑자율은 28.9%를 기록했다. 쓰고 남은 돈이 가처분소득의 28.9%를 차지했다는 뜻이다. 흑자율은

> • 흑자율: 지출 후 남은 돈이 가처분소득에서 차지하는 비중.

22~23%선을 꾸준히 유지하다 2012년 25%대로 치솟은 뒤 계속 올라가고 있다. 흑자는 대부분 대출원금을 갚는 데 쓰이고 있다.

흑자율이 올라가면 가계의 재정상태는 개선될 수 있다. LG경제연구원이 자체적으로 가계재정상태를 파악하기 위해 만든 가계부실지수는 2011년 3분기에 1997년 외환위기 이후 가장 높은 수준으로 치솟았으나, 최근 들어 급격히 안정돼 평시수준으로 돌아왔다. 이자 부담을 낮추기 위해 노력한 결과다.

이런 절약은 좋은 것이다. 하지만 모든 가계가 지갑을 닫는다면 기업이 물건을 만들어도 사줄 사람이 없어 경제가 돌아가지 않게 된다.

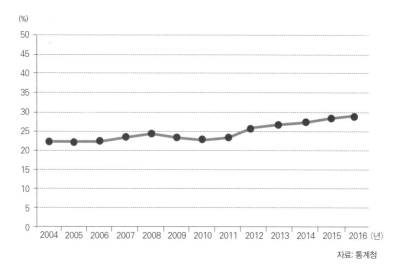

(%)

자료: 통계청

이른바 **절약의 역설**. 경제상황에 따라 소비가 미덕이고 절약이 악덕이 되는 역설이 발생하는 것이다. 미국의 경제학자 케인스가 처음 주장한 이론이다.

> • 절약의 역설paradox of thrift: 소비를 줄이고 저축을 늘리는 것이 개인 차원에선 미덕이지만, 모든 사람이 저축을 늘리면 사회 전체의 수요가 감소해 기업의 생산활동이 위축되고 결국 국민소득이 줄어든다는 뜻.

　가계건전성이 개선되는 건 분명 반가운 일이다. 하지만 이게 소비위축으로 이어질 경우 침체의 골만 더욱 깊어질 수 있다. 빚 많은 가계는 빚 줄이는 구조조정을 지속하되, 여유 있는 가계는 적극적인 소비를 해야 경제가 돌아간다. 하지만 지금은 전반적인 절약분위기 탓에 여유 있는 가계까지 긴축에 나서면서 경제활력이 저하되고 있다.

긴축분위기는 기업도 예외가 아니다. 투자와 지출을 아끼면서 현금 확보에만 매진하고 있다. 혹자는 한국경제가 긴축의 **죄수딜레마**에 빠졌다고 지적한다.

현재 경제상황을 놓고 보면 가계, 기업 모두 개별적으로 긴축하는 게 가장 합리적이

> • **죄수딜레마** Prisoner's Dillema: 개별 주체들이 각자 입장에서 가장 합리적인 선택을 하더라도, 이 선택이 모인 전체적인 결과는 최악의 상태로 치닫는 상황.

다. 가계는 가계부채 문제를 해소해야 하고, 기업은 언제 심화될지 모를 경제위기에 대비해 충분한 방어벽을 쌓아둬야 한다.

그런데 이런 선택이 한데 모이면서 경기부진이 심화되고 있다. 누군가 한 주체는 돈을 풀어줘야 하는데 경제주체 모두가 돈줄을 쥐고 있으면서 경기회복의 추동력이 갈수록 떨어지는 것이다. 경제의 민간수요 부분은 가계소비와 기업투자로 구성되는데 둘 다 부진하면서 활로가 꽉 막혀 있다. 각자 절약하는 건 좋은 일이지만 이것이 모이니 경제에 큰 문제가 생기는 죄수딜레마가 발생하는 셈이다.

이에 따라 장기적으로 심각한 악순환이 발생할 수 있다. 소비부진이 경기침체를 유발하고 이로 인해 소비가 더 부진해지면서 경기침체가 보다 극심해지는 악순환의 고리다. 일본은 20년 넘게 이런 고리에 갇혀 고생했다. 한국이 그 길을 서서히 따라가고 있다. 소비부진에 면밀하게 대응해야 하는 이유다.

ECONOMIC SENSE

6장

투쟁하는 시장경제

2016년 세계경제포럼 국가경쟁력순위를 보면 '정치에 대한 신뢰' 항목에서 우리나라는 138개국 중 96위를 차지했다. 2015년 94위에서 그나마 더 내려갔다. 우리는 늘 우리나라 정치가 후진적이라고 이야기하며, 정치를 송두리째 바꾸는 개혁을 감행해야 한다고 목소리를 높인다. 그러나 도무지 바뀌는 것이 없다. 정치가 수시로 국가경제의 발목을 잡으며, 사회를 후퇴시키는 주범 역할을 하는 경우가 여전히 허다하다.

정치가 국가경제에 장애물이 되는 현상은 곳곳에서 볼 수 있다. 어떤 정치인이 말실수를 하자, 상대 성낭이 국회 등원을 거부하면서 민생법안이 처리되지 못하는 경우가 대표적.

한국사회는 정치혁신이 우선이고, 이를 위해선 '정당민주화'가 선결되어야 한다. 당권에 집중된 내부의 역학구도를 깨야만 의원들 각자가 소신에 따라 민생정책을 할 수 있다. 좋은 정책이면 정파에 상관없이 머리를 맞대 해결해야 하는 것이다.

그러나 현실은 이와 정반대다. 대부분의 의원이 공천이나 당직에 목을 매면서 결정권 있는 지도부에 쓴소리를 하지 못한다. 경제현안을 제쳐둔 채 당수만 바라보면서 각종 투쟁과 비효율의 정치관행만 일삼는 상황이다. 국회가 대권을 노리는 각 계파 간 세력싸움의 장이 되면서, 정책을 개발하거나 민의를 수렴하는 역할에 몰두하지 못하는 것이다. 도대체 어디서부터 어떻게 바꾸어야 하는 걸까.

01

프랑스는 하는데 한국은 못 하는 것
이익집단과 경제신뢰

삼성경제연구소에 따르면 우리나라의 사회갈등비용은 GDP의 무려 27%에 이른다.

사회갈등이 격화되면 각종 합의가 미뤄지면서 주요정책을 제때 펴지 못하고, 관련자들이 일할 의욕을 잃으면서 생산성이 떨어진다. 이런 비용을 모두 따져봤더니 GDP의 27%에 이르더란 게 삼성경제연구소의 주장이다.

이를 역으로 풀어보면, 각종 사회갈등만 제대로 봉합해도 우리 경제는 몇 단계 도약할 수 있다는 뜻이 된다. 그러나 현실이 녹록지 않다. 사회갈등은 갈수록 심해지고 있으며, 그에 따른 예산낭비 같은 비효율도 계속해서 커지는 실정이다.

교과서 경제원리: 합리적인 경제주체는 합의를 통해 최선의 결정을 내린다.
실제 경제현실: 자신의 이익만 추구하면서 합의하지 못하고, 공공의 이익을
해친다.

🔊 민주적 합의와 조율에 미숙한 우리

사회갈등이 얼마나 심각한지는 대부분 파행으로 끝나는 공청회만
봐도 잘 알 수 있다. 공청회는 어떤 정책에 대한 각계각층의 의견을 듣
는 자리이지만, 실력행사로 끝날 때가 많다.

이런 갈등의 중심에는 이익집단이 있다. 자신들만의 목소리를 강하
게 증폭시키면서 상대적으로 이해관계가 약한 다수의 목소리를 묻히
게 한다. 자기이익에 반하는 공청회가 열리면, 여지없이 몰려와 폭력
으로 회의를 결단내는 경우까지 있다. 한 연구기관이 2006년 이후 열
린 주요 공청회 22건을 분석한 결과에 따르면, 18건이 이익집단의 시
위와 조직적 방해로 파행을 겪었다. 나머지 4건은 반대진영의 불참으
로 반쪽짜리 공청회로 진행됐다. 정상적으로 진행된 공청회는 한 건도
없었던 것이다.

전문가들은 그 원인으로 시민의식 부재와 척박한 토론문화를 꼽는
다. 한국은 압축성장과정에서 전통적 연고주의와 온정주의를 유지하
면서 보편적 시민의식을 기르지 못했다는 평가를 받는다. 그래서 이해

유형	정책사안	일시	내용
공청회 개최 실력저지	최저가 낙찰제	2011.11	건설단체 농성으로 개최 무산
	서민주거 안정 신주택정책	2011.3	뉴타운 개발 반대 주민들의 시위로 중단
	공무원 연금개혁	2008.1	공무원 노조 집회로 시작 지연
	교원평가제	2006.1	전교조 물리적 저지
	한미FTA협상	2006.2	시민농민단체 몸싸움 저지
단상점거로 방해	서울대법인화	2011.1	서울대 교직원, 학생들의 단상 점거로 파행
	전력산업 구조개편	2010.7	경주시의원, 시민 단상점거
	의약부문 전문자격사 선진화	2009.11	약사단체 회원들의 단상점거
공청회 보이콧	한미FTA 피해대책	2011.9	민주당 의원 불참
	약국 외 의약품 판매	2011.7	대한약사회 측 참석자 회의 중 퇴장
	대중소기업 동반성장	2011.6	대기업 측 인사 불참

가 맞으면 잘 뭉치지만, 이해가 갈리는 상대방과는 민주적으로 합의하고 조율하는 데 미숙하다. 대부분의 사람이 소리 높여 자기주장만 외치고, 합의로 정책이 도출되는 경우는 드물다. 자본주의의 소프트웨어를 갖출 시간 없이, 단기간에 하드웨어만 잔뜩 늘려온 데 따른 부작용인 셈이다.

　사회구성원이 공공선을 도외시한 채 자기이익만 추구하는 것도 문제다. 자기이익만 생각하면서 경제정의는 무시하는 도덕적 해이가 기승을 부리고 있다. 상인이 도매시장에서 물건을 떼어와 팔면서 농민이 직접 파는 것처럼 꾸미는 직거래 장터, 무늬만 친환경인 유기농 농산물, 기업으로부터 대가를 받은 뒤 순수한 것처럼 글을 올리는 파워블로거 등이 대표적.

이런 행위가 모여 우리 경제의 신뢰도는 바닥수준을 면치 못하고 있다. OECD는 "한국은 체코, 에스토니아 등과 함께 사회구성원 사이의 신뢰가 매우 낮은 군에 속해 있다"며, "신뢰 등 사회적 자본을 좀 더 탄탄히 구축할 필요가 있다"고 지적한다.

프랑스에서는 이해관계가 첨예하게 대립하는 현안에 관해 정부가 주도해서 공청회를 열지 않는다. 대신 이해관계자들로 꾸려진 '대표자회의'가 공청회를 여는 주체가 되고, 정부는 대표자회의에서 넘겨받은 여론수렴결과를 토대로 정책을 입안한다. 이런 방식으로 문제를 해결해나갈 때 시간은 좀 더 오래 걸릴 순 있다. 그러나 적어도 공청회가 파행을 겪고 사회갈등을 더 증폭시키는 부작용은 막을 수 있다.

우리도 이런 사회로 나아가려면 공익에 대한 인식을 재정립할 필요가 있다. 이는 어려서부터 자본주의윤리에 대한 교육을 받아야만 가능한 일이다. 뿐만 아니라 다양한 갈등을 조절할 수 있는 중립적 시민단체 육성이 필요하고, 모든 국민이 갈등의 사회적 비용이 막대하다는 것을 자각하고 갈등을 효과적으로 관리하겠다는 의식을 가져야 한다.

또한 다수가 쉽게 의견을 낼 수 있도록 언로言路를 다양화해야 한다. 정부정책은 소수보다 다수의 이해를 반영해야 한다. 정확한 정보를 시민에게 제공하고, 여러 시민이 적극적으로 의사를 개진할 수 있도록 다양한 의견수렴통로를 제도화할 필요가 있다.

◀)) 규제충돌, 어느 장단에 춤추랴

갈등으로 인한 낭비는 정부부처 내부에서도 벌어진다. 이권과 관련 있거나 대통령 관심사안이라 폼 나는 정책은 서로 자신이 맡아 진행하 겠다고 싸우고, 사회적으로 별 관심이 없어 골치 아픈 정책은 서로 맡 지 않겠다며 미룬다. 각 부처별로 민원인과 결탁해 다른 목소리를 내 거나, 한 부처가 괜찮다고 한 일을 다른 부처는 잘못했다며 처벌하는 일도 벌어진다.

예를 들어, 경찰은 2011년 9월 국제적 멸종위기종인 철갑상어의 알 캐비어가 들어간 화장품을 수입·제조한 25개 업체를 입건했다. 업체 들은 억울함을 호소했다. 자신들이 사용한 것은 천연 캐비어가 아닌 양식 캐비어였고, 양식 캐비어 화장품은 괜찮다는 식품의약안전청의 지도가 있었다는 것. 당시 식약청은 이 같은 사실을 인정했다. 하지만 경찰은 처벌을 강행했고, 업체대표들은 결국 불구속 입건됐다.

부처 간 혼선과 갈등은 정책의 효율성을 떨어뜨리면서 경제운영에 지장을 초래한다. 궁극적인 해결책은 부처가 협조해 처음부터 충돌되 는 내용의 규제를 만들지 않는 것이다. 충돌할 경우엔 어느 부처가 우선이라는 것을 명확히 해둬야 한다.

　각종 규정을 만들 때 사안별로 보다 구체적인 해석기준을 넣어둘 필요도 있다. 행정당국끼리 꾸준히 의견을 교류하고 협조하는 노력도 요구된다. 그래야 규제충돌을 막아 민간경제주체가 예측 가능한 사업을 할 수 있다.

02
한 달 15만 원으로
연명하는 노인들
세대갈등

· 60대 이상: "만나서 이야기하세."

· 50대: "전화해."

· 30대 중반~40대 초반: "이메일로 보내."

· 20대 후반~30대 초반: "문자(메신저)로 보내."

· 20대 초·중반: "트위터로."

　미 경제잡지 〈포브스 *Forbes* 〉가 소개한 세대별 소통방식의 차이다. 각 세대의 소통방식이 얼마나 다르며 세대 간 간극이 얼마나 좁히기 어려운지 단적으로 보여준다.

　취업포털 잡코리아가 직장인 252명을 대상으로 실시한 설문조사결과를 봐도 62%가 세대차이로 스트레스를 받고 있다고 답했다. 세대차이를 당연한 것으로 넘길 수도 있지만, 이로 인한 세대갈등은 사회·경제적으로 큰 비효율을 낳는다.

교과서 경제원리: 경제 라이프사이클에 따르면 젊은 층은 일해서 돈을 벌고, 고령층은 은퇴 후 모아놓은 돈으로 여생을 보낸다.

실제 경제현실: 젊은 층은 일자리를 잡지 못해 백수로 전락하고, 고령층은 생계유지를 위해 질 낮은 일자리로 몰려든다.

◀)) 생계형 진보, 397 세대

2012년 대선 때 이른바 '397세대(30대, 1990년대 학번, 1970년대생)'의 진보성향이 화제가 된 바 있다. 397세대의 진보지지율이 20대보다 높았던 것이다.

이전엔 달랐다. 2002년과 2007년 두 대선에선 20대의 진보지지율이 30대보다 높았다. 그런데 2011년 서울시장 보궐선거를 시작으로 30대 진보지지율이 20대를 넘어섰다. 이 기조는 2012년 4월 총선, 2012년 12월 대선까지 이어졌다. 특히 2012년 대선에서 397세대는 과거 그 어떤 30대보다 높은 진보지지율을 보였다. 이런 경향은 2017년 대선에서도 나타났다. 대선 직전의 설문조사결과를 보면, 문재인 후보 지지율은 30대가 20대보다 높고, 보수로 분류된 안철수 후보 지지율은 20대가 30대보다 높았다. 전문가들은 "30대는 삶이 팍팍하기 때문에 사회불만의식이 크다. 그래서 정치적 진보성향을 보이는 '생계형 진보' 특성을 띤다"고 분석한다.

기성세대가 누렸던 고속성장의 과실은 20~30대에겐 꿈같은 얘기다. 30년 전엔 5년마다 소득이 2배로 뛰었다. 1981년 124만 원이던 1인당 국민소득은 1986년 238만 원이 됐다. 매년 소득증가율이 10~20%대를 넘은 데 따른 것이다.

반면 저성장 국면에 진입한 지금은 소득증가율이 한 자릿수를 넘지 않는다. 2016년 국민소득증가율(4.0%)대로라면 현 소득이 2배가 되는 데 18년이 걸린다.

저성장은 바로 일자리에 타격을 주고 있다. 저성장시기에 기업들은 대규모 신규채용을 자제하고, 딱 필요한 만큼의 소규모 경력채용으로 대응하고 있다. 지금의 2030 세대는 과거 그 어떤 세대보다 심각한 일자리난을 겪고 있다. 생계형 진보가 될 가능성이 큰 것이다.

여기에 30대가 되면 결혼, 출산, 내 집 마련, 자녀교육 등 보다 복합적인 고민에 맞닥뜨린다. 20대보다 고민의 폭이 넓어질 수밖에 없다. 그런데 현실은 20대 때보다 나아진 게 없고, 절망만 더 깊어진다. 그러면서 20대 때 일자리를 찾느라 무관심했던 정치에 대한 관심이 커지고, 이때 생계형 진보성향이 생긴다는 것이다.

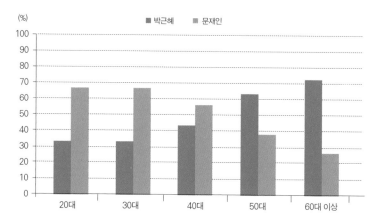

자료: 리서치앤리서치

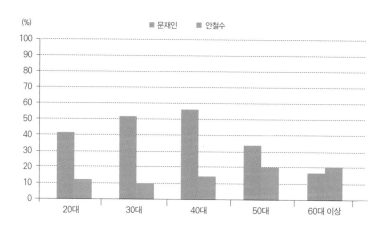

자료: 칸타퍼블릭

◀) 소득증가 부진한 2030 가구

30대는 대부분 '자력으로 중산층에 진입할 수 없다'는 생각을 갖고 있다. 제일기획이 성인남녀 3,800명을 대상으로 실시한 '라이프스타일조사'를 보자. "성실히 돈을 모아 원하는 삶을 살 수 있나"란 질문에 30대의 59%가 "그렇지 않다"고 답했다. 다른 세대와 비교해 가장 비관적이었다. 또 삼성경제연구소의 '가계복지욕구 및 우선순위조사'에 따르면 앞으로 소득수준이 최저생계비에 미치지 못해서 국민기초생활수급자가 될 가능성이 있다고 응답한 30대가 26%로, 40대(21%)나 20대(20%) 등 다른 연령층과 비교해 가장 높았다. 20대 때 막연하게나마 꿨던 꿈을 30대 때 포기하는 것이다.

이는 통계로 증명된다. 20~30대의 소득증가율은 지속적으로 40~50대를 밑돌고 있다. 2014년 기준으로 가장이 30대 이하인 2인 이상 가구의 월평균소득은 430만 2,352원으로 1년 전보다 0.7% 오르는 데 그쳤다. 40대 가구(482만 3,494원)와 50대 가구(495만 7,176원)는 각각 2.9%, 7.2% 증가했는데, 30대는 여기에 훨씬 못 미쳤다. 20~30대의 부실한 일자리, 중·고령층 비중이 높은 정규직 중심의 임금인상 등이 원인이다. 이 상태에서 젊은 세대가 자력으로 돈을 모아 집 사고 자녀교육을 시키는 건 불가능에 가깝다.

우리나라의 합계출산율은 1984년부터 2명 이하로 떨어졌다. 부모들은 많아야 2명인 자녀를 위해 교육투자를 아끼지 않았다. 현 20~30

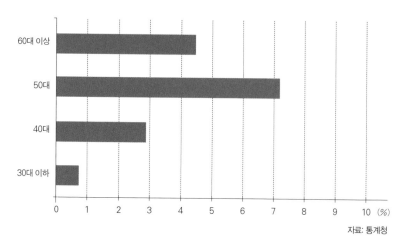

자료: 통계청

대의 눈높이가 한없이 올라가 있는 게 당연하다. 하지만 현실은 시궁 창. 큰 좌절감을 맛볼 수밖에 없고, 결국 생계형 진보가 되고 만다.

◀◎ 경제 문제가 세대갈등 촉발

이런 상황에서 젊은이들에게 고령층이 서서히 큰 부담으로 다가오 고 있다. LG경제연구원에 따르면 지금의 60대는 세금과 국민연금 등 으로 평생 9억 3,000만 원을 부담하고, 혜택은 11억 5,000만 원을 받 는 것으로 추산됐다. 국가에 낸 돈보다 2억 원 이상 더 돌려받는다는 것이다. 이는 젊은 층이 큰 부담을 지기 때문에 가능한 일이다. 30대는 평생 국가에 12억 7,000만 원을 내지만, 혜택은 10억 8,000만 원밖에 못 받을 것으로 예측됐다. 1인당 평균 1억 9,000만 원을 손해 보는 것이다.

2030세대 입장에서는 힘겹게 번 돈이 노인부양에 들어간다는 불만을 가지지 않을 수 없지만, 고령층은 이를 산업화 시대의 역군으로서 자신들이 응당 받아야 할 당연한 권리라 생각한다. 결국 경제 문제가 큰 갈등으로 이어질 가능성을 배제할 수 없다.

그렇다고 고령층의 삶이 넉넉한 것도 아니다. 한국고용정보원이 1938~1953년 사이에 태어난 고령층을 조사한 바에 따르면, 고령층의 한 달 평균 용돈은 15만 7,000원에 불과하다(2014년 기준). 평균 5,000원으로 하루를 보내는 것이다. 이들은 생활비, 의료비 등을 지출하고 나면 남은 돈이 거의 없어 용돈이 적을 수밖에 없다.

부부가 함께 사는 고령층 가구의 연평균소득은 1,980만 원, 1인 가구는 1,134만 원에 불과한 것으로 조사됐다. 이는 국민연금 등 연금소득 외에 이자소득, 근로소득 등을 모두 합한 것이다. 여기에 부부 가구의 21.3%, 1인 가구의 58.1%가 연소득 750만 원 미만인 것으로 나타났다. 연소득 1,800만 원 미만인 가구 중에서는 부부와 1인이 각각 62.2%, 82.2%로 조사됐다.

소득수준이 낮은 것은 일을 해도 급여수준이 만족스럽지 않기 때문이다. 누군가에게 고용돼 일하는 고령층은 일주일에 평균 5일을 일해서, 한 달 139만 원을 버는 것으로 나타났다. 또 자영업을 하는 경우엔

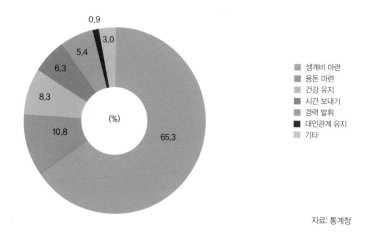

| 60세 이상이 일하는 이유 |

0.9
3.0
5.4
6.3
8.3
(%)
10.8
65.3

■ 생계비 마련
■ 용돈 마련
■ 건강 유지
■ 시간 보내기
■ 경력 발휘
■ 대인관계 유지
■ 기타

자료: 통계청

일주일에 6일을 일해서, 한 달 168만 5,000원을 버는 것으로 조사됐다.

고령층은 대부분 스스로가 하위계층에 속한다고 평가한다. 고령층 3,744명에게 주관적 계층의식을 물으니, 상류층에 속한다는 답변은 3.8%에 불과했다. 반면 하류층이라는 답은 41.7%나 됐다.

고령층은 젊은 층과 국가가 자신을 충분히 부양하지 않는다는 불만을 갖고 있다. 젊어서 밤낮없이 일해 지금의 나라를 일궈놨더니 지금 와서 나 몰라라 한다는 것. 또 자신들의 노후를 신경 쓰지 못한 채 지금의 젊은 층 교육에 올인하다시피 했는데, 남은 건 고단한 삶뿐이란 생각도 있다. 젊은 층은 능력 이상으로 고령층을 부양한다고 느끼는데, 고령층은 절대 만족하지 못하는 것이다.

◀) 타임워너의 디지털 역멘토링

경제 문제에서 비롯된 계층갈등이 이념갈등으로 이어지면, 심각한 충돌로 이어질 수 있다. 2017년 촛불과 태극기의 극단적 갈등이 이를 잘 보여준다.

모두가 행복할 수 있는 방법이 있긴 하다. 경제가 계속 성장해서 젊은 층이 좋은 일자리를 갖고, 고령층은 충분한 복지혜택을 누리는 것이다. 하지만 저성장 시대에 이런 해답은 불가능에 가깝다. 그나마 해답에 조금이라도 가까이 다가가려면 정부가 치밀하게 장기비전을 수립해야 한다.

당장 세대갈등을 줄이기 위해 외국기업들의 노력을 참고할 필요가 있다. 2011년 미국 인사관리협회가 400개 회사를 대상으로 조사한 결과, 72%가 세대갈등으로 고민하는 것으로 나타났다. 이에 대처하기 위해 미국 미디어그룹 타임워너Time Warner는 임원이 대학생으로부터 배우는 '디지털 역멘토링digital reverse mentoring' 제도를 운영한다. 임원이 학생을 찾아가 페이스북 등 새로운 미디어사용법을 익히면서, 그들의 얘기를 듣는다. 대화를 통해 서로를 이해하는 것이다.

또 덴마크의 제약회사 노보 노르디스크Novo Nordisk는 '기성세대와 다른 신세대는 다르게 대우한다'는 방침을 갖고 있다. 이 회사는 영업용 차량으로 중형세단만 운영했는데, 신세대 영업사원들이 SUV도 들이자고 건의하자 이를 수용했다.

세대 간의 노는 공간이 다르면 오해가 생길 수밖에 없다. 이런 오해를 풀기 위해선 멘토링시스템, 공동학습공간 도입 등을 통해 만나는 접점을 만들어줄 필요가 있다.

물론 기업과 국가의 운영원리는 다르다. 하지만 세대갈등을 풀려는 기업의 창의적인 접근법을 우리 정부도 참고할 필요가 있다.

03

기업에게 고해성사를 허하라
담합과 리니언시

갈등이 무조건 부정적인 것은 아니다. 경제효율성을 높이는 갈등도 있다. 시장감시자 역할을 하는 정부는 이런 갈등을 부추겨야 한다.

2012년 공정거래위원회는 삼성전자와 LG전자가 세탁기, 평판TV, 노트북PC 가격을 담합한 사실을 적발했다. 삼성과 LG는 광고전쟁 등을 통해 겉으 ▸담합: 경쟁하지 않고 합의해 실행에 옮기는 일. 론 '한판 붙자'며 외나무다리 결투를 불사했지만, 뒤로는 손을 맞잡고 범죄를 공모했던 셈이다. 다만 계속 친구일 순 없었다. 정부조사 압박이 들어오자 LG는 담합 사실을 밀고했다. 삼성과 한 손으로 악수를 하면서, 다른 손으론 들려 있던 무기로 상대를 내려친 격. 이로써 정부는 별 수고 없이 범죄를 적발할 수 있었다.

적발의 배경엔 **리니언시**란 제도가 있었다. 이는 담합주체 간에 보이지 않는 갈등을 유발하는 장치로 기능했다.

교과서 경제원리: 선도기업이 경쟁을 주도하고, 후발기업은 경쟁을 두려워한다.
실제 경제현실: 담합을 주도하는 기업은 대부분 선도기업이다.

🔊 담합은 엄연한 범죄

담합의 영문명인 '카르텔Cartel'은 라틴어 '카르타Carta'에서 유래했다. 이는 교전국 간 휴전문서를 의미한다. 싸움을 중단하고 공존을 모색하자는 뜻이다. 언뜻 고상해 보인다.

그러나 담합은 엄연한 범죄다. 서로 짜고 가격을 인상시키는 등의 행위로 소비자에게 경제적 피해를 주기 때문이다. 일부 기업에 국한된 얘기가 아니다. 라면, 자동차, 가전제품 등 거의 모든 분야에 담합이 존재한다. 이를 막는 정부조직이 공정거래위원회다. 이들은 꾸준히 담합을 찾아내 거액의 과징금을 물리고, 검찰고발을 통해 형사처벌까지 받도록 조치한다.

그런데 이는 적발하기가 무척 어렵다. 워낙 은밀하게 진행되기 때문

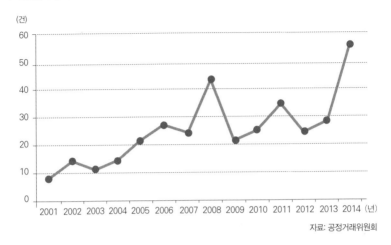

자료: 공정거래위원회

| 리니언시 적용비율 |

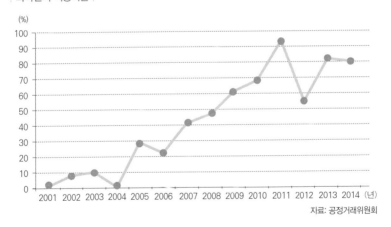

자료: 공정거래위원회

이다. 2011년 10월 적발돼 총 3,653억 원의 과징금이 부과된 16개 생명보험사 이자율 담합의 경우, 금융당국이 업계의 의견을 듣기 위해 소집한 회의에서 가격합의가 이뤄졌다. 따로 모이면 적발위험이 있으니 정부가 마련한 회의자리를 이용해 범죄를 공모한 것이다. 공정위는 "기업들의 행위가 갈수록 교묘해지고 있다"며 "최근에는 IT 기술의 발달로 직접 만나지 않고도 합의가 가능해져 적발이 무척 어렵다"고 토로한다.

◀)) 기업을 죄수딜레마로 빠뜨리는 리니언시

그런데 최근 들어 카르텔 적발건수가 급증하고 있다. 밝혀내기 어려워졌다는 것과 배치되는 상황이다. 전적으로 리니언시 때문이다. 리니언시는 죄수딜레마를 활용한 것이다.

공정위는 리니언시를 통해 담합기업들을 죄수딜레마 상태로 빠뜨린다. 상대가 먼저 자진신고를 해서 적발될 수 있다는 두려움을 갖게 만들어 내가 먼저 자진신고를 하도록 만드는 것이다. 담합주체 간 보이지 않는 갈등을 만들어내는 것인데, 상대방이 언제 담합사실을 자진신고할지 모른다는 의심을 불러일으켜 합의에 균열을 가져오고 서로에 대한 불신을 조장하는 식이다.

이는 천주교의 '고해성사'를 차용한 것이기도 하다. 죄를 지었다 해

연도별 리니언시로 인한 과징금면제총액

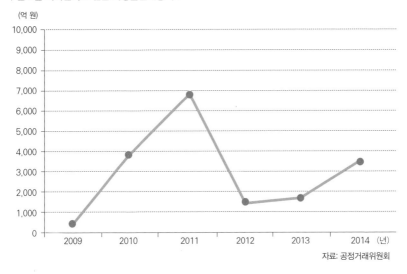

(억 원)

자료: 공정거래위원회

도 고백하고 용서를 구하면 죄를 사해주는 것이다. 공정위는 "죄가 묻히는 것보다는 고해성사를 통해 밝히는 것이 낫고, 향후 죄를 짓지 않는 것으로까지 연결될 수 있다면 제도도입의 이유는 충분하다"고 설명했다. 여기에 리니언시가 무서워 기업들이 담합하지 못하도록 하는 예방기능까지 있다고 덧붙인다.

리니언시가 우리나라에 도입된 건 1997년, 활성화된 건 2005년 이후다. 가장 먼저 자진신고한 기업에 대해 과징금을 전액 감면해주기로 2005년 법이 개정됐기 때문이다. 이때부터 자진신고가 급증하면서 공정위가 출범한 1970년 이후 2010년까지 처리된 350건의 담합사건 가운데 190건이 2005년 이후 처리됐다.

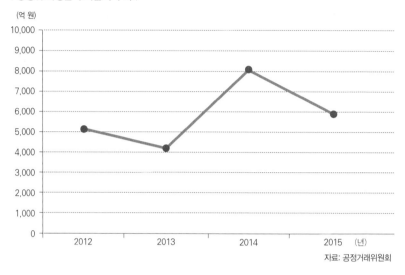

| 공정위 과징금 부과금액 추이 |

(억 원)

자료: 공정거래위원회

◀》 담합을 주도한 대기업만 빠져나간다

그런데 최근 들어 리니언시에 대한 비판여론이 거세다. 재벌기업이 규제를 미꾸라지처럼 빠져나가는 데 악용되는 경우가 늘고 있기 때문이다. 예를 들어 MB정부 시절 74건의 담합이 리니언시를 통해 드러났는데, 이 중 58%인 42건에서 담합을 주도한 재벌기업이 자진신고를 통해 과징금을 면제받았다.

담합은 재벌기업이 주도하는 경우가 많다. 시장에 대한 영향력이 높아 쉽게 합의를 끌어낼 수 있기 때문이다. 같은 시장에서 경쟁하는 다

구분	내용
1순위 자진신고기업	100% 면제
2순위 자진신고기업	50% 면제
기타 기업	조사 협조 시 30% 면제, 자진시정 시 20% 추가면제

자료: 공정거래위원회

른 기업이 낮은 가격에 제품을 내놓으면 골칫거리가 될 수 있으므로, 가격합의를 유도해 가격경쟁을 미연에 방지하는 재벌기업이 많은 것이다. 이런 재벌기업이 자진신고제도를 악용해 본인만 과징금을 내지 않는 경우가 늘자 리니언시 회의론이 강하게 제기되고 있다. 16개 보험사의 담합에서도 담합을 주도한 뒤 1순위로 신고한 대기업 A생명은 과징금을 내지 않았다. 여기에 담합을 상습적으로 반복하는 기업이 과징금을 면제받는 것도 문제다.

이 때문에 리니언시를 폐지해야 한다는 주장도 나온다. 하지만 리니언시를 없앨 순 없다. 리니언시가 사라질 경우 죄수딜레마 상태에서 벗어난 기업들이 마음 놓고 담합할 가능성이 있기 때문이다.

담합을 주도한 재벌기업에 한해 혜택을 줄이거나 과징금 감면범위를 축소하자는 주장이 있는데, 이때도 문제는 있다. 담합을 제일 먼저 신고한 기업에게 과징금을 전액 면제해주지 않고 일부(75% 이상으로 사안별 결정)만 면제했던 2005년 이전, 관련 제도가 유명무실했던 것이 이를 잘 나타낸다.

◀» 다양한 제도 보완 논의들

결국 제도를 보완하면서 유지해나가야 한다. 예를 들어, 정부는 담합을 상습적으로 반복한 기업의 자진신고혜택을 줄이고 있다. 한번 자진신고해 과징금을 면제받은 기업은 5년 안에 다른 담합을 자진신고하더라도 과징금을 감면받을 수 없다.

이와 함께 담합과징금을 높여야 한다는 주장이 나온다. 가령 공정위는 2012년 농심 등 라면회사들이 9년 동안 가격을 담합해 인상해온 사실을 적발하면서 총 1,354억 원의 과징금을 부과했다. 얼핏 많아 보이지만, 라면회사들이 9년간 라면판매로 올린 매출이 총 13조 2,861억 원에 달한 것을 감안하면 적은 액수다. 과징금규모가 매출의 1%를 갓 넘는 수준에 그쳐, 공정거래법이 정한 담합과징금상한인 관련 매출액의 10%에 턱없이 모자랐다. 역시 2012년 적발된 4대강사업담합에서도 대기업들이 부과받은 과징금은 관련 매출의 3.6%(1,115억 원)에 불과했다.

전체적으로 담합사건의 평균 과징금은 관련 매출의 1.5%에 불과한 실정이다. 담합에 대해 관련 매출의 최대 10%까지 과징금을 매길 수 있음에도 실제 과징금이 여기에 훨씬 못 미치는 것은, 단순 가담인지 여부, 업종현황, 개별기업의 경영실적 등을 감안해 정부가 과징금을 감면해주고 있기 때문이다.

전문가들은 감면조항을 줄여 실제로 담합기업들에 부과되는 과징

처분일시	담합품목	과징금	가담 사업자	리니언시 사업자
2012.3.22	라면	1,354억 원	농심, 삼양 등 4개사	삼양
1.15	비료	828억 원	남해화학, 동부 등 13개사	남해화학, 동부
1.12	세탁기, 평판TV, 노트북PC	446억 원	삼성전자, LG전자 등 2개사	LG전자
2011.12.11	브라운관 유리	545억 원	삼성코닝 등 4개사	삼성코닝
11.27	전선	386억 원	LS전선 등 35개사	LS전선
10.31	TFT-LCD	1,940억 원	삼성전자 등 10개사	삼성전자
10.14	생명보험 이자율	3,653억 원	삼성, 교보, 대한 등 16개사	교보생명

자료: 공정거래위원회

금을 늘려야 한다고 지적한다. 그러면 사안에 따라 개별기업에게 조兆 단위의 과징금이 부과될 수도 있다. 2017년 현재까지 담합으로 인한 최고 과징금은 6개 LPG공급회사의 담합 건에 부과된 6,689억 원이다 (2009년).

외국에서도 활발한 리니언시

리니언시는 세계 각국에서 활용되고 있다. 공정거래위원회에 따르면 미국, 유럽연합, 일본, 호주 등 세계 60여 개국이 이 제도를 갖고 있다. 공정위 관계자는 "기업활동이 활발한 주요국가들은 예외 없이 리니언시를 운영한다" 고 설명했다.

리니언시를 가장 먼저 도입한 나라는 미국으로, 1978년 정부 주도로 도입됐다. 미국은 경쟁당국과 FBI가 공조수사를 할 만큼 담합을 확실한 범죄로 규정하는데, 일반 형사소송법이 자수하면 형량을 낮춰주는 규정을 갖고 있듯이 담합에 대해서도 다른 범죄와 마찬가지로 자수를 인정해야 한다며 리니언시를 만들어냈다. 도입 초기에는 활용이 미진해 자진신고 건수가 연평균 1건에 불과했다. 그러다 1993년 자진신고자에게 과징금과 형사처벌을 완전히 면책해주는 방향으로 법이 개정되면서, 연평균 24건의 자진신고가 들어오고 있다.

미국 제도에서 특기할만한 것은 '페널티플러스penalty plus'와 '개인자진신고' 제도다. 페널티플러스는 여러 건의 담합을 한 기업이 모두 자백하지 않고 일부만 자백했다가 후일 다른 건이 드러나면 가중처벌하는 제도다. 이왕 자진신고를 할 것이라면 모두 하라는 뜻. 또 개인자진신고는 기업 내부의 의사결정을 거치지 않고도 개인의 자진신고를 유도할 수 있도록 신변보호 등 여러 정책적 장치를 마련해둔 제도다. 모두 우리에게는 없는 것들로 도입을 검토할만하다.

유럽연합은 1996년 리니언시를 도입했는데, 담합을 강요한 기업에 대해서는 자진신고를 했더라도 과징금을 완전히 면제해주지 않는다. 담합을 주도만 했다면 완전히 면제받을 수 있지만 강요까지 했다면 일부라도 과징금을 내야 하는 것. 이를 반영해 우리도 2007년부터 강요기업에 대해서는 1순위로 신고했더라도 과징금을 면제하지 않고 있다. 다만 주도와 강요의 경계가 불분명해 다툼의 소지는 있다.

일본은 제도가 무척 늦게 도입돼 2006년부터 운영 중이다. 1순위 자진신고자에게 과징금을 전액 면제해주고, 2순위 신고자에게는 50%를 깎아주는 등 내용이 전체적으로 우리와 유사하다. 프랑스도 마찬가지다.

2000년 리니언시를 도입한 영국은 1순위 신고자는 전액면제해주고, 이후부터는 순위에 상관없이 조사에 성실히 협조하면 50%를 깎아준다. 담합조사를 빨리 끝내기 위해서는 가담자 전체가 조사에 성실히 응하도록 해야 하는데 과징금 감경범위를 넓히면 조사가 빨라질 수 있다.

04 GSK가 한국 대신 싱가포르를 선택한 이유
정치와 경제의 문제

2016년 세계경제포럼World Economic Forum, WEF 국가경쟁력순위를 보면 '정치에 대한 신뢰' 항목에서 우리나라는 138개국 중 96위를 차지했다. 이 조사는 각 나라 국민에게 "정치를 얼마나 신뢰하나"라고 물은 뒤 신뢰도를 지수화해 순위를 매긴 것으로, 우리는 2015년 94위에서 그나마 더 내려갔다.

우리는 늘 우리나라 정치가 후진적이라고 이야기하며, 정치를 송두리째 바꾸는 개혁을 감행해야 한다고 목소리를 높인다. 그러나 도무지 바뀌는 것이 없다. 정치가 수시로 국가경제의 발목을 잡으며, 사회를 후퇴시키는 주범 역할을 하는 경우가 여전히 허다하다. 도대체 어디서부터 어떻게 바꾸어야 하는 걸까.

교과서 경제원리: 정치는 경제주체들의 이해관계를 중재하는 역할을 한다.
실제 경제현실: 정권에 따라 특정주체들의 이익만 대변하면서 자원배분을
왜곡시킨다.

◀) 정치가 외국인투자 밀어내

정치가 국가경제에 장애물이 되는 현상은 곳곳에서 볼 수 있다. 어떤 정치인이 말실수를 하자, 상대 정당이 국회 등원을 거부하면서 민생법안이 처리되지 못하는 경우가 대표적.

한국사회는 정치혁신이 우선이고, 이를 위해선 '정당민주화'가 선결되어야 한다. 당권에 집중된 내부의 역학구도를 깨야만 의원들 각자가 소신에 따라 민생정책을 할 수 있다. 좋은 정책이면 정파에 상관없이 머리를 맞대 해결해야 하는 것이다.

그러나 현실은 이와 정반대다. 대부분의 의원이 공천이나 당직에 목을 매면서 결정권 있는 지도부에 쓴소리를 하지 못한다. 경제현안을 제쳐둔 채 당수만 바라보면서 각종 투쟁과 비효율의 정치관행만 일삼는 상황이다. 국회가 대권을 노리는 각 계파 간 세력싸움의 장이 되면서, 정책을 개발하거나 민의를 수렴하는 역할에 몰두하지 못하는 것이다.

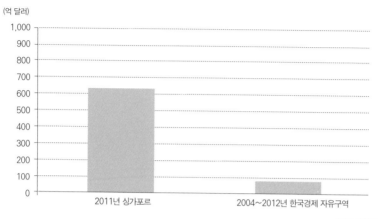

| 외국인 투자유치 비교 |

(억 달러)

1,000
900
800
700
600
500
400
300
200
100
0

2011년 싱가포르   2004~2012년 한국경제 자유구역

자료: 세계은행

　이러한 정치논리로 인해 중요한 외국인투자가 좌절됐던 일마저 있었다. 세계 최대 백신회사인 영국의 글라소스미스클라인GSK은 2004년 최대 2억 달러를 들여 경기 화성에 백신공장을 세우겠다는 계획을 한국정부에 전달했다. 두 손 들어 반길 일인데, 당시 여당이 야당과 차별화한다면서 국정과제인 '지역균형발전'에 매몰돼 GSK에 지방의 한 도시를 강요하다시피 했다. 화성 대신 해당 도시에 공장을 지으라고 압박한 것이다.

　결국 GSK는 수도권에 있는 병원·의료회사 들과의 협업이 힘들고, 인재유치가 어려울 것이란 이유로 투자계획을 철회하고, 싱가포르로 투자처를 돌렸다. '지역균형발전'이란 정치논리가 외국인투자를 밀어낸 안타까운 사건이었다.

◀) 미국정치는 정책갈등

미국은 정책갈등을 벌인다. 2012년 미국대선 당시 민주당의 오바마와 공화당의 롬니는 각각 외교안보·경제·사회·이민정책·조세·재정정책 등에서 거의 대척점에 있다고 할 정도의 대조를 보였다. 민주당의 오바마는 '큰 정부론'을 앞세워 소득재분배를 위한 국가의 역할 확대를 중시한 반면, 공화당의 롬니는 성장을 위해 비효율적인 국가의 개입을 최소화하고 시장의 역할을 강화해야 한다는 '작은 정부론'을 주장했다.

특히 당시 오바마는 소득재분배를 위해 부유층 감세減稅 폐지와 고소득자에 대한 버핏세 도입을 주장했다. 반면 롬니는 소득계층에 상관없이 모든 계층의 세금을 깎아줘 소비와 투자를 촉진하고 성장률을 높이겠다고 했다.

> • 버핏세: 연간 100만 달러 이상의 고소득자에 대해 최소 30% 이상 세율의 세금을 부과하는 정책. 투자가 워런 버핏이 처음 주장해 버핏세란 이름이 붙었다.

이처럼 미국대선은 양당 간 정책의 차이가 확연하게 갈리면서 국가의 운명을 좌우할 경제정책에 대해 유권자들이 심사숙고할 수 있는 기회를 준다. 반면 한국대선에선 제대로 된 정책대결을 보기 어렵다. 너도 나도 비슷한 정책을 부르짖으며 색깔론만 펼칠 뿐이다. 이런 구조에선 국가미래에 대한 다양한 의견이 자리 잡기 어렵다.

'정책정치'를 뿌리 내려야 한다. 이를 위해서는 정당민주화가 필수조건이다. 지도부가 공천권을 행사하지 않고, 공정한 경쟁으로 국회

구분	한국	싱가포르
종합	19	2
법·제도 효율성	61	1
정부규제 부담	114	1
공무원 의사결정 편파성	89	2
정책 결정 투명성	133	1
투자자 보호	65	2
조세 효율성	108	7
창업 시 행정절차	25	8
교육시스템의 질	44	3
노동시장 유연성	124	1
노사협력	129	2
기업의 직원훈련정도	42	3
금융시장성숙도	71	2
기업혁신	16	8

자료: WEF

의원후보를 내는 것 등이 대안이 될 수 있다. 그래야 의원들이 당권에 일방적인 충성을 할 필요가 없어지고, 정책대결을 할 수 있다.

◀》 권력 기반이 지방인 정치의 비극

정치인들의 지방 챙기기도 각종 부조리를 낳는다. 정치인이 지역 표심을 위해 각종 무리한 정책을 추진하고, 그 과정에서 예산낭비 등 여러 비효율이 발생하는 것. 정부가 다음 해 예산을 짤 때 지역 국회의원이 자기사업만 챙기는 경우가 대표적이다. 이는 쪽지예산처럼 은밀하게 행해질 때가 많다.

쪽지예산이 낳은 대표적인 비극이 경제자유구역이다. 경제자유구역은 2002년 정부가 우리나라를 '동북아 비즈니스 중심국가'를 만들겠다고 밝히면서 도입한 것이다. 입주기업의 70% 이상을 외국기업으로 채우고, 외국인주재원과 그 가족이 거주하는 종합산업도시를 만들겠다는

> • 쪽지예산: 국회 예산심의 막판에 국회의원들이 지역구를 챙기기 위해 밀어 넣는 예산.
> • 경제자유구역: 외국인이 자유로운 경제활동을 할 수 있도록 세제 등 각종 혜택을 주고 편의시설을 건설하는 지역.

게 목표였다. 2003년 8월 인천이 그 첫 번째 지역으로 지정됐다.

취지는 좋았다. 그런데 시간이 흐르면서 지역마다 왜 우리는 자유구역이 없느냐는 불만이 나왔고, 각 지방 국회의원들에 의해 전국 8도에 하나씩 경제자유구역이 들어서게 됐다.

하나도 제대로 성공하기 어려운데 중구난방 생겼으니 실적이 형편없을 수밖에 없다. 2003년부터 2013년까지 10년간 유치된 외국자본은 68억 달러에 불과하다. 예정사업비 123조 원의 7%에도 못 미치며, 같은 기간 국내에 투자된 외국자본의 6% 비중에 불과하다. 외국인들이 경제자유구역을 외면한 결과다. 그나마 인천(40억 달러), 부산진해(15억 5,000만 달러), 광양(8억 5,000만 달러)을 제외한 나머지 구역은 외자유치실적이 사실상 전무한 형편이다. 외국자본 유치에 실패하면서 경

구분	한국	싱가포르
1인당 GDP(달러)	2만 2,777	4만 9,270
세계은행 '기업 하기 좋은 국가' 순위	19	1
헤리티지 재단 '경제자유도' 순위	31	2
스위스 IMD '국가경쟁력' 순위	22	3

자료: 기획재정부

제자유구역은 국내용으로 전락하고 있다. 입주기업의 93%가 국내기업이다. 2012년 말 기준 입주기업 2,079개 중 외국인투자기업은 164개에 불과하다. 그나마 국내기업조차 외면해 아예 문 닫는 곳도 부지기수다. 결국 단군 이래 최대 부실사업리스트에 곧 경제자유구역이 오를 것이란 전망이다.

　세계은행이 191개 다국적기업을 대상으로 '입지결정요소'를 설문조사한 바에 따르면 복수응답 기준으로 77%가 '소비자 접근성'을, 64%가 '안정적인 정치·사회 환경'을 꼽았다. 세금감면 같은 인센티브를 꼽은 의견은 29%에 그쳤다. 아무리 세금을 깎아주고 좋은 시설을 지어놔도 시장 자체가 매력적이지 않으면 투자하지 않는다는 뜻이다. 그런데 정치권은 세금혜택만 주면 외국기업들이 밀려들 줄 알았고, 자기지역에 우후죽순 경제자유구역을 지정하면서 실패를 자초했다. 어느 한곳을 지정해 국가적으로 전력을 쏟아도 성공시킬 수 있을까 말까한데, 8곳으로 역량이 분산되다 보니 실패하고 만 것이다.

　이런 사례는 수도 없이 많다. 이 좁은 땅에 지방도시마다 공항이 들어서 있고, 각 공항이 대규모 적자를 떠안고 있는 게 대표적이다. 공항 지을 돈을 신성장동력 개발이나 복지에 사용했다면 우리 삶은 지금보다 훨씬 나았을 것이고 경제적 위상도 훨씬 올라갔을 것이다. 그러나 지금도 곳곳에서 예산낭비가 벌어지고 있고, 그 과실은 일부 토호들의 손아귀에 떨어지고 있다. 지방과 정치권력이 결탁해 한국경제를 괴롭히고 있는 것이다.

이웃국가의 상황은 우리와 딴판이다. 경제자유구역 선진국인 싱가포르는 정치가 경제를 적극 도우면서 2012년 기준 한국보다 14배 많은 640억 달러의 외국인 직접투자를 유치했다. 전년 대비 32% 증가한 수치다. 외국자본은 싱가포르 경제의 주된 성장동력이다. 경제의 45%를 외국인이 담당하고 있다.

'정치와 경제' 악순환 고리를 끊으려면 중립적인 별도위원회를 설치해 지방개발을 총괄관리해야 한다. 또 유권자들은 지방토호 외엔 큰 이익을 주지 않는 사업을 유치하는 데 현혹되기보다 비전 있는 선택을 해야 한다.

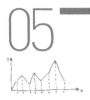

05

라면가격은 잡아도 제네시스가격은 못 잡는다
가격규제와 정부실패·시장실패

2012년 공정거래위원회가 이동통신사와 휴대전화제조사들에게 휴대전화가격을 부풀려 팔았다며 454억 원의 과징금을 부과한 적이 있다. 당시 공정위는 "실제보다 휴대전화가격을 부풀린 뒤 할인판매를 하는 것처럼 속였다"고 밝혔다. 70만 원짜리 휴대전화가격을 90만 원으로 표시한 뒤 10만 원 할인해주는 것처럼 속여 실제(70만 원)보다 비싼 80만 원에 판매한 것이다. 이런 사실이 알려지자 많은 사람이 해당 업체들을 크게 비난했다. 기업이 잇속을 차리려고 소비자에게 사기를 쳤다는 것.

그런데 한쪽에선 공정위 처분에 의문을 표시했다. 한 법조계 인사는 "기업이 물건을 팔면서 얼마를 받건 기업의 자유"라며 "실제보다 가격을 부풀렸다고 하는데, 실제 가격이 존재나 하는 건지 의문"이라고 말했다. 생산단가가 상승해 가격이 정말 90만 원으로 올랐고, 이후 10만 원 할인해줬을 수 있다는 것이다. 그러나 공정위는 심층조사를 통해 해당 업체들이 소비자기만행위를 했다는 혐의를 확정했고, 그대로 처벌을 진행했다.

시장경제는 다른 이름으로 '가격경제'라 불린다. 가격이 시장경제의 근간이면서 최후의 보루이기 때문이다. 이를 통제하면 시장경제는 근본을 잃고 계획경제로 전락하고 만다. 그래서 정부의 가격규제를 '시장과의 무모한 대결'로 표현하는 학자도 있다. 정부는 가격에 어느 선까지 개입할 수 있을까.

교과서 경제원리: **자유로운 가격형성은 시장경제의 근간이다.**
실제 경제현실: **기업과 정부가 가격을 왜곡한다.**

◀》 가격담합과 가격선도

2012년 라면가격담합사건이 적발된 바 있다. 농심 등 라면업체들이 짜고 라면가격을 올려왔다는 것이다. 그러자 당시 라면시장의 70%를 점유하고 있던 농심은 자료를 통해 "우리는 후발업체와 담합할 이유가

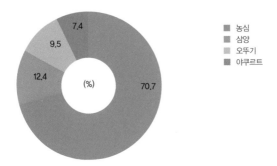

| 국내 라면시장점유율(2010년 기준) |

농심
삼양
오뚜기
야쿠르트

7.4
9.5
12.4
(%)
70.7

자료: 공정거래위원회

없고, 다른 업체들이 우리 가격을 그대로 따랐을 뿐"이란 취지로 적극 반박했다. 이 해명은 경제학의 **가격선도**모형을 원용한 것

• 가격선도: 1위 업체가 정한 가격을 2위 이하 업체들이 그대로 따라 하는 것.

이다. 농심은 독자적인 인상을 했고, 이에 따른 다른 업체의 대응은 농심과 상관없는 일이란 설명이다.

실제로 2위 이하 업체가 1위 업체보다 값을 더 받는 건 어려운 일이다. 그렇다고 너무 싸게 받으면 이윤이 남지 않는다. 결국 1위 업체를 따라 하는 게 합리적이란 것이 경제학의 설명. 1위 업체가 올리면 어느 정도의 가격 차를 유지하면서 그만큼 따라 올리는 전략을 취할 수밖에 없다. 우리 공정거래법도 이는 규제하지 않고, 시장가격결정의 한 형태로 인정하고 있다.

하지만 정보교류가 있었다면 얘기가 달라진다. 업체끼리 사전교감을 한 뒤 서로 짜고 가격을 올렸다면 바로 담합이 되며, 이는 기업의 도덕적 해이 차원을 넘어 중대 '범죄'가 된다. 라면 건에 있어서도 공정위는 사전정보를 교류한 증거를 확보했고, 이를 근거로 1,354억 원의 과징금을 부과했다.

◀》 독과점시장과 물가상승

독과점이 불가피한 경우가 있다. 거액의 투자비가 들어 신규진입이 어려운 시장이 대표적이다. 이런 시장에선 신규진입자가 생기더라도 이미 거액의 투자를 해놓은 기존 업체와 경쟁하기 버거운 경우가 많다. 삼성이 철수한 자동차시장이 그렇다. 삼성은 1990년대 야심차게 자동차시장에 진입했지만, 현대자동차란 거대한 벽에 부딪혀 사업을 접었다.

독과점시장에선 제품가격이 높게 형성될 수밖에 없다. 경쟁자가 별로 없으니 가격을 높여 받는 것이다. 이런 가격설정을 시장지배적 지위남용이라 한다.

그렇다면 정부가 나서서 독과점기업이 높은 가격을 받지 못하게 규제하면 어떨까? 일단 공정거래법에는 해당 조항이 있다. 3조 2항의 시행령 5조를 보면 "상품가격을 부당하게 결정하는 행위는 시장지배적 지위남용에 해당한다"고 돼 있다.

> • 독과점: 1~3개 업체가 시장을 장악하고 있는 것.
> • 시장지배적 지위남용: 독과점 지위를 이용, 가격을 높여 받아 소비자의 후생을 감소시키는 행위.

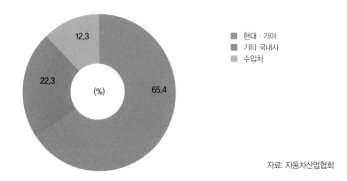

■ 현대 · 기아
■ 기타 국내사
■ 수입차

12.3

22.3

(%)

65.4

자료: 자동차산업협회

이 법을 적용하면 제품값을 높게 받는 기업에 대해 관련 매출액의 3%까지 과징금을 부과할 수 있다.

그런데 아직까지 이 법이 적용된 사례가 없다. 아무리 독과점기업이라도 '기업에겐 기본적인 가격결정권이 있고, 시장경제는 이를 존중해야 한다'는 대의 때문이다. 그래서 공정거래법 3조 2항 시행령 5조는 존재는 하지만 사문화돼 있다. 법이 있지만 적용하지 않고 독과점기업의 가격결정권을 그대로 인정하는 것.

참여정부 시절인 2007년 10월 공정위가 해당 조항을 구체화한 규정을 만든 뒤 실제 적용하려는 시도를 한 바 있다. 그러나 당시 재계는 물론 재정경제부 등 정부 내에서까지 비판까지 일자 중도에 포기하고 말았다. 시장경제의 근간을 흔들 수 없다는 것이다.

다른 나라도 사정이 비슷하다. 유럽은 관련 규정이 있지만 우리처럼 사문화돼 있고, 미국은 아예 관련 규정이 없다. 다만 우회적인 규제를 할 수는 있다. 독과점기업이 대리점에 물건을 공급한 뒤, 해당 대리점에게 '높은 가격에 팔라'고 강제하는 것을 재판매가격유지 행위로 처벌하는 식이다. 대리점끼리라도 가격경쟁이 벌어질 수 있게 하기 위해서다.

예를 들어, 우유회사가 전국 대리점에 우유 1개당 500원에 공급하면서 소비자에겐

> • 재판매가격유지: 제조업자가 유통업자를 상대로 가격을 높여 받으라고 강제하는 것.

반드시 1,000원 이상 받으라고 강요하는 것을 금지한다. 500원에 공급받은 것을 600원에 팔건 1,000원에 팔건, 그건 각 대리점의 자유다. 그런데도 우유회사가 재판매가격유지에 나서는 것은 일부 대리점의 가격인하가 대리점 간 가격경쟁으로 이어지면서 전체의 가격인하를 불러올 수 있기 때문이다. 그러면 장기적으로 우유회사의 대리점 공급가격인하 요구로 이어질 수 있고, 결국 우유회사의 이윤이 감소될 수 있다.

이를 막기 위해 우유회사는 모든 대리점에게 무조건 1,000원 이상 받고, 이를 어기면 우유공급을 끊겠다고 협박하곤 한다. 그러면 소비자는 우유가격인하 기회를 뺏긴다. 기업을 위해 소비자가 희생하는 것이다. 그래서 정부는 재판매가격유지 행위를 찾아내 처벌한다.

정부는 또 대리점에게 다른 기업의 제품을 취급하지 못하도록 요구하는 대기업의 행위를 '배타적 거래' 행위로 처벌한다. 대리점이 여러 제조업체와 거래하면, 제조업체 간 납품경쟁이 벌어지면서 제품가격이 내려갈 수 있는데, 이를 장려하기 위해서다.

◀》가격 부풀리기와 소비자 피해 논란

독과점기업은 미리 가격을 부풀려놓은 뒤 깎아주는 '척' 하는 경우가 많다. 그런데 이를 규제하긴 어렵다. 기업이 속으로 '이 정도면 적당하다' 고 생각한 가격보다 비싸게 팔았다는 사실만으로 제재할 수 없는 것이다. 사실 얼마나 비싸게 팔았는지 밝혀내기도 어렵다. '엿장수 마음' 이란 말이 괜히 있는 게 아니다.

그런데도 억지로 제재하기 시작하면 정부의 필요에 따라 '정상가' 를 산정한 뒤 이를 기업에게 강제하는 상황이 벌어질 수 있다. 정부의 가격결정으로 시장경제원칙이 무너지는 것이다.

다만 생산자에게 '사기' 의도가 있을 때는 규제가 가능하다. 앞서 제시한 휴대전화 사례가 대표적이다. 백화점이 세일할 때 원래 내걸었던 정상가를 부풀린 뒤 세일하는 것도 비슷한 경우다. 원래 소비자에게 제시했던 가격이 있으니, 이를 근거로 규제하는 것이다. 공정거래법에 구체적으로 '소비자의 오인을 유발할 때 규제할 수 있다' 는 조항이 있다. 다만 이 조항은 엄격히 적용된다.

예를 들어, 대형마트가 묶음상품을 팔면서 낱개로 파는 것보다 오히려 비싸게 받는 것은 규제할 수 없다. 상식적으로 분명히 사기의도가 있지만, 이에 대해 마트가 상품을 묶기 위해 비용이 들었다고 항변하면 할 말이 없어지기 때문. 공정거래위원회는 "공급자가 사기의도가 있다는 확실한 증거가 있어야만 규제할 수 있다"며 "휴대전화의 경우

정상가와 부풀린 가격이 표시된 기업내부증거를 확보했기에 처벌이 가능했다"고 설명했다.

다른 규제방법도 있다. 생산원가 공개다. '아파트 분양원가 공개'가 대표적이다. 생산비용원가를 공개함으로써 가격을 얼마나 부풀렸는지 소비자들에게 알리면, 가격인하로 이어질 수 있다. 하지만 이 역시 논란이 있다. 생산자와 소비자 간 **정보비대칭성**을 없애 유효한 시장가격을 형성할 수 있다는 찬성론과, 기업비밀에 해당할 수 있는 내용까지 공개하는 것은 과하다는 반대론이 맞서 있다. 이처럼 의견대립이 첨예한 것은 가격이 시장경제를 움직이는 가장 중요한 축이기 때문이다.

또 하나, 삼성전자와 현대자동차가 큰 비난을 받는 것 중 하나가 수출가격과 내수가격의 차이다. 현대차의 고가모델 제네시스의 경우 내수가격이 수출가격보다 1,000만 원 이상 비싸다. 그런데 현행법상 이를 규제할 근거가 없다. 기업의 선택권을 존중하기 때문이다. 다만 수입국이 **반덤핑**규제를 할 수는 있다. **덤핑수출**을 하면 수입국의 관련 산업이 큰 피해를 입기 때문에 고율의 **관세**를 부과하는 등 규제를 하는 것이다.

예를 들어, 미국정부가 GM이나 포드의 자동차판매가 줄지 않도록, 지나치게 싼 값에 수출된 제네시스에 고율의 관세를 부과함으로써 제품가격을 올리는 벌칙을 줄 수 있다. 그러면 제네시스의 미국 내 판매가격

> • **정보비대칭성**: 중요한 정보를 한 쪽만 알고 있는 상황.
> • **반덤핑**: 덤핑수출에 대해 각종 벌칙을 가하는 것.
> • **덤핑수출**: 지나치게 싼 가격에 물건을 수출하는 것.
> • **관세**: 수입업자에게 제품가격의 일정비율만큼 부과하는 세금. 수입품의 가격을 올리면서 재정수입을 늘리는 효과를 낸다.

이 올라가 GM과 포드를 보호할 수 있다. 그러나 이렇게 벌칙을 가하는 건 우리가 통제할 수 있는 부분이 아니다. 철저히 상대국이 판단할 사안이다.

그래서 정부는 따로 가격차별규제를 하고 싶어 한다. 한 찬성론자는 "대기업들의 국내·외 가격차별에 따라 국내소비자들이 큰 피해를 보는 반면, 외국소비자들은 수혜를 입는다고 볼 수 있다"며 "언젠가 이 같은 행위를 규제해야 한다는 논의가 수면 위로 부상할 것"이라고 주장한다. 외국에서도 OECD 연구자들이나 미국 관련학자들 사이에서 도입 주장이 나오고 있다.

다만 이를 실시할 경우 재계의 엄청난 반발이 예상된다. 또 우리 정부가 나서서 외국에만 싸게 팔았다고 처벌을 내리면, 해당 기업의 덤핑수출 사실을 우리 정부가 외국정부에 공인해주는 꼴이 된다. 그러면 외국정부는 우리 기업 제품에 반덤핑관세를 부과할 테고, 이는 수출에 타격을 줄 수 있다.

◀》 유통구조 왜곡에 따른 가격상승

한-칠레 **자유무역협정(FTA)** 체결에도 불구하고 와인가격이 올라간 적이 있다. 그러자 당시 정부는 유통구조 개편을 실시했다.

• 자유무역협정Free Trade Agreement.FTA: 합의한 나라끼리 관세철폐 등 무역장벽을 없애는 것.

기존에는 수입업체가 직접 소비자판매를 할 수 없었다. 반드시 중간유통상을 거쳐야 했고, 이런 과정을 거치면서 FTA에도 불구하고 가격이 올라갔다. 이에 대한 지적이 나오자 정부는 수입업체에게 소비자판매를 허용함으로써 가격인하를 유도했다.

이처럼 제도적 결함으로 유통구조에 문제가 생겨 가격이 오를 때는 규제개선을 통해 가격인하를 시도할 수 있다. 다만 제도적 문제 때문이 아니라, 시장 자체적으로 유통구조가 복잡할 때는 정부의 개입이 논란을 부를 수 있다. 중간유통상의 생계에 영향을 미칠 수 있기 때문이다. 중간유통과정을 강제로 없애니 중간유통상이 졸지에 일거리를 잃는 식이다. 이때 정부는 우회적으로 생산자와 소비자 간 직거래창구를 늘리는 시도를 한다. 소비자 협동조합인 생협이 생산자와 직거래할 수 있도록 지원하는 게 대표적이다.

◀» 시장실패와 정부실패

가격규제는 시장 실패와 정부실패를 둘러싼 고민을 담고 있다. 경제학은 가만히 놔두면 시장이 알아서 잘 돌아간다고 주장하지만, 현실은 그렇지 않다. 담합 같은 경제범죄가 부지기수고, 경제위기도 숱하게 일어

> • 시장실패: 민간의 각종 부조리로 인해 경제의 효율성과 공정성이 저해되는 현상.
> • 정부실패: 시장실패를 교정하려 들어갔다가 오히려 더 큰 비효율과 부조리를 야기하는 현상.

분야	순위
공공재정	25
재정정책	19
제도적 여건	25
기업 관련법	45
사회적 여건	40

자료: 국제경영개발연구원

난다. 시장실패가 발생하는 것이다. 이를 막기 위해 정부는 시장경제에 개입한다. 그릇된 일이 벌어지지 않도록 사전에 규제를 가하고, 올바른 방향으로 경제를 이끌 수 있도록 정책을 펼친다. 이는 정부의 당연한 권리이고, 의무이기도 하다.

그런데 자주 정부실패가 발생한다. 지나치게 강한 규제로 인한 경우가 대표적이다. 규제는 적당해야 한다. 너무 강하면 민간의 활동을 위축시켜 경제에 장애물이 된다. 국제경영개발연구원이 발표하는 국가경쟁력순위를 보면 한국은 2015년 기준 25위에 그치고 있다. 주된 요인이 정부규제 등을 포함한 '제도적 요인'이었다. 규제가 너무 강해 좋은 평가를 못 받은 것이다. 세부항목을 보면 기업관련법 경쟁력(40위), 제도의 사회적 여건(40위) 등의 순위가 밑바닥을 맴돌았다.

외국인들은 규제의 비일관성도 문제 삼는다. 2009년 외국기업이 국내채권에 투자해서 올린 양도차익에 대해 비과세조치를 취했다가, 2010년 다시 과세로 돌린 게 대표적이다.

특정계층의 이익 때문에 정부실패가 생긴다는 논란도 있다. 대형마트규제가 대표적이다. 정부는 소상공인 요구로 한 달에 두 번 대형마트의 문을 닫게 하고 있다. 대형마트들은 이 규제가 소상공업체나 전통시장 활성화로 이어졌다는 증거가 없다고 주장한다. 오히려 판매원 등 저소득층의 일자리 감소, 농수산물을 납품하는 농어민의 피해, 맞벌이부부의 쇼핑 불편 등 부작용을 유발했다는 비판도 한다. 대형마트 영업규제로 인한 소비자피해가 연간 2조 2,888억 원으로 추산된다는 조사결과도 있다.

그러나 이 조치의 효과를 전통시장에 국한해서 보면 안 된다는 주장도 있다. 동네슈퍼 등 다양한 주체가 혜택을 봤을 수 있다는 것이다. 더불어 사는 사회에 기여하는 것은 대기업의 의무란 목소리도 존재한다. 일정 부분 비효율을 감수할 필요도 있다는 얘기다.

정부의 정책은 그 의도가 좋건 나쁘건 간에 예상치 못한 부작용을 불러오는 경우가 많다. 때문에 정부실패 논란은 정부가 시장경제에 개입할 때 얼마나 신중해야 하는지 잘 보여준다. 그 어떤 분야보다 정부의 치밀한 접근이 요구된다.

ECONOMIC SENSE

7장

분배냐 포퓰리즘이냐

삶이 팍팍한 상황에서 경기침체가 겹치면 억눌렸던 욕구가 분출한다. 경기가 좋을 때는 늘어나는 소득과 자산으로 위안을 얻을 수 있지만, 경기침체로 삶이 고단해지면 삶의 무게가 그대로 느껴지고, 정부가 뭔가 해결해주길 바라게 된다. 못 살겠다는 하소연이 봇물을 이루고, 힘겨운 생활에 분노를 느끼면서 자본주의권력을 심판하자는 생각이 피어나기도 한다.

이럴 때면 포퓰리즘이 큰 인기를 얻는다. 뭐라도 해주겠다는 사람의 인기가 올라가는 것. 그러나 이는 근본적인 해결책일 수 없다. 과거 포퓰리즘이 극에 달했던 아르헨티나와 그리스 모두 국가부도사태를 맞았다는 사실을 기억할 필요가 있다.

다만 우리나라는 아직 복지지출이 적어 무조건 더 해주는 게 맞다는 견해가 우세하다. 정부예산 중 복지지출의 비중을 보면 다른 OECD 선진국보다 현저히 낮다. GDP 대비 복지지출의 비중을 봐도 OECD 국가에서 가장 낮은 수준이다.

문제는 우리나라가 저출산·고령화 문제가 전 세계에서 가장 심각하다는 것. 비용을 내는 젊은 사람은 줄어드는데 수혜를 입는 노인은 급증하고 있어서, 현재 복지제도를 그대로 유지만 해도 2030년이면 전체 예산의 절반이 복지로 나간다. 이후에는 50%를 넘어 OECD 국가 중 복지지출의 비중이 가장 높은 국가 중 한 곳이 된다. 세상에 공짜란 없다. 누군가는 돈을 내야 한다. 해답은 무엇일까.

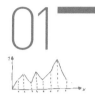

01

진보정권보다 보수정권에서 분배지표가 개선된 까닭

분배지표1

MB정권 말기이던 2012년 말, 박재완 당시 기획재정부 장관은 정권을 결산하면서 "MB정부 들어 모든 소득분배지표가 개선됐다"며 이전 10년간 악화됐던 분배지표가 MB정권 들어 상당 부분 좋아졌다고 발표했다. 아이러니였다. 분배를 강조하던 진보정권에서는 분배지표가 악화됐는데, 성장을 강조하는 보수정권에서 개선됐다니 말이다. 정말일까.

이것만은 꼭!

교과서 경제원리: 분배를 강조하는 진보정권에서 분배지표가 개선된다.
실제 경제현실: 정책시차와 경제상황에 따라 보수정권 때 오히려 분배지표가 개선될 수 있다.

◀》MB정권 때 분배지표가 개선됐다?

국제적으로 가장 많이 인용되는 분배지표가 지니계수다. 지니계수로 역대 정권의 분배상황을 살펴보면, 진보정권이 아닌 보수정권인 MB정부에서 이것이 개선된 것으로 나온다.

2인 이상 도시근로자가구를 기준으로 지니계수는 2007년과 2011년 사이 0.292에서 0.289로 개선됐다. 반면 DJ정부(1997~2002년) 때는 0.257에서 0.279, 노무현정부(2002~2007년) 때도 0.279에서 0.292로 악화됐다.

다른 분배지표를 동원해도 같은 결과가 나온다. 소득5분위배율은 4.84에서 4.82, 상대적 빈곤율은 12.6%에서 12.4%, 중산층가구비율은 67%에서 67.7% 등 MB정부 때 모든 분배지표가 개선됐다. 반면

> • 상대적 빈곤율: 중간소득의 50% 이하를 버는 가구가 전체 가구에서 차지하는 비중. 숫자가 커질수록 불평등한 것이다.
> • 중산층가구비율: 중간 소득의 50~150%를 버는 가구가 전체 가구에서 차지하는 비중. 숫자가 커질수록 평등해지는 것이다.

DJ정부 때는 소득5분위배율이 3.8에서 4.34, 중위소득 50% 미만 가구비율이 8.2%에서 10.0%, 중산층비율이 74.1%에서 70.3%로 모두 악화됐다. 노무현정부 때도 소득5분위배율이 4.34에서 4.84, 중위소득 50% 미만 가구비율이 10%에서 12.6%, 중산층가구비율이 70.3%에서 67%로 악화됐다. 지표로 보면 분배상황은 하나같이 MB정권 때 개선됐고 DJ와 노무현정권 때 악화된 것으로 나온다.

◀》위기충격의 차이

결과를 놓고 갑론을박이 이어졌다. 성장을 강조했던 보수정권에서 분배지표가 개선되고, 진보정권에서 반대상황이 벌어졌다는 사실을 상식적으로 납득하기 어려웠기 때문이다.

우선 위기충격을 원인으로 들 수 있다. DJ정권 출범 직전(1997년 말) 터진 외환위기는 저소득층에 직격탄이 됐다. 고소득층은 위기를 버틸 여력이 있었지만, 취약계층은 실직과 파산의 고통을 견뎌낼 힘이 없었다. 1997년과 1998년의 실업자추이를 보면 초졸 이하 4만 명에서 15만 8,000명, 중졸 7만 8,000명에서 24만 6,000명, 고졸 31만 5,000명에서 79만 명, 대졸 이상 13만 4,000명에서 29만 7,000명 등으로 학력수준이 낮을수록 실업자증가가 많았다. 결국 소외계층의 소득이 고

| 분배지표 |

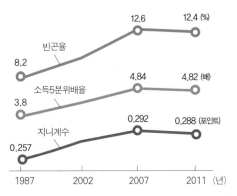

※ 숫자가 커질수록 분배상태 악화.

자료: 법원통계월보

	외환위기(1998년)	가계부위기(2003년)	글로벌금융위기(2009년)
경제성장률	-5.7%	2.8%	0.3%
취업자 증감	-127.6만 명	-3만 명	-7.2만 명
소비증가율	-9.9%	0.5%	1.2%

소득층보다 더 크게 떨어졌고, 분배지표악화로 이어졌다. 노무현정권
들어서는 외환위기 극복의 부작용이던 2003년 가계부채위기로 저소
득층이 다시 충격을 받았고, 이게 또 분배지표 악화에 영향을 줬다.

  MB정권 때도 위기는 있었다. 2008년 글로벌 금융위기와 2011년 글
로벌 재정위기가 그것. 그러나 두 위기충격은 이전 정권과 비교하면
그렇게 크지 않았다. 외환위기 이듬해인 1998년 127만 6,000명의 취
업자 감소, 경제성장률 -5.7% 등 충격을 겪었지만, 금융위기 이듬해
인 2009년엔 0.7% 성장을 하며 OECD 국가 중 거의 유일하게 플러스
성장을 했다. 즉 저소득층 실직과 파산의 충격이 이전 정권보다 덜했
던 게 분배지표 악화를 막는 데 기여했다. 또 DJ와 노무현정권의 경제
위기는 우리 내부적인 문제의 영향이 컸지만, MB정권의 경제위기는
외부요인에 의한 것이라, 충격이 덜했다는 설명도 있다.

당시 LG경제연구원은 "몇 번의 위기를 거치며 축적된 정부의 위기대처능력이 충격을 줄였고, 외환위기 이후 체질을 개선시킨 대기업들이 고환율을 무기로 수출을 대거 늘린 것도 효과를 냈다"고 설명했다.

◀» 핵심은 일자리

소득은 일자리에서 나온다. 고용지표개선은 바로 분배지표개선으로 이어진다. MB정권은 외환위기 이후 고용이 가장 많이 증가한 정권이다. 통계청에 따르면, DJ정권 동안 증가한 취업자 수는 95만 5,000명, 노무현정권 동안엔 126만 4,000명이 증가했다. MB정권 동안엔 130만 명을 넘어섰다.

특히 MB정권 때 새로 만들어진 일자리 가운데 상당수가 저소득층에게 돌아간 것으로 분석된다. 정부가 재정을 투입해 간병인, 복지사 등 사회서비스 일자리를 크게 늘렸는데, 이 자리가 주로 저소득층에게 돌아간 것이다. 2008년 10만 3,000개, 2009년 15만 6,000개, 2010년 15만 5,000개, 2011년 15만 8,000개 등으로 합하면 총 57만 2,000개에 이른다. 같은 기간 창출된 전체 일자리 81만 개의 70% 수준이다. 통계청 관계자는 "2007년 이전까지 사회서비스업 일자리 증가는 매년 5만 개를 밑돌았지만, 2008년 이후 10만 개를 훨씬 웃돌았다"고 설명했다.

반면 고학력층이 갈 만한 중간일자리는 부족했다. 결국 저소득층의 일자리상황은 개선된 반면 중산층의 일자리상황은 부진하면서 분배지표가 개선된 측면이 있다. 실제 당시 현대경제연구원은 "저소득가구의 주부들이 새로 취업할 수 있는 저임금일자리가 증가한 반면, 중산층 이상 자녀들이 갖기 원하는 중간일자리상황은 지지부진하면서 분배지표가 나아졌을 가능성이 있다"고 분석했다.

어쨌든 이는 MB정권의 치적으로 볼 수 있다. 당시 기획재정부는 "일자리가 최고의 복지라는 모토를 어느 정도 실현한 것으로 평가할 수 있다"고 이야기하기도 했다. 앞으로 복지정책을 하는 데 참고해야 할 부분이다.

그러나 불안요인도 크다. 저소득가구에 새로 수입원이 생긴 건 바람직한 일이지만, 저임금일자리가 증가하면서 고용구조가 불안해졌기 때문이다. 앞으로 다른 경제위기가 발생하면 일시적으로 늘어난 일자리에 고용된 저소득층이 대거 해고되며 되레 경제위험을 가중시킬 수 있다.

또 MB정부 때 경제상황이 일자리를 늘리는 데 이전 정권보다 유리했다는 점도 감안할 필요가 있다. 잘 해서 일자리가 많이 늘어난 게 아니란 것이다. 결국 일자리 문제의 본질을 건드리지 못하고 재정을 투입해 손쉽게 일자리 늘리는 데 집중한 것이 의외로 분배지표 개선에 기여한 것으로 보인다. 그러나 일자리의 양에 가려진 질의 문제는 언제건 우리 경제의 발목을 잡을 수 있다.

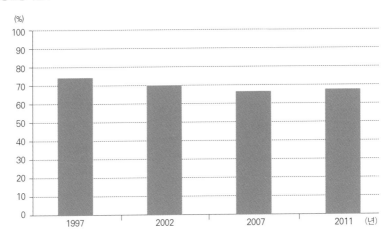

(%)

100
90
80
70
60
50
40
30
20
10
0

1997   2002   2007   2011 (년)

※ 전체 가구 가운데 가구소득이 중위소득의 50~150%인 가구의 비율.

◀ EITC 등 정책시차

이전 정권에서 원인을 찾는 시각도 있다. 어떤 정책이건 도입이 결정된 뒤 효과를 내기까지는 '정책시차'란 게 존재한다. 복지정책도 마찬가지다. 국책연구원 관계자는 "MB정권 들어 빛을 발한 분배정책 가운데 상당수는 이전 정권에서 추진된 것들"이라고 설명했다.

대표적인 게 근로장려세제(EITC)다. 예를 들어, 2자녀 가구는 연소득 2,100만 원 이하부터 혜택을 받을 수 있다. EITC는 노무현정권 때인 2007년 도입이 결정돼 MB정권 때인 2009년 시행됐다. 2012년의

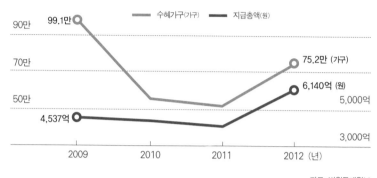

| 盧정부 때 결정, MB정부 때 효과 본 근로장려세제 수혜가구 |

수혜가구(가구)　　　지급총액(원)

90만　99.1만

70만　　　　　　　　　　　　　　　　75.2만 (가구)

　　　　　　　　　　　　　　　　　6,140억 (원)
50만
　　　　　　　　　　　　　　　　　5,000억

4,537억

　　　　　　　　　　　　　　　　　3,000억

2009　　　2010　　　2011　　　2012 (년)

자료: 법원통계월보

경우 75만 2,000가구에 총 6,140억 원이 지급됐는데, 기초생활보장을 받진 못하지만 형편이 안 좋은 <u>차상위계층</u>의 생활안정에 크게 기여했다는 평가를 받았다. MB정권에서 분배지표가 아주 소폭 개선됐는데, 만일 노무현정권 때 도입이 결정된 EITC가 없었

> • 근로장려세제Earned Income Tax Credit, EITC: 일정소득 이하 저소득층에게 세금을 거두는 게 아니라, 오히려 현금을 지원해주는 정책. 국가가 국민에게 세금을 내는 상황이라고 이해하면 된다.
> • 차상위계층: 기초생활보장계층 바로 위의 계층. 소득이 낮아 정부가 각종 지원을 한다.

다면 분배지표가 개선되지 못했을 것이란 추정이 가능하다.

　국책연구원의 한 관계자는 "DJ정부 때 기초생활보장법을 만들어 극빈층의 복지정책을 시작했다면, 노무현정부 때는 차상위계층에 본격적으로 눈을 돌리기 시작하면서 복지예산이 처음으로 일반 경제예산을 넘어섰다"며 "MB정권이 그 수혜를 입었을 가능성이 있다"고 설명했다. 결국 MB가 분배정책에 아무런 신경을 쓰지 않았는데 이전 정권

덕에 분배지표가 개선됐을 가능성이 있다는 얘기다.

분배에 전혀 관심 없는 정권에서 분배지표가 악화된다는 사실은 박근혜정권이 증명한다. 2012년부터 2015년 사이 지니계수가 0.338에서 0.341, 5분위배율이 7.51배에서 8.24배, 상대적 빈곤율이 17.6%에서 18.6%로 모조리 악화됐다. 결국 박근혜정권은 성장도, 분배도 실패한 정권이었다.

02

재분배 전엔 OECD 1위, 재분배 후엔 OECD 17위
분배지표2

이유야 어쨌건 MB정권 때 수치로 나타나는 분배지표가 개선된 것은 사실이다. 공식통계가 그렇다는 것이다. 그런데 2013년 공식통계를 뒤집는 연구결과가 발표됐다. 공식통계에 나타난 한국의 지니계수는 2010년 기준 0.314로 34개 OECD 회원국 가운데 17위, 딱 중간수준인데 지니계수를 제대로 다시 계산하니 0.371, OECD에서 5번째로 나쁜 것으로 나타났다는 주장이었다.

이것만은 꼭!

교과서 경제원리: 지니계수가 낮을수록 분배상태가 양호한 것이다.

실제 경제현실: 지니계수가 낮아도 실제 분배상태는 무척 안 좋을 수 있다.

◀)) MB정권 때 분배지표는 악화됐다?

통계청 지니계수는 전국 1만 가구를 표본으로 뽑은 뒤 이들의 소득을 물어 계산한 것이다. 그런데 이 조사의 조사대상에는 고소득층이 대거 누락되어 있다는 문제점이 있다. 연봉 2억 2,200만 원 이상 고소득가구가 표본에서 빠져 있는데, 실제로 그 이하 고소득층조차 통계청 조사관이 나오면 소득 공개를 꺼려 대부분 응답을 거부한다. 고소득층이 빠진 분배지표는 현실을 축소해 보여줄 수밖에 없다. 이에 비해 외국은 다양한 방식으로 최대한 고소득층 표본을 반영한다.

이런 비판이 나오자 한 연구기관이 통계청 조사표본에 국세청 과세자료를 섞어 우리나라의 새로운 지니계수를 산출했다. 여기엔 모든 소득자통계가 포함돼 고소득자가 누락될 위험이 없다. 그렇게 새로 지니계수를 계산한 결과, 0.371이 나왔다. 칠레·멕시코·터키·미국에 이어 5번째로 나쁜 수치다. 또 국세청 과세자료만으로 지니계수를 뽑으면 2007년 0.431에서 2010년 0.446으로, 높은 것은 물론 계속 악화되는 것으로 나온다.

국세청통계를 기반으로 상위 1% 소득집중도를 계산한 연구결과도 있다. 한국은 1997년 6.5%에서 2010년 12%로 올라갔다. 상위 1%가 전체 소득의 12%를 차지한다는 뜻으로 일본, 프랑스 등보다 높다. 또 6.5%에서 12%로의 변화는 전 세계에서 가장 큰 상승폭이다. 소득양극화가 심각한 것이다.

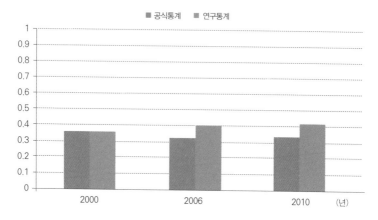

■ 공식통계 ■ 연구통계

※ 0∼1 사이로, 1에 가까울수록 소득분배가 불평등하다는 뜻.

자료: 통계청

이런 결과가 줄줄이 발표되자, 정부는 공식통계수치만 써야 한다며 민간연구결과에 편향성이 있다고 반박했다. 하지만 정부 스스로 모순된 통계를 내놓으며 공식통계의 부실을 드러냈다. 통계청은 1991년부터 2000년까지 5년 단위로 '가구소비실태조사'란 것을 발표했다. 이 조사샘플은 2만 5,000가구로, 1만 가구인 공식통계보다 샘플이 훨씬 많다. 그래서 고소득층도 다수 포함됐는데, 이 자료로 계산한 지니계수는 2000년 기준 0.362에 이르렀다. 공식 지니계수 0.314보다 훨씬 높은 것이다. 이처럼 다른 결과가 나오자, 가구소비실태조사는 현재 발표가 중단됐다.

이런 숫자들을 보면, 우리나라는 양극화 문제가 심각하고 갈수록 그

정도가 심화되는 것으로 나타난다. 이유는 크게 4가지다. 중간일자리 축소에 따른 근로자 간 임금격차 확대, 개인이 아닌 기업으로의 소득 집중, 성과주의 보수체계 확산에 따른 CEO·임원으로의 소득 집중, 지속적인 소득세율 감면 등이다. 소득세의 경우 1970년대만 해도 최고 소득세율이 70%에 이르렀는데 현재는 30%대로 내려와 있으면서, 조세를 통한 소득재분배가 많이 약화돼 있다.

물론 정부는 국세청자료에도 상당수 소득자들이 제외돼 있어 이것이 정확하지 않다고 주장한다. 실제 국세청자료에는 일정 근로나 사업소득이 있어 연말정산을 받는 사람만 포함되고, 식당종업원처럼 연말정산을 받지 않는 임시일용직이 빠져 있다. 그래서 국세청자료를 근거로 하면, 전체 가구가 아닌 연말정산을 받는 사람들끼리의 분배지표만 알 수 있다. 통계청 관계자는 "저소득층 대부분이 연말정산을 받지 않는 직업군의 사람들"이라며 "국세청자료만 근거로 하면 이 표본에서 빠지는 저소득층의 삶이 나아져도 분배상태의 개선 여부를 알 수 없다"고 지적했다.

또 국세청자료로는 가구소득을 포착할 수 없다. 국세청자료는 돈을 버는 각 개인을 1등부터 꼴찌까지 나열하기 때문. 즉 과세자료를 기준으로 하면 가구 사이의 분배상태는 알 수 없고, 개인 사이의 분배상태만 알 수 있다. 외벌이를 하다가 일자리가 새로 생겨 맞벌이를 시작한 저소득층 가구가 늘면, 이들의 가구소득이 늘면서 분배상태가 나아질 수 있는데, 국세청자료로는 이를 알아챌 수 없다.

그러나 과세자료 외에 고소득층 자료를 보완할만한 수단을 찾기 어려운 게 사실이다. 논란을 줄이려면 국세청이 다양한 샘플링을 통해 고소득층의 자료를 포함한 제대로 된 분배지표를 내놓을 필요가 있다.

🔊 세전소득 분배 1등, 세후소득 분배 중간

지니계수 산정기준에 따라 결과가 달라지는 문제도 있다. 세금을 내기 전인 '세전소득'을 기준으로 한 우리나라의 지니계수는 0.344다. OECD 국가들이 모두 0.4를 훨씬 웃도는 것과 비교하면, 한국은 세전소득분배상태가 1위로 현격하게 좋은 것이다. 그런데 세금을 낸 후인 '세후소득'을 기준으로 한 지니계수는 얘기가 다르다. 정부는 중산층 이상에게선 소득세를 걷고, 반대로 저소득층에겐 소득보조를 해준다. 이렇게 재분배를 하고 난 후의 실질적인 가구소득이 세후소득이다. 이 세후소득을 기준으로 한 지니계수는 세전소득 기준 지니계수보다 무조건 개선된다. 재분배를 했으니 분배지표가 좋아지는 것이다. 우리나라의 지니계수 역시 세전소득 0.344에서 세후소득 0.314로 좋아진다.

그런데 외국은 이보다 개선폭이 훨씬 크다. 세후소득 지니계수로 오면 한국을 추월하는 나라가 속속 등장한다. 결국 우리나라의 세후소득 지니계수는 OECD 34개국 가운데 정확히 중간인 17위에 불과해진다.

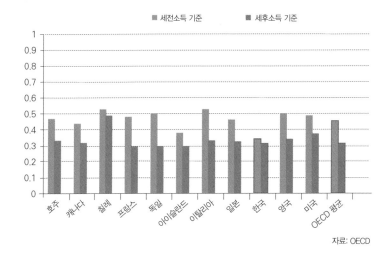

■ 세전소득 기준 ■ 세후소득 기준

자료: OECD

우리나라의 재분배 기능이 상대적으로 미약하다는 의미다. OECD 국가들은 고소득층에게 많은 세금을 거둔 뒤 저소득층에 많이 나눠주어 세후소득 지니계수가 크게 양호해지는데, 한국은 재분배정책이 덜 이뤄지면서 세후소득 지니계수가 덜 양호해지는 상황인 것이다.

우리나라가 OECD 다른 나라들과 비슷한 수준의 재분배정책만 펴더라도 세후소득 지니계수가 다른 나라와 비슷한 폭으로 떨어질 수 있지만, 그렇지 못한 상황이다.

자산양극화도 문제다. 2016년 말 기준 소득 상위 20% 가구의 평균 순자산은 6억 5,192만 원으로 1년 전보다 4% 증가했지만, 소득 하위 20% 가구의 평균 순자산은 1억 750만 원으로 1.3% 증가하는 데 그

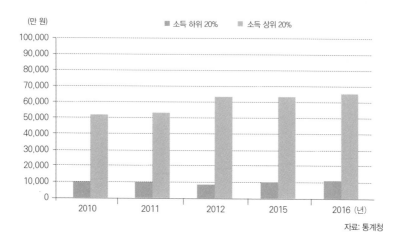

(만 원)　　　　　　　　■ 소득 하위 20%　　■ 소득 상위 20%

자료: 통계청

쳤다. KB금융지주 보고서에 따르면 금융자산 10억 원 이상인 사람은 2016년 기준 21만 1,000명으로 전년 대비 15.9% 늘었다. 전년 8.9% 보다 증가율이 크게 높아진 것이다. 금융부자들의 1인당 평균 금융자산은 22억 6,000만 원으로 조사됐으며, 이들은 전체 국민의 0.41% 비중을 차지하면서 총 476조 원의 금융자산을 보유해 우리나라 전체 금융자산의 15.3%를 갖고 있는 것으로 나타났다.

이렇게 자산이 많은데도 스스로를 부자라 느끼지 않는다. 금융자산 10억 원 이상인 사람을 상대로 "당신이 부자라고 생각하느냐" 물으니 72%가 "아니다"라고 답했다. 적어도 자산이 100억 원 이상은 돼야 부자라는 게 이들 생각이었다.

◀◎ 1인 가구의 증가는 분배지표에 직격탄

앞으로 분배지표는 어떻게 될까. 정부의 분석에 따르면, 개선되기보다 악화될 가능성이 크다. 이는 1인, 2인 가구의 증가와 관련 깊다. 가구소득이 각각 400만 원과 1,600만 원인 2가구로 구성된 경제의 지니계수는 0.3이다. 그런데 각 가구에서 자녀가 독립해 소득이 400만 원인 가구가 100만 원과 300만 원의 2개 가구로, 소득이 1,600만 원인 가구가 400만 원과 1,200만 원의 2개 가구로 나뉘었다고 하자. 이런 상태에서 지니계수를 다시 계산하면 0.356으로 나온다. 기존 지니계수보다 0.056 올라가는 것이다.

이처럼 조기독립을 하거나 능력이 안 돼 결혼을 미루는 등의 이유로 1인 가구가 증가하면, 분배지표가 나빠지는 경향이 있다. 한국은 1인 가구가 계속 증가하고 있다. 통계청에 따르면 2000년 1인 가구비율은 15.5%였지만, 2010년 23.9%, 2015년 27.2%로 늘었다. 특히 통계청 관계자에 따르면 "이혼이나 자녀의 조기독립에 의한 가구분화가 저소득층일수록 많은 편"이라고 한다. 기획재정부는 "고소득층 내에서 가구분화가 일어나면 소득이 고루 분포되는 것으로 나타나 분배지표가 개선되지만, 저소득층 내에서 가구분화가 일어나면 저소득가구 수가 늘면서 분배지표가 악화된다"고 밝혔다.

가구분화는 더 심해질 전망이다. 2035년이면 1인 가구가 전체 가구의 34.3%를 차지하며 가장 비중이 커질 것으로 보인다. 저소득 1인 가

| 1인 가구의 가구 수 예상 |

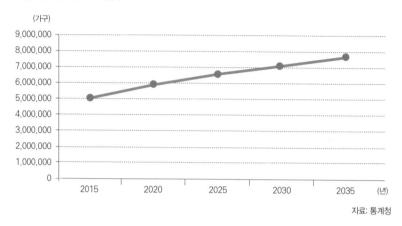

자료: 통계청

구주끼리 결혼해 맞벌이가정이 되면, 2개의 저소득가구가 없어지는 대신 중산층가구가 1개 새로 생기며 분배지표가 개선될 수 있는데, 결혼기피현상이 심화되면서 이마저도 어려워지고 있다.

양극화해소는 우리의 당면과제다. 연세대는 "경제력 집중, 임금격차 등이 개선되면 일부 기업과 소비자에 한정됐던 고용, 투자, 소비여력이 모든 경제주체로 확산되면서 경제활동이 활발해진다"는 분석을 내놓은 바 있다. 양극화가 해소되면 2040년대에도 2%대 잠재성장률을 지킬 수 있고, 그렇지 못하면 1%대로 추락할 것이란 주장이다.

2008년 글로벌 금융위기 이후 양극화는 경제주체 간 갈등을 심화시키고 있다. 위기 이전엔 미국 월스트리트의 CEO들이 4,000만 달러 이상 연봉을 받아도 다들 인정했다. 경기가 좋았고, 각 CEO들의 능력 덕에 기업이 잘나간다고 봤기 때문이다. 그러나 위기 이후 불균형에 대한 비판의식이 등장하면서 갈등이 격화되고 있다. 이런 갈등에 따른 낭비를 줄이기 위해서라도 면밀한 재분배정책이 등장해야 한다.

물론 성장을 도외시해선 안 된다. 성장률이 1%포인트 올라가면 소득분배상태가 0.3% 개선된다는 분석도 있다. 경제성장률이 올라가면 고용확대, 임금인상 등을 통해 저소득층들도 수혜를 입기 때문이다. 성장과 분배정책의 적절한 조합이 그래서 중요한 것이다.

03

연소득 1,911만 원이
중산층이라고?
중산층

정부는 중산층의 비중을 늘리기 위해 다양한 정책을 펴고 있다. 중산층이 늘어야 양극화가 해소되고 많은 국민이 넉넉한 생활을 누릴 수 있다는 것이다. 그런데 이 정책에는 중요한 함정이 있다. 늘리겠다는 중산층의 삶이 팍팍할 뿐더러, 중산층의 분류기준에도 문제가 있는 것이다.

교과서 경제원리: 중산층의 비중이 늘어나면 분배상태가 나아지고 국민행복도가 올라간다.
실제 경제현실: 기준이 잘못돼 있으면 중산층 비중증가는 국민행복도와 상관이 없다.

◀ 중산층의 걱정거리

통계청의 적자가구현황을 보면 1990년에는 2인 이상 도시중산층 가구(소득 상위 20~80%) 가운데 13.8%가 적자였다. 그런데 이 비율이 2015년에는 18.8%로 늘었다. 이 기간의 가구 수 증가를 감안하면 적자가구 수는 2배 이상으로 늘어난 셈이다. 같은 기간 소득 상위 20% 이상 고소득가구에선 적자비율이 14.1%에서 6.9%로 감소했다.

고소득층과 중산층 간 소득증가의 차이에 원인이 있다. 1990년 소득 상위 20% 이상 가구와 40~60% 가구의 월평균소득은 각각 173만 원과 83만 원으로 90만 원의 차이가 났다. 그러나 2015년엔 825만 원과 403만 원으로, 격차가 422만 원으로 벌어졌다.

중산층은 소득증가속도가 지출증가속도를 따라잡지 못한다. 그래서 적자가구 비중이 늘었다. 반면 고소득층은 지출증가 이상으로 소득이 늘어 적자가구 비중이 줄었다. 결국 중산층 사이에선 아무리 노력해도 고소득층을 따라잡을 수 없다는 좌절감이 깊어지고 있다.

자산도 불만족스럽다. 중산층의 평균자산은 2006~2012년 사이 13% 증가하는 데 그쳤다. 소득 상위 40~60%의 2012년 평균자산은 2억 3,204만 원이었는데, 2006년의 2억 188만 원에서 불과 3,000만 원 증가하는 데 머물렀다.

이런 상황에서 중산층은 집값 혹은 전세금 불안, 자녀교육비 부담, 가계부채 부담, 일자리 부진 등의 걱정거리에 시달리고 있다. 당장 먹

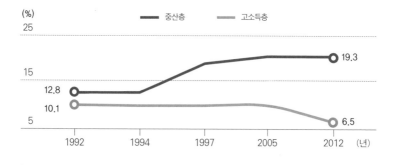

| 중산층과 고소득층의 적자가구비율(2인 이상 도시가구 기준) |

자료: 통계청

| 중산층의 월평균 교육비지출액 변화 |

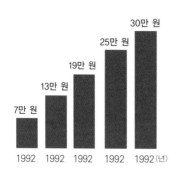

자료: 통계청

| 중산층의 2006~2012년 자산증가율과 부채증가율 |

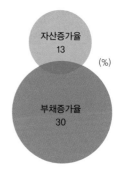

자료: 통계청

고살 길이 막막한 것은 아니지만, 부채증가와 생활비급등으로 미래에 대한 불안감과 경제적 상실감이 커지는 것이다.

구체적으로 살펴보자. 중산층은 집 한 채가 재산의 전부인 경우가 대부분이다. 따라서 집값 변동에 따른 위험이 크고, 집이 없는 경우 높은 전세금 부담에 시달린다.

월평균 교육비지출액은 1992년 7만 원에서 2015년 32만 원으로 늘면서, 소득에서 교육비가 차지하는 비중이 1992년 5.5%에서 2015년 7.9%로 확대됐다. 대출이자, 세금 등 비소비지출은 1992년 월평균 18만 원에서 2015년 93만 원으로 늘었다. 소득 상위 40~60% 가구의 소득에서 비소비지출이 차지하는 비중은 17%에 달한다. 갈수록 삶의 여유가 없어지는 것이다.

결과는 나날이 심해지는 빚의 족쇄. 소득 상위 40~60%의 평균 부채는 2006년 3,000만 원에서 2015년 6,513만 원으로 2배 이상 증가했다. 중산층이 짊어진 부채는 가처분소득 대비 138%, 중산층가구의 가처분소득에서 원리금상환액의 비중은 18.5%에 달한다. 결국 중산층가구의 최대지출항목이 '식료품(20.6%→11%)'에서 '부채상환'으로 바뀌었다. 반면 오락·문화비 지출비중은 4.3%에서 4.1%로 줄었다.

삶이 팍팍하니 노후대비를 제대로 할 수가 없다. 그렇다고 노후에 일하기도 어렵다. 고용노동부에 따르면 퇴직가장 가운데 제2의 일자리를 잡는 사람은 전체의 35.1%뿐이다. 노후대비를 제대로 해놓지 않은 상태에서 재취업이 안 되면 당장 곤란을 겪을 수밖에 없다. 결국 경제가 본격적인 저성장기조로 접어들면서 중산층의 삶은 더 악화될 전망이다.

◀)) 중구난방 계층기준

중산층을 복원하겠다면, 중산층의 기준부터 제대로 설정해야 한다. 그러나 정부의 중산층기준은 '고무줄 잣대'에 가깝다. 정부는 2013년 기준 연소득 1,911만~5,732만 원 가구를 중산층으로 본다. 중간소득의 50~150% 범위다. 2013년 중간소득은 3,821만 원이고 이것의 50~150%가 1,911~5,732만 원이다. 정부가 비중을 늘리겠다는 중산층이 바로 이 계층이다.

이 논리라면 연소득이 1,911만 원을 넘으면 중산층에 들어간다. 그런데 이런 가구를 중산층이라 부를 수 있을까? 대부분 동의하지 않을 것이다. 정부 스스로도 모순에 빠져 있다. 연소득 1,911만 원은 정부가 정한 차상위계층과 거의 겹친다. 지원이 필요한 가구를 중산층에 포함시키고 있는 것이다.

이런 기준을 사용하다 보니 여러 문제가 발생한다. 정부는 2013년 세제개편안을 발표하면서 1,911만~5,732만 원의 중간인 3,450만 원 이상을 '세금을 더 낼 여유가 있는 계층'으로 분류했다. 연봉이 3,450만 원을 넘으면 세부담능력이 있다고 보고 세금을 더 내도록 하려 했

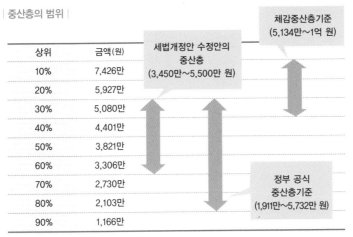

중산층의 범위	
상위	금액(원)
10%	7,426만
20%	5,927만
30%	5,080만
40%	4,401만
50%	3,821만
60%	3,306만
70%	2,730만
80%	2,103만
90%	1,166만

체감중산층기준
(5,134만~1억 원)

세법개정안 수정안의
중산층
(3,450만~5,500만 원)

정부 공식
중산층기준
(1,911만~5,732만 원)

※ 3인 가구의 세전연소득 기준.
※ 체감 중산층기준은 각종 설문조사결과를 종합한 것.

자료: 통계청, 현대경제연구원

던 것이다. 그런데 누가 연소득 3,450만 원을 여유 있다고 할 수 있겠는가. 당연히 큰 반발이 나왔다.

그러자 정부는 그 기준을 5,500만 원으로 올렸다. 5,500만 원을 넘으면 '고소득층'으로 볼 수 있다는 것인데, 역시 문제가 있었다. 연봉 5,500만 원은 1,500만 명에 달하는 근로자 가운데 상위 13.6%에 해당해 얼핏 높아 보이지만, 가계동향조사에서 4인 가구의 가장이 외벌이를 하며 연봉 5,500만 원을 받을 경우, 상위 40% 정도의 생활수준밖에 안 된다. 맞벌이가구 변수 때문이다. 연봉이 5,500만 원인 외벌이는 각자 연봉이 4,000만 원인 맞벌이(가구소득 8,000만 원)보다 가구소득 순위가 뒤진다. 즉 외벌이는 연봉순위가 높더라도 가구소득을 기준으로 하면 순위가 내려간다. 이런 가구의 가장에게 세금을 더 낼 능력이 있다고 얘기했으니, 누구도 쉽게 수긍하지 못했다.

형평성 문제도 있었다. 맞벌이부부가 각각 5,000만 원을 벌어 가구소득이 1억 원이 되면 상위 5% 수준의 고소득 가구에 포함된다. 하지만 각자 연봉이 5,500만 원에 못 미쳐 증세대상에 포함되지 않았다. 반면 5,500만 원 이상을 버는 외벌이 가장은 실제 삶의 질은 떨어지면서도 연봉순위가 높다는 이유로 증세대상에 포함됐다.

이 밖에도 정부의 중산층기준은 정책발표 때마다 달라져왔다. 2014년 4·1 부동산대책 때는 연소득 6,000만 원 이하가 중산층이었고, 재형저축 출시 때는 연봉 5,000만 원 이하, 생애 첫주택대출 대상 지정 때는 부부합산 연소득 5,000만 원 이하가 중산층이었다.

그때그때 달라지는 정부의 중산층기준은 국민의 생각과 한참 동떨어져 있다. 현대경제연구원이 2012년 실시한 설문조사에 따르면, 국민들은 4인 가구 기준 중산층의 '하한선'을 연소득 6,000만 원으로 본다. 가구소득이 6,000만 원은 넘어야 중산층으로 볼 수 있다는 것. 정부의 기준에 따르면 연소득 6,000만 원은 고소득층에 해당한다. 이런 차이에 대해 전문가들은 "정부가 중산층의 개념을 이른바 '서민'과 혼용하며 벌어지는 문제"라고 지적한다. 서민의 사전적 의미는 '경제적으로 중류 이하의 넉넉지 못한 사람들'이다. 중산층의 아래계층인 것이다. 서민정책과 중산층정책은 당연히 달라야 한다. 그런데 정부가 이들 개념을 혼용하면서 각종 난맥상이 나타나고 있다는 게 전문가들의 지적이다.

현실을 반영하지 못하는 통계를 기준으로 정책목표를 정하면 왜곡된 결과가 나타난다. 이런 통계는 참고하는 데 그쳐야지, '중산층의 비중을 70%로 높이겠다'는 등 통계 자체를 정부정책의 목표로 삼으면 본질을 놓치는 오류가 발생할 수 있다. 적절한 기준으로 중산층을 다시 판정하고, 이들 삶의 질을 끌어올려야 한다. 동시에 그 아래계층을 중산층으로 편입시키려는 진정성 있는 노력을 해야만 중산층복원정책은 성공할 수 있을 것이다.

04

30년 뒤 한국의 미래는 그리스나 아르헨티나?
복지와 포퓰리즘

삶이 팍팍한 상황에서 경기침체가 겹치면 억눌렸던 욕구가 분출한다. 경기가 좋을 때는 늘어나는 소득과 자산으로 위안을 얻을 수 있지만, 경기침체로 삶이 고단해지면 삶의 무게가 그대로 느껴지고, 정부가 뭔가 해결해주길 바라게 된다. 못 살겠다는 하소연이 봇물을 이루고, 힘겨운 생활에 분노를 느끼면서 자본주의권력을 심판하자는 생각이 피어나기도 한다.

이럴 때면 포퓰리즘이 큰 인기를 얻는다. 뭐라도 해주겠다는 사람의 인기가 올라가는 것. 그러나 이는 근본적인 해결책일 수 없다. 과거 포퓰리즘이 극에 달했던 아르헨티나와 그리스 모두 국가부도

> • 포퓰리즘: 대중영합주의. 당장의 인기를 얻기 위해 미래를 생각하지 않고 임시방편에 기대는 것.

사태를 맞았다는 사실을 기억할 필요가 있다.

　다만 우리나라는 아직 복지지출이 적어 무조건 더 해주는 게 맞다는 견해가 우세하다. 정부예산 중 복지지출의 비중을 보면 2012년 기준 28.4%로 미국(44.3%), 영국(45.8%), 프랑스(54.3%), 독일(57.8%), 스웨덴(53.6%) 등 다른 OECD 선진국보다 현저히 낮다. GDP 대비 복지지출의 비중을 봐도 OECD 국가에서 가장 낮은 수준이다. 이를 근거로 복지확대를 주장하는 견해가 힘을 얻고 있다.

| OECD 국가들의 GDP 대비 사회복지지출의 비중(2016년 추산치) |

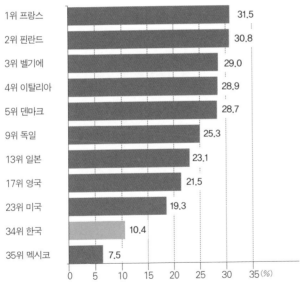

자료: OECD

그러나 추이도 봐야 한다. 한국은 저출산·고령화 문제가 전 세계에서 가장 심각하다. 비용을 내는 젊은 사람은 줄어드는데 수혜를 입는 노인은 급증하고 있어서, 현재 복지제도를 그대로 유지만 해도 2030년이면 전체 예산의 절반이 복지로 나간다. 이후에는 50%를 넘어 OECD 국가 중 복지지출의 비중이 가장 높은 국가 중 한 곳이 된다. 2017년 복지지출증가율은 정부예산증가율(3.7%)보다 1.6%포인트 높고, 전체 복지예산은 130조 원에 이를 수 있다. 여기에 다른 제도를 더 도입하면 감당하기 어려운 수준에 이를 가능성이 크다.

세상에 공짜란 없다. 누군가는 돈을 내야 한다. 해답은 무엇일까.

교과서 경제원리: 합리적인 경제주체는 비용을 인식해 편익을 추구한다.
실제 경제현실: 직접 내지 않으면 비용을 인식하지 못한다.

◀) 5년간 복지재원 135조 원을 만든다고?

최근 몇 년간 무상보육, 반값등록금 등 여러 제도가 도입됐다. 복지수요가 '기하급수'적으로 늘어난 데 따른 것이다. 그런데 정부수입은 '산술급수'적으로 커지고 있다. 이에 대해 전임 박근혜정부는 5년간 135조 원을 마련해 복지공약을 지키겠다고 약속했다. 예산절감과 세

출구조조정(71조 원), 세제개편(48조 원), 복지행정개혁(10조 6,000억 원)으로 마련하겠다는 것이었다. 그러나 성공하지 못했다. 예산절감구조를 전혀 이해하지 못한 탓이다.

정부의 예산구성내역을 보면 예산절감이 얼마나 어려운지 짐작할 수 있다. 박근혜정부 첫해인 2013년 예산 342조 원을 보면, 절반에 가까운 160조 원이 법에 의해 자동 집행돼 건드릴 수 없었다. 나머지 182조 원도 마음대로 할 수 있는 부분이 별로 없었다. 182조 원에 공무원 인건비, 건물·시설 유지비, 이미 건설 중이라 중단할 수 없는 사회간접자본(SOC) 예산 등이 포함돼 있었던 것. 그나마 조절할 수

• 사회간접자본Social Over-head Capital,SOC: 도로, 철도, 건물 등 국가경제활동의 기반이 되는 시설물.

있는 항목조차 이미 많은 이해관계자가 끼어 있었다. 뭐라도 예산을 줄이려면 관계자들이 수긍해줘야 하는데, 그런 경우는 거의 없었다. 해당 예산을 조금이라도 줄일라치면 바로 정부로 몰려와 항의 시위를 벌이곤 했다.

결국 박근혜정부는 취임 첫해부터 예산절감에 실패했다. MB정부도 2007년 대선 당시 예산을 10% 절감해 매년 20조 원의 복지재원을 마련하겠다고 공약했지만, 임기 첫해인 2008년 겨우 2조 5,000억 원 절감했을 뿐 2009년 이후엔 없던 일로 흐지부지됐다. 세출구조조정은 현실적으로 불가능한 방법이었던 것이다.

이로 인해 무리수가 나오게 된다. 박근혜정부는 임기 내내 지속적으로 강도 높은 세무조사를 벌였다. 또 담배가격 인상, 연말정산혜택

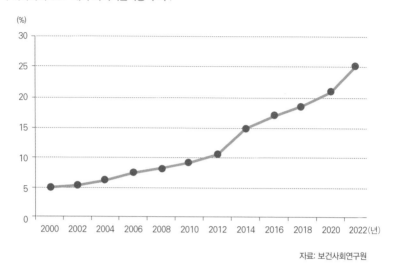

자료: 보건사회연구원

축소 같은 꼼수 증세를 했다. 이를 통해 2016년 총 조세수입은 318조 1,000억 원으로 사상 최대치를 기록하며 국민 원성을 샀다.

하지만 꼼수는 지속될 수 없다. 꼼수를 부려가며 집행한 정책은 경기상황에 따라 언제든 추락할 수 있다. 뚜렷한 재원이 없는데도 복지출을 늘리면, 결과는 뻔하다. 엄청난 재정부담. 그리스와 아르헨티나의 국가부도사태가 이를 잘 보여준다.

부담과 복지를 함께 늘려야 한다. 스웨덴은 보편복지를 하면서도 보편증세로 균형재정을 유지해 지속 가능한 복지에 성공했다. 중요한 건 복지의 양이 아니라 지속 가능성 여부다. 이러한 원칙을 지켰는지에 따라 스웨덴과 그리스의 운명이 엇갈렸다.

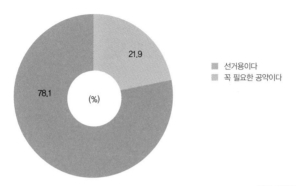

21.9
78.1   (%)

■ 선거용이다
■ 꼭 필요한 공약이다

자료: 현대경제연구원

정치권의 복지공약에서 포퓰리즘을 가려내려면 지원대상의 소득수준을 고려했는지, 재원을 지속적으로 마련할 수 있는지 등을 살펴야 한다. 이런 고려 없는 포퓰리즘은 재정건전성을 해치고, 우리 자녀세대로 짐을 떠넘기게 된다.

물론 우리는 무조건적인 혜택을 기대하진 않는다. 한 연구기관은 2017년 4월 일반인 1,000명을 대상으로 "대선 후보들의 복지공약을 평가해달라"는 설문조사를 실시했다. 그 결과 "선거용"이란 응답이 "꼭 필요한 공약"이란 응답의 4배 수준으로 나타났다. 정치인에 대한 불신 때문도 있겠지만, 한편으로는 이성적인 판단을 하고 있다고도 볼 수 있다. 그러나 이성은 언제든 감정에 지배당할 수 있다. 꾸준한 감시체계가 필요한 이유다.

◆) 가만히 놔둬도 복지예산 급증

2012년 나온 '장기재정전망과 재정정책 운용방향 보고서'를 보면 2050년 복지지출비중은 GDP의 21.4%에 이를 전망이다. OECD 국가들의 평균치에 근접하는 수준이다. 새로운 제도를 도입하지 않고 현재의 복지체계를 그대로 유지해도 노인의 수가 급증하면서 자동으로 복지지출비중이 늘어나는 것. 특히 GDP 대비 연금지출 부담이 2007년 1.9%에서 2050년 10.7%로 치솟고, 건강보험 등 보건지출 부담이 GDP의 3.5%에서 7.1%로 올라갈 전망이다.

국회 예산정책처는 국민연금이 적자로 접어드는 시기를 2041년으로 예상한다. 이때부터 들어오는 돈보다 연금으로 지급하는 돈이 더 많아져 연금적립금 감소가 시작된다는 뜻이다. 이후 2053년이면 국민연금이 고갈될 전망이다. 2053년은 2017년 현재 26살 청년이 연금을 받는 시점(만 65세)이다.

공무원·군인연금의 부채 문제도 심각하다. 기획재정부에 따르면 공무원·군인연금의 충당부채는 2011년 말 342조 1,000억 원에서 2012년 말 436조 9,000억 원으로 94조 8,000억 원 늘었다. 연금 충당부채란 앞으로 연금을 받는 공무원·군인에게 약속한 연금을 주기 위해 필요한 금액을 뜻한다.

이런 문제에 직면해 정부는 연금개혁을 꾸준히 시도하면서, 5년 단위의 중기 국가재정운용계획을 세워 국가부채를 관리하고 있다. 그런

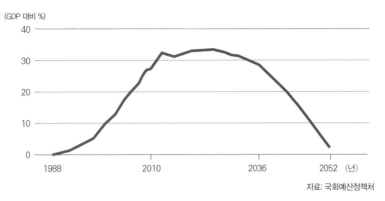

(GDP 대비 %)

40

30

20

10

0

1988   2010   2036   2052   (년)

자료: 국회예산정책처

데 목표가 번번이 깨지고 있다. 2011년 정부는 당시 25조 원에 이르렀던 재정적자를 2012년 14조 3,000억 원으로 줄이고 2013년 2,000억 원의 소폭흑자로 전환하겠다는 계획을 세웠다. 그러나 전혀 실천되지 않았다. 정치권이 선거가 있을 때마다 유권자들의 환심을 사기 위해 무리한 예산증액을 실시했기 때문이다.

◀》 지속 가능성이 가장 중요

복지확대를 위한 방법론에 있어 한정된 자원을 약자에게 몰아주어야 한다는 조언이 많다. 저소득층, 노인, 장애인, 여성 등 취약계층을 우선 배려해야 한다는 것. 그래야 '재분배' 라는 대의를 충족시킬 수 있다. 또 생애주기별, 취약계층별 맞춤형 복지를 해야 한다는 지적도 있다. 모든 계층에게 혜택을 주는 포퓰리즘식 보편적 복지보다는 필요한 계층에게 필요한 혜택를 주는 맞춤형 복지를 해야 한다는 것이다.

포퓰리즘적 요구나 새로운 복지제도가 나오면 재정의 지속 가능성을 엄격하게 따져야 한다. 복지제도는 한번 도입되면 반영구적으로 시행된다고 봐야 한다. 유턴이 없다. 그래서 도입시점에 신중하게 평가해야 한다.

급속한 저출산·고령화가 지속 가능한 복지설계에 큰 부담으로 작용하고 있다는 데도 주의를 기울여야 한다. 전문가들은 기존 복지제도를 재설계해 복지지출의 증가폭을 적절히 통제하고, 세수증대기반을 넓혀야 한다고 조언한다. 또 의료급여 부분 등은 진지한 사회적 토론을 거쳐 개혁해야 한다고 주장한다.

예를 들어, 국민연금을 약속대로 지급하려면 재원이 얼마나 필요한지 국민에게 정확하게 알릴 필요가 있다. 그래야 나중에 보험료(연금부담액)를 올려야 할 때 정당성을 획득할 수 있다. 포퓰리즘을 막기 위해서라도 투명한 정보제공은 필수적이다. 국민들이 현황을 제대로 이해하고 무분별한 지출확대를 막으려면 꼭 필요한 일이다.

경제운용에 '복지공약'이란 성역을 두지 말고 꼭 하고 싶은 공약만 우선순위를 매겨 추진해야 한다는 지적도 나온다. 슈뢰더 집권 시절, 독일은 좌파정당인 사민당정권임에도 복지를 많이 축소했다. 실직한지 1년 넘은 사람들의 실업수당을 삭감하고, 노령연금 지급연령을 65

세에서 67세로 높인 것이 대표적이다.

이후 슈뢰더 전 총리는 인기가 떨어지면서 2005년 정권을 내줬지만, 지금 강한 독일의 초석을 놨다는 평가를 받는다. 슈뢰더 전 총리는 "개혁을 위해선 리더의 결단력으로 뚫고 나가야 한다. 설사 선거에서 패배하더라도 진정한 정치인은 자기 직업과 정당에 앞서 국가를 생각해야 한다"고 말했다. 당장 고통스럽더라도 지속 가능한 국가를 만들기 위해선 어쩔 수 없다는 것이다.

복지정책에서 가장 중요한 판단기준은 지속 가능성이다. 복지를 늘리려면 그만큼 증세를 해서 감당할 수 있는 범위 안에 있도록 해야 한다. 누구나 혜택을 입는 보편적 복지의 초점은 미래에 맞춰져야 한다. 미래세대에게 균등한 교육기회를 제공하는 정책도 그중 하나다. 그래야 저출산·고령화 문제를 조금이라도 해소할 수 있다.

수급자의 도덕적 해이를 막는 장치설정도 중요하다. 미국의 공적부조제도인 빈곤가족한시지원Temporary Assistance for Needy Families, TANF 제도는 현금 수급기간을 평생 60개월로 제한하고, 이후에는 음식·식량 지원만 받도록 하고 있다. 반면 우리는 근로능력이 있는데도 일하지 않고 기초생활보장을 받는 사람이 30만 명에 이른다. 기초생활수급자는 생계·주거·의료 등 7개 급여와 상·하수도비 감면 등 32개 지원을 받는데, 이게 끊길까 두려워 자립을 포기하는 것이다. 자립을 돕는 방향으로 복지제도를 다시 설계해야 한다.

05
부자에게 세금을 더 걷어라
증세와 비과세·감면

'증세 없는 복지는 불가능하다'는 게 복지논쟁의 대체적인 결론이다. 증세를 하지 않고 건전한 재정과 복지제도확대를 함께 이루겠다는 건 액셀과 브레이크를 같이 밟는 것처럼 모순된 일이다. 보편적 복지를 하는 나라들은 예외 없이 보편적 증세를 했다. 그래서 복지를 얼마나 늘릴지, 또 세금을 얼마나 늘릴지 결정할 때는 반드시 국민적인 합의가 필요하다.

많은 학자들이 "감세를 하면 기업의 투자의욕을 불러일으켜 일자리를 만들 수 있고, 생산과 소비가 활발해지면서 궁극적으로 세수를 늘릴 수 있다"고 주장한다. 이런 기조에 따라 MB정부는 GDP 대비 조세부담률을 21%에서 19%로 내린 바 있다.

그러나 급증하는 복지지출을 충당하려면 현재와 같은 저低부담체제를 계속 끌고 갈 수 없다. 일단 복지를 늘리기로 결정했다면, 후속조치로 반드시 증세가 필요하다. 문제는 방식과 시기다. 복지지출확대를 위해서는 현명한 증세가 필요하다.

교과서 경제원리: **세금은 소득의 크기에 따라 결정된다.**
실제 경제현실: **세금은 소득을 버는 방식에 따라 결정된다.**

◀꒒ 신중해야 하는 세율 인상

가장 간편한 증세는 법인세와 소득세세율 인상이다. 그런데 저항이 만만찮다. 우선 법인세 인상 반대론자들은 글로벌 경쟁을 하는 기업들의 경우 수시로 각 나라 세금을 비교한다고 주장한다. 법인세율을 올리면 외국기업 유치가 힘들어지는 것은 물론 국내기업의 이탈도 불러올 수 있다고 한다. 또 기업의 투자여력을 줄여 저성장이 심화되는 악순환에 빠질 수 있다고 주장한다. 그래서 재정위기를 겪는 유럽에서조차 법인세율은 계속 낮아지는 추세라고 한다.

소득세율의 경우 부자뿐 아니라 중산층에까지 부담이 내려온다는 지적도 있다. 부자들은 어떻게든 세금을 피하려 하고, 많은 경우 성공한다. 절세란 이름으로 각종 세금감면을 시도하는 것. 그래서 세율을

인하			유지			인상		
국가	2009년	2014년	국가	2009년	2014년	국가	2009년	2014년
포르투갈	25	23	호주	30	30	칠레	17	20
캐나다	19	15	오스트리아	25	25	그리스	25	26
체코	20	19	에스토니아	21	21	아이슬란드	15	20
덴마크	25	24.5	독일	15	15	이스라엘	26	26.5
핀란드	26	20	아일랜드	12.5	12.5	멕시코	28	30
일본	30	25.5	이탈리아	27.5	27.5	슬로바키아	19	22
네덜란드	25.5	25	한국	22	22	헝가리	16	19
뉴질랜드	30	28	폴란드	19	19			
노르웨이	28	27	스페인	30	30			
슬로베니아	21	17	스위스	8.5	8.5			
스웨덴	26.3	22	터키	20	20			
영국	28	21	미국	35	35			

자료: 전국경제인연합회

올려봤자 고소득층의 세 부담은 생각보다 많이 늘지 않곤 한다. 반면 절세수단이 별로 없는 중산층 이하 계층은 세율 인상의 직격탄을 그대로 맞을 수 있다.

또 자본소득세율 인상 의견이 있지만, 자본의 자유로운 이동성을 감안하면 자본유출이 발생할 수 있다. 이에 따라 일부 전문가들은 부가가치세율 인상을 대안으로 제시한다. 이는 물건에 자동 부과되므로 즉각적인 증세효과를 낼 수 있다. 그러나 무엇보다 저소득층에 큰 충격을 주고, 굳이 올린다 해도 통일재원 마련용으로 아껴둘 필요가 있다는 의견이 많다.

◀)) 비과세·감면, 103개 중 24개만 없애

대안으로 **비과세·감면** 조항 축소를 들고
나오는 견해가 있다. 비과세·감면 조항은
대부분 **일몰** 단서가 있는 한시적 조항이다.
그런데 일몰기한이 끝날 때마다 최소 2~3
년씩 연장해주는 게 관행처럼 돼 있다. 이런

> • 비과세·감면: 어떤 경제활
> 동을 장려하거나 일부 계층을
> 지원하고자 각종 세금을 면제
> 혹은 깎아주는 것.
> • 일몰: 일정 시점을 정해놓고
> 그 시점이 되면 해당 조치를 없
> 애는 것.

비과세·감면 조항을 모두 없애면 연간 30조 원을 확보할 수 있다는 게
정부의 분석이다. 세율을 올리는 직접적 증세가 어렵다면 비과세·감
면 폐지라는 우회로를 택할 수 있는 것이다.

문제는 실천이다. 이해관계자들의 거센 반발 때문에 비과세·감면
조치는 제대로 축소하거나 폐지하기가 쉽지 않다. 2012년의 경우, 비
과세·감면 조항 103개의 일몰이 도래했지만, 실제 종료된 것은 24개
에 불과했다. '신용카드 사용액 소득공제'의 경우 1999년 도입돼 지금
까지 무려 다섯 차례나 더 연장됐다. 2011년 정부가 일몰시키려고 했
지만, 인터넷에서 반대서명운동이 벌어지고, 정치권도 반대에 나서면
서 결국 다시 연장됐다. 이런 식으로 영원히 없애지 못할 것이란 게 전
문가의 예측이다.

오히려 이해관계자의 요구에 따라 새로운 비과세·감면 조항이 생기
기도 한다. 박근혜 전 대통령이 대선과정에서 공약한, 버스업계에 대
한 유류세 감면이 대표적이다. 박 전 대통령은 대선 당시 택시를 대중

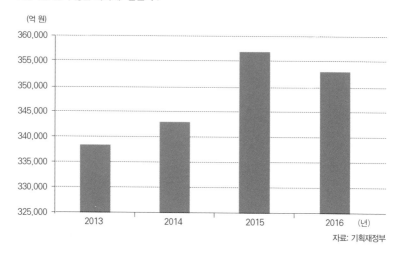

│ 좀처럼 줄지 않는 비과세·감면액 │

(억 원)

360,000

355,000

350,000

345,000

340,000

335,000

330,000

325,000

2013   2014   2015   2016   (년)

자료: 기획재정부

교통에 포함시키는 '택시법'을 약속했다. 그러자 버스업계가 강하게 반발했고, 다시 버스 유류세 100% 감면을 약속했다. 버스 유류세의 연간 세수는 1,800억 원에 이른다.

전반적인 비과세·감면 조항 폐지가 어렵다면, 상위계층에 한해서만 이라도 비과세·감면 조항을 없애자는 얘기가 나온다. 기획재정부에 따르면 비과세·감면 혜택의 60%가 서민·중산층·중소기업, 40%가 고소득층·대기업에 돌아간다. 전체 비과세·감면 혜택이 연간 30조 원인 것을 감안하면 대기업·고소득층에 대한 혜택을 줄일 경우 연간 11조 원 이상의 세수를 확보할 수 있다. 그러나 이 역시 해당 계층의 격렬한 반발로 실시하기가 쉽지는 않다.

◀» 주식매매차익 비과세 말이 되나?

곳곳에 구멍이 뚫린 금융과세체계를 개편하는 것도 방법이다. 돈을 많이 벌면서도 세금을 별로 내지 않는 자산가가 많다. '소득 있는 곳에 세금 있다'는 조세행정의 원칙에서 크게 벗어나 있는 것이다.

조세전문가들이 금융과세체계에서 가장 큰 문제점으로 지적하는 것은 비과세혜택이 지나치게 많다는 점이다. 상장주식 매매차익, 주식형 펀드가 대표적이다. 조세연구원에 따르면 OECD 회원국 가운데 상장주식 매매차익이 비과세로 처리되는 나라는 한국과 멕시코, 그리스 등 6개국에 불과하다. 주식을 사고팔아 아무리 많은 돈을 벌어도 소득세를 전혀 내지 않는 것(다만 기업의 대주주는 해당 기업의 주식매매차익에 대해 세금을 낸다). 주식형 펀드 역시 주식매매차익에서 발생하는 수익은 비과세로 처리된다.

그간 정부가 이런 과세체계를 유지해온 것은 자본시장 육성을 위해서였다. 주식거래를 활성화해 자본시장이 커질 수 있도록 투자자들에게 비과세혜택을 준 것이다. 하지만 이런 시스템이 지나치게 오래 유지되면서 자본시장은 기형적으로 발달했다. 선물·옵션 등 파생상품 시장이 대표적이다. 2012년 우리나라 파생상품 거래량은 38억 1,900만 건(계약기준)으로 세계 전체 거래량의 27%를 차지하며 세계 1위를 차지했다. 금융선진화에 성공한 것이 아니다. 각종 비과세혜택에 힘입어 금융시장이 투기판으로 전락한 탓이다.

결국 금융소득 비과세혜택을 줄이는 방향으로 과세체계를 개편해야 한다. 최소한 근로소득 과세와 형평성은 맞춰야 한다.

문제는 개편시기다. 금융시장이 불안한 상황에서 갑작스러운 과세는 시장에 혼란을 불러올 수 있다. 외국의 경우 스웨덴은 1984년 금융거래세, 대만은 1989년 주식양도차익과세를 도입했다가 주식시장에서의 자금이탈 등 문제가 발생하자 철회한 바 있다.

◀) 연봉 3,450만 원 이상 직장인, 16만 원 세금 더?

세율 인상, 비과세·감면 축소, 금융과세체계 개편 중 전반적인 합의는 세율 인상으로 가닥이 잡히고 있다. 박근혜정부 때는 연말정산혜택 축소, 담뱃값 인상, 세무조사 같은 꼼수 증세만 했을 뿐 근본적인 대책을 마련하지 못했다. 막대한 복지지출을 감당하고, 재분배요구에 응하려면 세율 인상이란 확실한 증세를 해야 한다는 게 최근 여론이다. 아마 앞으로 꾸준히 세율 인상 얘기가 나올 것이다.

다만 무리 없는 증세를 하려면 국민이 세금을 얼마나 더 낼 여력이 있고 의사가 있는지 알아봐야 한다. 2016년 4분기 기준 소득계층 중 상위 20~40%는 월평균 138만 원, 상위 40~60%는 월평균 84만 원 흑자를 냈다. 이 정도면 얼마간 세금을 더 낼 여지가 있는 것으로 볼 수 있다.

또 2012년 기준 우리나라의 **조세부담률**

은 GDP 대비 20.2%로 OECD 평균(25%)보

다 4~5%포인트가량 낮다. 한국재정학회

· 조세부담률: GDP와 비교
한 가계 · 기업의 세금부담액
의 비율.

는 우리나라의 적정 조세부담률을 22%라고 분석한 바 있다. 분석에

맞춰 조세부담률을 2%포인트 정도 높이면 연간 30조 원 정도 세수를

더 거둘 수 있다. 이때 중산층의 연간 세 부담은 10~15%(16만~22만

원) 정도 증가한다.

실제 이런 계산을 근거로 2013년 정부는 연말 소득공제를 축소시키

는 방법으로 증세를 시도한 바 있다. 연봉 3,450만 원 이상인 사람에게

평균 16만 원 정도의 연말정산혜택을 줄이겠다고 발표한 것이다.

그런데 강력한 반발이 일었다. 원인은 일반 가계의 흑자액이 노후대

비, 부채상환 등에 쓰인다는 점을 정부가 간과한 데 있었다. 흑자액이

남아도는 돈이 아니었던 것이다. 연봉 3,450만 원이 넘어 한 달에 수십

만 원의 흑자가 난다 해도, 얼마간 부채를 갚고 노후대비를 하려면 풍

족한 생활은 꿈꾸기 어렵다. 이런 상황에서 세 부담을 급작스럽게 늘

린다는 얘기가 나오자 들불처럼 비판이 일었고, 결국 세 부담 증가기

준을 연봉 5,500만 원 이상으로 바꿀 수밖에 없었다.

전문가들은 중산층이 실제로 '세금을 얼마나 더 낼 용의가 있는지'

를 기준으로 세 부담능력을 파악해야 한다고 지적한다. 한 설문조사

에 따르면 화이트칼라 노동자의 40.9%가 "복지확대를 위해 지금보다

세금을 5% 더 낼 용의가 있다"고 했고, 23.6%는 "10% 더 낼 용의가

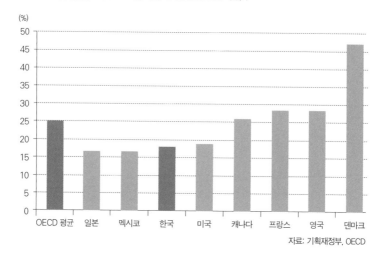

자료: 기획재정부, OECD

있다"고 했다. 반면 "20% 이상"은 5.6%에 그쳤고, "더 낼 수 없다"는 28.4%에 달했다. 더 내기 싫거나, 더 내더라도 조금만 부담할 수 있다는 게 국민의 생각인 것이다. 보편적인 증세가 성공하기 어려울 수밖에 없는 이유다. 정부는 이런 국민정서를 잘 살펴 전략을 짜야 한다.

◀》 부자와 대기업에 대한 증세 논란

보편적인 증세가 어렵다면 간편한 대안으로 부자·대기업 증세를 할수도 있다. 부자·대기업 증세는 부유층을 제외한 대다수로부터 지지를 얻을 가능성이 크다.

2가지 방법이 있다. 먼저 **과표**세율 조
정이다. 현행 소득세 과표별 세율을 보면
1,200만 원 이하 8%, 1,200만~4,600만 원

• 과표: 소득공제 이후 남은 소
득. 소득세부과기준이 되는 소
득이다.

15%, 4,600만~8,800만 원 24%, 8,800만~1억 5,000만 원 35%, 1
억 5,000만~5억 원 38%, 5억 원 초과 41%로 적용되고 있다. 또 법
인세는 순이익 2억 원 이하 10%, 2억~200억 원 20%, 200억 원 초과
22%로 적용된다.

이런 체계에서 세금을 더 늘리려면, 상위과표를 만들어 높은 세율을
적용하면 된다. 이 논리에 따라 소득세는 2017년부터 5억 원 초과 과
표가 신설돼 운영 중이고, 법인세는 500억 원 이상 과표 신설 및 해당
구간 고율과세에 관한 논의가 이뤄지고 있다.

이와 함께 부자들이 많이 보유하는 금융자산에 별도의 세금을 매기
는 방법이 있다. 주식이 대표적이다. 일정 금액 이상 주식(지분)을 장기
보유하는 사람들은 기업오너 등 부자일 확률이 높다고 보고 주식보유
세를 별도로 부과하는 것이다. 이런 논의들은 이번 정권에서 어떤 식
으로든 꽃피울 것으로 보인다.

다만 고소득층과 대기업을 타깃으로 하는 증세는 효과가 얼마 되지
않는다. 대상이 적기 때문이다. 보다 공평한 사회로 나아가기 위해 노
력한다는 상징적인 의미에서라도 꾸준히 추진하는 것은 맞지만, 세수
에는 큰 도움이 안 된다. 결국 대규모의 복지지출을 감당하기 위해선
전반적인 세율 인상이란 정공법을 언젠가 실시해야 한다. 그러나 '증

세란 대의에는 동의해도, 나는 더 내기 싫다'는 게 일반적인 국민정서
다. 길고 고단한 대국민 설득작업과 함께 정권의 단호한 의지가 필요
한 이유다.

 ## 버핏세가 필요한 이유

부자·대기업 증세와 관련해 '버핏세'가 화제가 된 바 있다. 2012년 세계적인
투자자 워런 버핏 '버크셔해서웨이' 회장이 노블리스 오블리주를 실천하자
며 부자증세를 주장하고 나서면서 이름 붙여진 것이다. 이 주장은 미국 내
다른 보수주의자들의 격렬한 비판을 받았다.

그래도 버핏이 지속적으로 부자증세를 주장하자 한 공화당 의원은 "그렇게
세금을 더 내고 싶으면 당신 재산부터 공개하라"고 압박했다. 그러자 워런
버핏은 기다렸다는 듯 소득과 납세액을 공개했다. 이에 따르면 버핏은 2011
년에 총 6,286만 달러를 벌었다. 그중 자선단체에 기부한 돈 등을 뺀 과세대
상소득은 3,981만 달러로 나타났으며, 세금은 692만 달러를 냈다. 소득 대비
세율로 따지면 17.4%. 세금납부액 자체는 컸지만, 세율로 보면 높지 않았다.
이에 대해 당시 버핏은 "내 직원들은 소득 대비 30%대의 세금을 냈는데, 부
자인 나는 소득의 17.4%만 세금으로 냈다"며 "부자들이 세금을 좀 더 내야
한다"고 주장했다. 세계적인 갑부 버핏이 샐러리맨보다 낮은 세율로 세금
을 낸 것은 미국의 자본소득세율이 일반 근로소득세율보다 낮았기 때문이
다. 금융자산에 대한 투자를 유도하는 정책에 따른 것이다. 이에 따라 버핏
은 주식매각차익 등 자본이득으로 엄청난 돈을 벌어들였지만 세 부담은 낮
았던 것이다.

그는 한 방송에서 "돈을 굴려 돈 버는 사람이, 노동을 제공하고 돈 버는 사람보다 훨씬 낮은 세율을 누리고 있다"며 "(내 소득 공개로) 부자들이 상대적으로 더 적은 세금을 내고 있다는 것이 밝혀졌으니, 세제개혁이 앞당겨질 것"이라고 말했다. 그러나 이후 논란만 계속됐을 뿐, 버핏의 생각은 2017년 현재까지 실현되지 않고 있다.

06

10대 재벌의 매출이
전체 기업매출의 절반이라니
양극화와 경제민주화

차갑고 비정해 보이는 경제학에도 '가슴'은 있다. 되도록 많은 사람을 경제적으로 풍요롭게 하자는 게 경제학의 '더운 가슴'이다. 그래서 경제학의 가장 큰 과제 중 하나로 '양극화 해결'이 거론되는 것은 아주 당연하다.

사실 양극화는 경제효율성을 해치기 때문에 '합리성' 면에서도 반드시 해결해야 하는 과제다. 양극화가 심화되면 '다수'가 부와 소득을 독점하는 '소수'로부터 배제되어 의욕을 잃으면서 성장이 방해를 받는다. 이 상태에서 벗어나 지속 가능한 성장을 이어나가려면 부와 소득이 가급적 고루 분배되어야 한다. 그래야 대부분의 경제주체가 의욕적으로 경제활동을 할 수 있다.

◀) 10대 재벌이 전체 상장사 매출의 절반 넘어

우리나라 경제의 대기업 집중현상은 심각한 수준이다. 2016년 기준 10대 그룹 상장사의 1~3분기 매출은 471조 원으로 전체 상장사 매출 총액 901조 원의 52%를 차지했다. 2017년 1월 말 기준 10대 그룹 상장사의 시가총액은 648조 원으로 전체 시가총액 1,227조 원의 53%에 달한다.

주요국가의 기업 영업이익률을 보면 한국은 대·중소기업 간의 격차가 무척 크게 나타난다(대기업 7%, 중소기업이 3%). 미국(대기업 9%, 중소기업 7%), 프랑스(대기업 8%, 중소기업 8%)는 차이가 얼마 나지 않고, 독일(대기업 5%, 중소기업 7%)은 중소기업이 오히려 높다. 우리와 무척 다른 상황인 것이다.

양극화는 다양한 부조리를 낳는다. 우선 경제고용능력이 악화된다. 대기업일수록 대규모 시설투자가 가능해 사람을 덜 뽑아도 되고, 시장 접근성을 이유로 시설의 국외 이전을 늘리게 된다. 그래서 경제규모

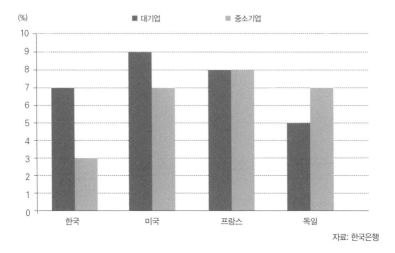

주요국 대기업과 중소기업 간 영업이익률 비교

자료: 한국은행

대비 대기업비중이 증가할수록 해당 경제의 고용여력은 떨어진다. 실제 재벌이 우리나라 기업매출에서 차지하는 비중은 25%를 웃돌지만, 일자리 비중은 7%에 불과하다.

그러는 동안 중소기업은 경영환경이 악화되면서 일자리의 질이 계속 떨어지고 있다. 결국 대기업은 가기 어렵고, 갈 만한 중소기업은 찾기 어려운 게 지금 상황이다.

다음으로 근로자의 소득양극화가 악화된다. 일부 대기업직원과 나머지기업직원 사이의 임금격차가 계속 벌어지고 있다. 이는 소비침체를 낳는다. 아무리 돈이 많아도 하루 10끼를 먹을 수는 없다. 대기업 종사자에게 소득이 집중되면 이 소득은 소비가 아닌 저축으로 연결된

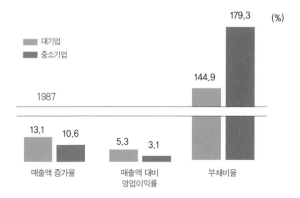

대기업과 중소기업의 경영성과 비교(2011년 기준)

- 대기업
- 중소기업

179.3 (%)

144.9

1987

13.1 10.6   5.3 3.1

매출액 증가율   매출액 대비
영업이익률

부채비율

다. 반면 중소기업 종사자는 쓰고 싶어도 돈이 없다. 고소득자는 안 쓰고, 저소득자는 못 쓰는 소비침체가 오는 것. 이럴 때 소득이 고루 분배되면 중소기업종사자들이 소비를 늘리면서 소비침체를 해결할 수 있지만, 실제로는 정규직노조 중심으로 임금인상이 가능한 대기업과 그렇지 못한 중소기업 간 격차가 계속 커지고 있다.

🔊 재벌 일감 몰아주기의 심각성

양극화가 계속 심각해지는 데는 재벌의 악습도 큰 영향을 미치고 있다. 일감 몰아주기가 대표적이다. 계열사 간 내부거래는

· 일감 몰아주기: 부품 등을 구매하거나 용역을 발주할 때 계열사로부터 집중적으로 사들이는 것.

얼마든지 일어날 수 있지만, 집중적으로 발생하는 일감 몰아주기는 심각한 문제다.

공정거래위원회는 2011년 삼성, 현대차, SK 등 43개 주요 재벌그룹 1,083개 계열사의 내부거래 현황을 대대적으로 조사한 바 있다. 그 결과, 매출 가운데 내부거래의 비중이 80% 이상인 곳이 211개에 달했다. 다른 계열사와의 내부거래가 없으면 바로 망하는 기업들이다.

211개 기업 중에는 재벌총수의 사익私益 추구 및 편법상속과 관련 깊은 곳이 많았다. 재벌2세의 개인회사가 대표적이다. 이 회사가 만든 물건은 뭐가 됐든 그룹계열사들이 높은 가격에 집중적으로 사준다. 그러면 해당 회사는 단기간에 급성장하고, 회사주인인 재벌2세는 큰 부를 일군다. 그렇게 일군 부는 그룹 주력계열사의 지분을 사들이는 데 활용되고, 재벌2세는 편하게 기업을 물려받는다. 이는 철저하게 다른 계열사와 소액주주의 희생을 발판으로 하는 것이다. 재벌2세의 개인회사가 만든 1만 원짜리 물건을 지속적으로 2만 원에 사들이는 계열사는 순이익감소가 불가피하다. 그러면 이 계열사의 소액주주는 주가하락이나 배당감소 같은 피해를 보게 된다.

상속목적이 아니더라도, 총수일가의 부를 늘리고자 총수일가의 개인기업에 일감 몰아주기를 하는 경우도 많다. 이는 수많은 소액주주로부터 이익을 빼앗아 총수집단에게 넘겨주는 것과 다름없다.

일감 몰아주기는 경제 전반에 큰 부작용을 낳는다. 우선 재벌 계열사가 아닌 기업은 공정하게 경쟁할 기회를 잃는다. 예를 들어, 우리나

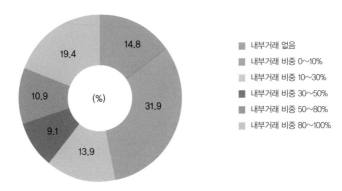

내부거래 없음
내부거래 비중 0~10%
내부거래 비중 10~30%
내부거래 비중 30~50%
내부거래 비중 50~80%
내부거래 비중 80~100%

※ 내부거래가 각 회사 매출에서 차지하는 비중을 의미

라에 자동차부품회사가 10개 있는데, 현대자동차가 현대모비스로부터만 높은 가격에 물건을 발주하면 나머지 9개 부품회사는 존립기반을 잃는다. 일감 몰아주기로 폐쇄적인 내부시장이 형성되어 역량 있는 다른 기업은 사업참여기회조차 차단되는 일이 벌어지는 것이다.

일감 몰아주기가 문어발식 확장과 겹치면, 모든 분야를 막론하고 재벌 계열사만 존재하는 일이 벌어질 수 있다. 삼성그룹이 새롭게 예식업에 진출해 삼성직원들을 계열예식장에서만 결혼하도록 한다고 해보자. 기존에 잘 영업하던 예식장들은 큰 타격을 받을 것이다.

산업경쟁력도 떨어진다. 물량을 몰아서 받는 대기업은 경쟁 없이 성장하니 혁신노력을 할 필요가 없고, 결국 해당 산업의 경쟁력저하로 이어진다. 실제 연구사례가 있다. 2009년 기준 우리나라 경제주체들이 부담한 물류비는 GDP 대비 10.8% 수준으로 미국의 7.6%보다 크게 높은 것으로 나타났다. 일본의 8.6%와 비교해도 높다. 당시 원인으로, 대기업의 물류계열사에 대한 일감 몰아주기가 꼽혔다. 물류회사는 대기업 소속인 경우가 많아 대부분 계열사 물량을 보장받고 있다. 그래서 혁신노력을 할 필요가 없어 고비용구조가 형성돼 있고, 이것이 물류비상승으로 연결됐다는 것이다.

　다만 **수직계열화**에 따른 내부거래는 별도로 봐야 한다. 기업이 지나치게 커지면 관리가 어려워지면서 여러 비효율이 발생한다.

* **수직계열화: 어떤 기업이 업무를 떼어내어 새로 자회사를 만드는 것.**

그래서 많은 대기업들이 지속적으로 비대해진 업무를 떼어내 자회사를 만들고 있다. 부품을 만들어 완성품까지 만드는 회사가 부품제조업무를 떼어내 자회사를 만드는 식이다. 삼성전자와 삼성디스플레이가 대표적이다. 이런 경우에는 삼성전자가 삼성디스플레이에 일감을 몰아주는 것처럼 보이지만, 수직계열화에 따른 불가피한 측면이 있으므로 구분해서 봐야 한다.

◀》중소기업 착취하는 대기업들

수요독점을 이용해 중소기업을 착취하는 대기업이 많다. 지금도 수많은 중소기업이 소수 대기업을 상대로 납품 경쟁을 벌인다. 대기업은 앉아서 입맛 맞는 곳을 고르기만 하면 된다. 이 과정에서 많은 대기업이 납품가를 후려치는 수요독점력을 행사해, 한계로 내몰리는 중소기업이 늘고 있다.

이런 양극화를 해결해보자고 나타난 개념이 경제민주화다. 2012년 11월 김종인 당시 새누리당 국민행복추진위원장이 처음 화두를 꺼냈다. 이후 국회에 경제민주화실천모임이 만들어졌고, 2017년 대선에서도 이슈가 됐다.

경제민주화의 가장 중요한 가치는 약자의 자생력 강화에 있다. 정부는 일감 몰아주기 같은 갑의 횡포를 방지하는 정책을 마련하는 등, 강자가 약자를 희생시켜 부당이익을 취하는 것을 제도적으로 막아야 한다. 대기업은 변화된 사회현실과 국민요구에 부응해 과거의 잘못된 행위를 반성하고 진정성 있는 변화를 보일 필요가 있다.

다만 경제민주화에 지나치게 매몰돼 일방적으로 대기업을 매도하는 것 또한 문제를 야기할 수 있다. 단편적인 일부 현상만 규제할 것이 아니라 근본적인 정신을 이해하고 문제를 종합적·구조적으로 파악해 그에 맞는 처방을 내려야 한다. 균형 잡힌 토론을 마련해 각계각층의 목소리를 청취하는 과정이 필요하다.

> • 수요독점monopsony: 시장에 공급자는 줄을 서 있는데 오직 하나의 수요자만 존재하는 상태. 이때 수요자는 입맛에 맞게 상품을 골라 쓸 수 있다. 반면 공급자들은 서로 자기 제품을 써달라고 아우성친다. 수요자 입장에선 무척 행복한 상황. 수요자는 많은데 공급자가 단 하나인 공급독점monopoly과 정반대다.
>
> • 경제민주화: 양극화를 해소하기 위해 재벌이 갖고 있던 경제적 특권을 없애고, 경제적 약자를 배려하는 정책을 하자는 정책방향.

ECONOMIC SENSE

8장 위기 그리고 미래

어떤 지역의 나라들이 일제히 위기에 빠지면 기업들은 수출에 타격을 입고 세계 복합불황이 온다. 위기 진원지의 영향력이 클수록 위기의 규모가 커진다. 2008년 미국에서 금융위기가 발생하자, 전 세계 거의 모든 나라들이 위기를 겪었던 상황이 대표적이다. 당시 글로벌 금융위기는 퍼펙트스톰에 비유됐다.

위기가 오면 금융사와 기업이 파산위기에 내몰리고 대량실업이 발생하면서 소비가 급격히 침체되는 등 경제는 큰 충격을 받는다. 이 과정에서 주가 같은 각종 금융지표들이 급락하며 시장은 패닉상태에 빠진다.

다른 나라의 재정위기를 초래하기도 한다. 2008년 글로벌 금융위기로 미국이 무너지면서 경제위기가 오자, 그 영향을 받은 유럽국들은 재정을 풀어 위기를 극복하려고 했다. 그런데 재정부담이 너무 커졌고 이는 유럽 재정위기라는 또 다른 위기를 낳았다.

한국경제는 5~10년을 주기로 각종 위기를 겪어왔다. 가히 위기의 상시화 시대라 할 만하다.

이제 위기는 시장경제의 숙명이라고 볼 수 있다. 앞으로는 위기조절능력을 갖췄느냐 갖추지 못했느냐에 따라 국가경제의 성패가 좌우될 것이다. 위기를 예방하기보다 어떻게 대처하느냐가 더 중요한 것이다.

01

퍼펙트스톰, 위기의 상시화
위기발생경로와 위기대응책

한국경제는 5~10년을 주기로 각종 위기를 겪어왔다. 경제위기는 완전히 해결되기 어려워, 이를 봉합하는 과정에서 여러 위기가 반복적으로 나타나고 있다. 가히 위기의 상시화 시대라 할 만하다.

이제 위기는 시장경제의 숙명이라고 볼 수 있다. 앞으로는 위기조절능력을 갖췄느냐 갖추지 못했느냐에 따라 국가경제의 성패가 좌우될 것이다. 위기를 예방하기보다 어떻게 대처하느냐가 더 중요한 것이다.

이것만은 꼭!

교과서 경제원리: **글로벌 위기에 잘 대처하는 국가일수록 경제가 안정돼 있다.**
실제 경제현실: **외부위기대응력과 내부경제안정성은 별개다.**

◀) 경제위기의 세 가지 유형

경제위기에는 크게 세 가지 유형이 있다.

첫째는 거품붕괴형이다. 1929년 세계대공황, 2008년 글로벌 금융위기 등 대부분의 위기가 여기에 해당한다. 자산가격이 오를 때는 한정 없이 오를 것 같다. 그러다 어느 순간 사람들은 가격이 너무 높다는 생각을 갖게 되고, 이후 아무도 자산을 사려고 하지 않으면서 자산가격이 폭락한다. 그러면 빚을 내 자산을 구입한 가계와 기업이 빚을 못갚게 되고, 돈을 빌려준 금융사들이 파산한다. 이후 대량실업이 양산되고 내수가 얼어붙으면서 대공황이 온다.

둘째는 과잉유동성형이다. 은행은 경기 상황에 따라 기업과 가계에 대한 대출을 조절하면서, 경기가 좋을 때는 다소 많은 대출

> • 유동성: 현금 또는 현금으로 교환하기 용이한 금융자산의 합계.

을 해준다. 기업과 가계가 돈을 벌어 대출을 갚을 가능성이 크기 때문이다. 그런데 어떤 이유에선가 지나치게 많은 대출이 이뤄질 때가 있다. 이때 매우 부실한 기업이나 가계에도 대출이 될 수 있다. 그러다 경기가 어느 순간 식으면, 부실한 기업이나 가계가 돈을 갚지 못해 금융사가 위기로 빠져들면서 경제위기가 발생한다. 2003년 있었던 신용카드대란이 대표적이다. 당시 신용카드사들이 과열경쟁을 하며 지나치게 많은 카드대출이 일어났고, 무분별하게 대출을 받았던 사람들이 이를 갚지 못하며 위기가 발생했다.

| 외환위기 때 급등했던 원·달러 환율 |

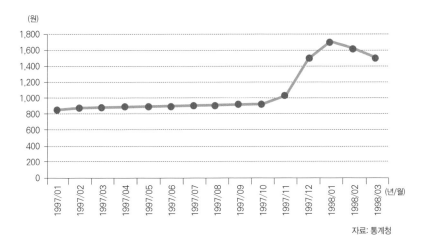

자료: 통계청

　셋째는 전염형 또는 공격형으로, 외국의 경제위기 때문에 발생하는
위기를 의미한다. A국에서 경제위기가 발생하면 A국의 기업이나 개
인은 당장 필요한 돈을 확보하기 위해 주변국에 투자해둔 돈을 회수한
다. 그러면 주변나라들은 갑자기 돈이 부족해져 함께 위기에 빠진다.
또 외국인투자자들은 위기에 빠진 A국에서 투자한 돈을 빼게 되는데,
이때 인근국가에 투자한 돈을 함께 빼가면서 위기가 전염되기도 한다.
　여기에 외국인의 공격이 더해질 때가 있다. 외국인이 어떤 국가에
투자한 자산을 과도하게 매각하는 것. 한 국가의 경제가 불안해지면
서 환율이 급등하는 상황을 노린 것이다. 예를 들어, 1달러당 환율이
기존 1,000원에서 2,000원으로 크게 오른 후 외국인이 1달러를 다시
가져와 원화로 환전하면 2,000원을 확보할 수 있다. 기존 1,000원을

2,000원으로 바꾸는, 엄청난 차익을 누리는 것이다. 이를 노리고 의도적으로 공격을 가하면 당하는 나라는 경제위기를 겪는다. 1997년 한국은 거품이 붕괴되던 상태에서 아시아 다른 나라의 위기와 함께 외국인의 공격이 더해졌고, 이로 인해 외국인투자가 급격히 유출되면서 외환보유고가 바닥나버린 외환위기를 겪은 바 있다.

◀)) 경제위기의 파급효과

어떤 지역의 나라들이 일제히 위기에 빠지면 기업들은 수출에 타격을 입고 세계복합불황이 온다. 위기 진원지의 영향력이 클수록 위기의 규모가 커진다. 2008년 미국에서 금융위기가 발생하자, 전 세계 거의 모든 나라들이 위기를 겪었던 상황이 대표적이다. 당시 글로벌 금융위기는 퍼펙트스톰에 비유됐다.

위기가 오면 금융사와 기업이 파산위기에 내몰리고 대량실업이 발생하면서 소비가 급격히 침체되는 등 경제는 큰 충격을 받는다. 이 과정에서 주가 같은 각종 금융지표들이 급락하며 시장은 패닉상태에 빠진다.

• 퍼펙트스톰perfect storm: 원래는 둘 이상의 폭풍이 충돌하면서 그 영향력이 폭발적으로 커지는 현상을 가리키는 자연과학용어. 누리엘 루비니 뉴욕대 교수가 미국, 중국, 유럽, 일본 등 경제대국들의 악재가 한꺼번에 뭉쳐 세계경제를 강타할 것이라고 전망하며 처음 사용한 용어다.

다른 나라의 재정위기를 초래하기도 한다. 2008년 글로벌 금융위기로 미국이 무너지면서 경제위기가 오자, 그 영향을 받은 유럽국들은

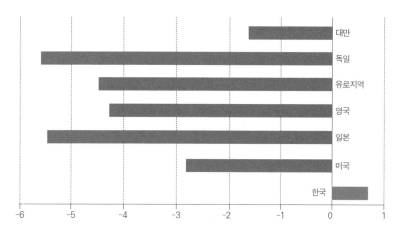

자료: 한국은행

재정을 풀어 위기를 극복하려고 했다. 그런데 재정부담이 너무 커졌고 이는 유럽 재정위기라는 또 다른 위기를 낳았다.

◀)) 한국의 향상된 위기대응력

위기가 터지면 정부는 다각도로 대응한다. 우선 추가경정예산(추경)을 편성한다. 추경은 글로벌 금융위기 때인 2009년 28조 4,000억 원 규모로 실시된 바 있다. 또 2015년엔 메르스 여파로 추경

> • 추가경정예산: 급한 필요에 의해 국채를 찍어 추가로 조달하는 예산.

시기(년)	조정 날짜	금리(연 %)
2016	6월 9일	1.25
2015	6월 11일	1.5
2015	3월 12일	1.75
2014	10월 15일	2
2014	8월 14일	2.25
2013	5월 09일	2.5
2012	10월 11일	2.75
2012	7월 12일	3
2011	6월 10일	3.25
2011	3월 10일	3
2011	1월 13일	2.75
2010	11월 16일	2.5
2010	7월 09일	2.25
2009	2월 12일	2
2009	1월 09일	2.5
2008	12월 11일	3
2008	11월 07일	4
2008	10월 27일	4.25
2008	10월 09일	5

자료: 한국은행

을 실시했다. 정부는 이 돈으로 각종 지출을 해 경기를 부양시킨다. 일감이 사라진 건설사에 정부공사를 맡기는 식이다. 하지만 추경을 실시하면 국가부채가 증가해 재정건전성을 훼손시킨다.

한국은행은 기준금리를 인하시킨다. 금리를 인하하면 경제주체들의 이자부담이 줄어 강력한 대책이 될 수 있다. 그래서 위기가 터질 때마다 한국은행이 적극적인 역할을 해야 한다는 지적이 나온다.

　한국은 1997년 외환위기 이후 착실히 외
환보유고를 쌓으며 **펀더멘털**이 탄탄하다는
평가를 받고 있고, 2008년 글로벌 금융위기

　• 펀더멘털fundamental: 경
제의 기초체력.

도 잘 극복했다. 그 결과, 한국을 이제 신흥국이 아닌 선진국으로 분류
해야 한다는 평가도 나온다. 또 기업경쟁력이 꾸준히 향상되어 한국경
제가 웬만한 충격에는 흔들리지 않는다는 확신이 형성됐다. 이로 인
해 글로벌 금융위기 때 신흥국 사정이 불안해지자, 외국인들이 신흥국
에서 뺀 돈을 한국에 투자해 우리 주식과 채권시장에 외국인 순매수가
많이 유입된 바 있다.

　그러나 이처럼 위기대응력이 좋아진 이면에 저성장체제가 굳어지
고 있는 점은 유의할 부분이다. 또 우리나라가 좋아졌다는 위기대응력
은 전염형 위기에 대한 대응력이다. 예전처럼 세계경제위기가 발생할
때 무조건 돈이 빠져나가는 수준은 면했다는 뜻이다. 한계기업들이 대
거 파산하거나 부동산가격이 급락하는 등 한국경제의 내부적인 문제
가 불거지면 언제든 큰 위기를 맞을 수 있다.

02

수술대에서 환부 도려낸 경남기업과 한진해운
구조조정

경제위기가 오면 한계기업들은 자금난을 겪는 등 큰 문제에 빠진다. 이들은 문 닫는 일만은 막고자 일단 자체 생존을 추진한다. 각종 자산을 매각해 빚을 갚고, 인력감축 등 구조조정을 해 비용 절감에 나선다. 하지만 대개는 자체적인 생존에 실패한다. 결국 은행의 도움을 받을 수밖에 없다.

교과서 경제원리: **대출이 적을수록 우량한 기업이다.**
실제 경제현실: **은행대출 대신 채권발행을 늘려 부실을 숨기려는 기업이 상당히 많다.**

◀》 현대의 재무구조개선약정

우선 **주채무계열** 관리방안을 보자. '주채무계열＝사정이 어려운 회사'라고 생각해선 안 된다. 그저 얻어 쓰고 있는 대출이 금융권 총대출액의 0.075%를 넘어설 뿐이다. 삼성전자, 현대자동차 같은 초우량기업이 모두 주채무계열에 속해 있다. 이런 주채무계열에 속한 기업 중에 경영상태가 어려운 기업이 일부 나오는 것이다.

> • **주채무계열**: 대출이 많아서 은행이 특별관리하는 기업. 총대출액의 0.075% 이상의 대출을 얻고 있는 기업이 편입 대상이다. 2014년 3월 기준 기업들의 금융권 총대출액은 1,600조 원 정도 된다. 이것의 0.075%는 1조 2,000억 원이니, 대출액이 1조 2,000억 원을 넘으면 주채무계열에 해당한다. 많은 대출을 얻어 쓰고 있는 기업이 부실화되면 경제 전체적으로 큰 피해가 발생하므로, 이런 일을 막기 위해 은행들이 사전관리하는 것이다.

은행들은 주채무계열 기업을 상대로 1년에 한 차례 정기재무평가를 실시한다. 이 평가에서 위험징후가 발견된 기업에 대해선 대출연체가 발생하지 않도록 구조조정을 요청할 수 있고, 특히 낙제점을 받은 기업과는 **재무구조개선약정**을 맺어 보다 강도 높은 구조조정을 요구할 수 있다. 2015년 현대그룹 등이 여기에 해당한다. 이 약정으로 해결할 수 없는 기업에 대해선 **자율협약**을 맺고 구조조정을 진행한다. 2013년 STX그룹, 2014년 동부그룹, 2016년 현대상선 등이 대표적. 자율협약을 위해선 돈을 빌려준 은행들 내부에서 협의가 이뤄져야 한다. 이런 협의에 실패하면 곧 소개할 **워크아웃**이나 법정

> • **재무구조개선약정**: 자금난 해결을 목적으로 자산매각 등 각종 정상화 조치를 하기로 거래 은행과 약속하는 것.
> • **자율협약**: 재무구조개선약정의 다음 단계로, 보다 강도 높은 구조조정이 이뤄진다.
> • **워크아웃**: 기업구조 개선작업.

관리로 가야 한다. 협의는 돈을 빌려준 은행들 사이에서 75% 이상이 동의하는 것으로 이뤄진다.

이런 과정을 주도하는 은행을 주채권은행이라고 한다. 보통 가장 많은 대출을 해준 은행이 주채권은행을 맡는 경우가 많은데, 때

* 주채권은행: 어떤 기업에게 돈을 빌려준 은행들 가운데 대표은행.

로는 대출이 가장 많지 않더라도 거래경력 등에 따라 주채권은행이 결정되기도 한다. 이런 은행을 포함해 해당 기업에게 돈을 빌려준 채권자를 아울러 채권단이라고 부른다.

🔊 STX와 동부의 자율협약

자율협약에 들어가면 기업은 은행과 협의해 강도 높은 구조조정으로 군살을 빼고, 자산을 팔아 현금을 마련하는 등의 노력을 한다. 그러면 은행은 부채원리금 일부 탕감, 추가자금 지원 등을 해준다. 이 과정에서 은행들은 원리금을 탕감해주는 만큼 손실을 보게 된다. STX그룹에게 많은 돈을 빌려준 산업은행은 2013년 1조 원 넘는 손실을 냈다.

은행들은 빌려준 돈을 탕감하면서 이를 주식으로 바꾸는 출자전환을 한다. 은행들이 주주로 들어 왔으니, 기존 주주의 입지는 좁아질 수밖에 없다. 채권단은 내부회의를 해서 기존 주주의 입지를 얼마나 좁힐지 결정하게 되는데 이를 감자라 한다. 주식 10주를 갖고 있던 대주

(%)

295.1 348.8 416.9 272.5

동부   동부   동부   동부
제철   메탈   하이텍   건설

※ 자본금 대비 부채액의 비율을 나타냄. 일반적으로 부채
비율이 200%를 넘으면 재무구조가 나쁜 회사로 인식됨.

자료: 금융감독원

| 2조 7,000억 원 규모의 동부그룹
자구 계획안 |

개별매각
동부하이텍(지분 46.65%)
동부메탈(지분 70.78%)
동부제철 당진항만(3,000억 원 규모)
동부익스프레스(3,000억 원)

패키지 매각(2~3개씩 묶어서 매각)
동부발전당진, 동부제철 인천공장, 동부특수강,
동부화재·동부건설 주식

기타
동부제철 유상증자
김준기 동부그룹 회장 사재 출연(1,000억 원)

자료: 산업은행

주에게 7주는 없애버리고 3주만 인정해주는
식이다. 이럴 경우 감자비율은 70%다. 이렇
게 감자된 주식을 은행들이 출자전환 때 가
져간다. 그러면 기업의 주인은 사실상 은행
으로 바뀐다.

• 출자전환: 돈을 안 받기로 한
대신 해당 금액만큼 주식으로
가져가는 것. 가져간 주식의 비
율만큼 은행이 기업의 주주로
바뀐다.
• 감자: 주식을 없애는 것.

　간혹 구조조정대상기업의 상황에 따라 감자를 아주 조금만 하거나
아예 안 하는 경우도 있다. 그러면 기존 주주의 입지에 거의 변화가
없다.

　추후 기업이 정상화되면 채권단은 주식을 팔아 자금을 회수할 수 있
다. 즉 기업 구조조정이 잘 되면, 원리금을 탕감해주는 당시에는 손실
을 보지만, 주식을 파는 시점에 특별이익이 생길 수 있다.

이런 과정은 매우 고통스럽고, 기업의 경영상황에 따라 CEO와 주주는 경영권과 주식을 잃을 수도 있다. STX와 동부의 경우 각각 강덕수 회장과 김준기 회장이 경영권을 잃었고, 주주들은 수중에 남은 주식이 거의 사라지는 지경이 됐다. 이 때문에 기업들은 최대한 자율협약을 미루면서 자체적인 생존을 모색한다.

◀) 워크아웃

주채무계열에 속할 정도는 아니지만 그다음으로 대출액이 많은 기업도 은행관리를 받는다. 은행들은 1년에 한 번씩 금융권대출과 보증이 500억 원 이상인 기업 가운데 순익이 급감하거나 자금난을 겪는 기업들을 선정해 신용위험평가를 한다. 2013년의 경우 1,800여 개 기업이 평가 대상이었다.

> • 신용위험평가: 주채무계열처럼 밀착관리를 하지는 않지만, 1년에 한 번씩 평가해서 문제 많은 기업을 구조조정대상으로 선정하는 작업.

평가결과에 따라 A·B·C·D의 4개 등급으로 분류되는데, A·B등급은 정상이고, C등급은 워크아웃, D등급은 법정관리 혹은 파산대상이 된다. 2013년의 경우 40개 기업이 C 혹은 D등급을 받아 구조조정에 들어갔다. 주채무계열과 다른 점은 주채무계열에 속한 기업들은 워크아웃이나 법정관리에 앞서 재무구조개선약정을 맺을 수 있지만, 신용위험평가를 받는 기업들은 바로 워크아웃이나 구조조정에 들어간다는 데 있다.

워크아웃과정은 자율협약과 유사하다. 다만 기업에게 보다 강도 높은 구조조정이 요구되는 등 훨씬 많은 제약이 가해진다. 채권단은 기업이 어려움에 빠지면 주채권은행 주도로 모여, 해당 기업을 어떻게 처리할지를 놓고 회의를 하는데, 기업이 파산해 빌려준 돈을 아예 받지 못하는 것보다 회생기회를 줘 추후에라도 돈을 받는 게 유리하다는 판단이 들면 워크아웃이 결정된다.

워크아웃을 어떤 강도로 할지는 해당 기업의 상황에 달려 있다. 상황이 그나마 괜찮은 기업은 은행들이 추가로 자금을 지원하는 선에서 진행되기도 한다. 이럴 경우 기업은 잠시 한숨을 돌린 뒤 정상화작업

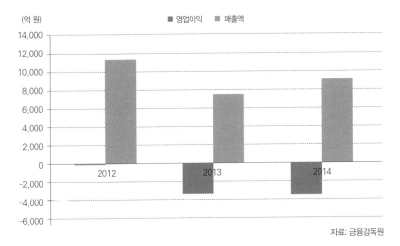

경남기업의 재무제표 현황

(억 원)   ■ 영업이익   ■ 매출액

자료: 금융감독원

을 거쳐 빌린 돈을 갚음으로써 위기에서 빠져나올 수 있다. 그러면 기존 주주들의 지위도 거의 보호된다. 하지만 상황이 매우 심각하면 출자전환과 감자가 이뤄지면서 기존 주주와 CEO들의 지위가 사라지기도 한다. 2015년 정국을 흔들었던 경남기업은 2013년 워크아웃에 들어갔는데 이때 출자전환과 감자가 이뤄져야 했다. 그러나 정치상황과 맞물리면서 감자가 이뤄지지 않아 제대로 된 구조조정에 실패했다.

◀)) 법정관리

워크아웃에 실패하거나 아예 워크아웃에 들어가지 못하면 결국 '법정관리' 절차에 들어간다. 아무도 문제를 해결하지 못하니 법원이 나서서 해결하는 것이다. 법정관리에선 기존 주주의 권리가 완전히 무시된다. 회사의 주인이 책임을 지지 못해 주주의 권리가 사라지는 것으로, 주주들이 보유한 주식은 거의 모두 무효화된다. 그러면서 돈을 빌려주고 받지 못한 채권단이 해당 기업의 주인이 된다. 이후 법원은 기업회생을 위한 전권을 갖고 모든 구조조정과정을 진두지휘한다. 즉 기업의 소유권은 채권단에, 경영권은 법원으로 넘어간다.

법원은 우선 해당 기업의 존속가치와 청산가치를 산정한다. 추가로 자금을 지원해

> • 존속가치: 기업을 계속 유지할 때의 가치.
> • 청산가치: 기업을 파산시킨 후 자산매각 등을 통해 건질 수 있는 금액.

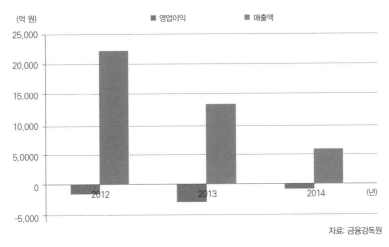

자료: 금융감독원

회사를 살리는 게 나은지, 아니면 전혀 사업성 없는 회사이니 청산시켜 남은 자산을 나눠 갖는 게 나은지 판단하는 것. 평가 결과, 존속가치보다 청산가치가 더 높게 나오면 법원은 해당 기업을 파산시킨다. 2017년 한진해운이 그랬다.

만약 회사를 살리는 게 낫겠다는 판단이 들면, 법원은 회생기회를 줄지 채권단에게 의견을 묻는다. 채권단이 파산시키는 게 좋겠다는 의견을 내면 청산가치가 높게 나왔더라도 파산시킬 수 있고, 회생에 동의하면 강도 높은 구조조정을 진두지휘해 회사를 정상화시키기 위해 노력한다. 실질적인 업무를 맡아 CEO 역할을 하는 이는 법원이 지명한 파산 관리인이다. 팬택이 법정관리를 거친 대표적인 기업이다.

법정관리와 워크아웃에는 크게 2가지 차
이점이 있다.

• 상거래채권자: 채권매매, 부
품공급 등 상거래과정에서 어
떤 기업에 받을 돈이 생긴 사람
들.

우선 워크아웃 때는 채권단에 회사채구
입자, 어음보유자 등 상거래채권자가 들어오지 않는다. 그래서 워크
아웃 기업은 이런 채무에 대해 정상적으로 상환해야 하고 못 갚으면
부도처리된다. 워크아웃 기업들은 보통 은행에서 추가자금지원을 받
아 회사채와 어음을 이자까지 정상상환한다. 반면 법정관리 때는 채권
단에 상거래채권자도 포함된다. 그래서 법정관리 중에는 회사채와 어
음도 갚을 필요가 없어진다.

두 번째로 법원이 나서서 강제로 상당액의 부채를 탕감시켜준다. 법
정관리 중에는 채무를 갚을 필요가 없어지는 것은 물론 기업의 회생을
돕기 위해, 채권자별로 얼마나 채무를 탕감해줘야 하는지 법원이 결정
한다. 채권자들이 이 결정에 따르지 않으면 법정관리가 무산되고 파산
절차로 접어들기 때문에, 법원의 결정에 응할 수밖에 없다. 파산하게
되면 거의 받을 게 없어지므로, 채무탕감에 동의하고 나중에 일부라도
받는 게 나은 것. 회사채는 통상 원금의 20% 정도를 건지는 데 그친다.

2011년 법정관리에 들어간 대한해운의 경우 회사채투자자들의 원
금회수율은 10%에 그쳤다. 워크아웃을 하면 회사채는 전액 상환받을
수 있지만, 법정관리로 가면서 10%만 건졌다.

법정관리를 받은 대표적인 기업이 동양그룹이다. 동양그룹은 워크
아웃 없이 바로 법정관리로 갔다. 이유는 시장성차입이었다. 기업이

채권을 발행하면 누군가가 이를 사게 되고, 해당 금액이 기업에 들어간다.

요즘 기업들은 은행대출보다 시장성차입을 선호한다. 이유는 크게 세 가지.

우선, 은행대출과 비교해 자금조달비용이 낮은 편이다. 은행대출은 경제학에서 간접금융이라 불린다. 반면 시장성차입은 직접금융이다. 직접금융은 중간에 은행을 거치지 않으니 대가를 치르지 않아도 돼 조달비용이 내려간다.

둘째, 은행의 간섭을 받지 않아도 된다. 은행들은 거액의 빌려준 돈을 떼이지 않으려고 기업경영에 이런저런 간섭을 한다. 정부도 대출 많은 기업의 파산을 막고자 여러 가지 감시를 한다. 반면 수많은 채권 투자자로부터 소액을 직접 빌리는 시장성차입을 하면 별다른 간섭을 받지 않는다.

셋째, 건전한 기업인 것처럼 포장할 수 있다. 은행대출이 별로 없어 우량하다는 인상을 심어줄 수 있는 것이다. 이는 높은 주가형성에 도움을 준다.

이런 이점 때문에 기업들은 은행대출을 줄이고 시장성차입을 늘려 왔다. 기업들의 자금조달에서 회사채가 차지하는 비중은 2008년 3분기 18.7%에서 2013년 1분기 25%까지 상승했다.

기업이 정상적인 운영을 하면 아무런 문제가 없다. 하지만 경영난으로 돈을 못 갚을 지경이 되면 얘기가 달라진다. 이는 구조조정을 하기에 가장 골치 아픈 경우다. 은행 주도로 구조조정을 할 수 없기 때문이다. 은행이 빌려준 돈이 별로 없으니 당연한 일이다. 결국 회사채를 구입한 투자자들이 잠시 채무상환을 유예해주는 등 회생기회를 줘야 하지만, 이는 사실상 불가능하다. 수천, 수만 명의 회사채구입자들이 서로 합의해 갱생의 길을 열어주는 게 쉽지 않기 때문이다. 그래서 이런 기업들은 법정관리로 직행하는 경우가 많다. 동양그룹도 그런 길을 밟았다. 동양그룹이 어려움을 겪은 이후 회사채 투자심리가 위축되면서, 이후 회사채시장은 큰 충격을 받은 바 있다.

🔊 부실채권

기업이 자금난에 빠져 정상경영이 어려워지면, 은행빚을 갚지 못하게 된다. 이런 빚을 **부실채권(NPL)**이라고 한다. 이게 급격하게 늘면 은행도 흔들린다. 대규모 경제위기 때마다 이런 일이 반복되고 있다. 그런데 원금은커녕 이자상환도 중단된 '아무짝에도 쓸모없는 채권'이라는 뜻인 NPL에 대한 대접이 최근 들어 달라지고 있다. 당장은 부실대출이지만, 이를 야기한 기업에 자금지원과 구조조정을 잘 해주면 미운 오리새끼에서 백조로 변신할 수 있어서다.

> • **부실채권**Non Performing Loan, NPL: 갚지 못하게 됐거나 갚기 어려울 것으로 예상되는 대출.

대출해준 기업이나 가계에 문제가 생겨 상환가능성이 떨어진 나머

| NPL 거래개념도 |

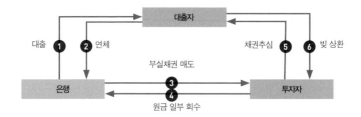

지 NPL이 발생하면, 은행은 이를 어떻게든 처리해야 한다. 그중 하나가 NPL을 헐값에 팔아치우는 것. 직접 추가자금을 지원해 문제가 발생한 기업이나 가계를 정상화시킬 수 있을지 확신할 수 없을 때 동원하는 방법이다.

예를 들어, A은행이 B기업에 빌려준 100만 달러 대출에 대한 권리를 C에게 40만 달러에 넘겼다고 하자. 그러면 A은행은 빌려준 100만 달러 중 40만 달러만 건지고 60만 달러를 날리게 된다. A은행으로서는 100만 달러 전체를 떼이는 것보다는 40만 달러라도 챙기는 것이 낫다고 계산할 수 있다. C는 이때 다른 계산을 한다. 40만 달러를 주고 빚을 사들였으니 B기업을 이 이상의 가치로 키우면 수익을 낼 수 있다. 그래서 구조조정을 통한 경영정상화에 박차를 가한다. 이후 기업이 확실히 정상상태가 되면, 시장에 매물로 내놓고 새 인수자에게 매각한다. 아니면 계속 기업을 소유하며 이익을 가져갈 수도 있다.

물론 구조조정을 하지 않고 다양한 방식으로 추심을 할 수도 있다. 자산을 팔라고

• 추심: 각종 수단을 동원해 대출 원리금을 회수하는 것.

하는 등 가능한 모든 방식을 동원해 C는 B로부터 40만 달러 이상만 회수하면 돈을 벌 수 있다. 국내에서 한국자산관리공사나 연합자산관리공사가 이런 일을 한다.

NPL시장은 경기와 거꾸로 간다. 경기가 어려울수록 대출을 갚지 못한 개인과 기업이 늘기 때문. 금융감독원에 따르면 은행권의 부실채권 규모는 2011년 23조 9,000억 원에서 2013년 31조 6,000억 원으로 크게 늘었다. 그러면서 입찰에 붙이는 NPL도 늘어서 글로벌 금융위기 이전 대출원금 기준 연간 2조 원이 안 되던 시장규모가 2013년 7조 원 수준으로 커졌다.

하지만 시장과열에 대한 경고도 무시해선 안 된다. 높은 가격에 낙찰받았다 투자원금도 못 건지는 사례가 나올 수 있기 때문이다.

03

헬기로 돈을 살포하라
양적 완화와 테이퍼링

글로벌 금융위기 이후 미국과 일본의 양적 완화가 국제적으로 큰 이슈가 됐다. 국내에서도 2016년 정부의 양적 완화 주장에 야권이 반발하면서, 정치적인 논쟁이 펼쳐진 바 있다.

양적 완화를 주장하는 쪽은 이것이 경기를 살리기 위한 필연적인 대책이라고 입을 모은다. 이에 반대하는 주장 또한 만만치 않다. 양적 완화의 원리와 함께 그것의 순기능과 역기능에 대해 알아보자.

> • 양적 완화: 중앙은행이 화폐를 찍어내 시장에 있는 국채를 사들임으로써 막대한 양의 통화를 시장에 살포하는 것.

이것만은 꼭!

교과서 경제원리: **주변국의 확장정책은 경기부양에 도움이 된다.**

실제 경제현실: **주변국이 환율상승에 초점을 맞추면 오히려 피해를 본다.**

◀⎞ 양적 완화란

양적 완화를 알려면 중앙은행의 통화정책부터 이해해야 한다. 우리 나라의 중앙은행인 한국은행은 한 달에 한 번 기준금리를 조절하는 통화정책을 편다. 한국은행이 기준금리를 내려 대출부담이 줄어들면 기존에 대출을 얻었던 사람은 이자부담이 내려가 소비여력을 키울 수 있다. 또 새로 대출을 얻으려는 사람은 보다 용이하게 대출을 받아 부동산이나 주식구입에 나설 수 있다. 이런 움직임은 경기진작에 도움이 된다. 그래서 경기가 침체될 때 중앙은행은 기준금리를 내리는 방향으로 통화정책을 편다.

그런데 금리인하정책에는 한계가 있다. 경기가 극도로 침체되면 아무리 금리를 내려도 사람들이 대출을 받지 않으려 한다. 앞으로 주식이나 부동산가격이 어떻게 될지 모르는 상황에서, 거액을 빌려 투자하는 게 무척 부담스럽기 때문. 또 기존 대출자들은 이자가 줄어 생긴 현금을 원금상환에 쓰거나 저축해 후일을 도모하려 한다. 이럴 경우 아무리 금리를 내려도 돈이 돌지 않아 경기가 나아지지 않는다.

이에 대처하는 해법이 양적 완화다. 중앙은행이 화폐를 찍어 시장에 뿌려버리는 것이다. 물론 무작정 돈을 뿌려댈 수는 없다. 중앙은행이 사용하는 방법 중 하나가 찍어낸 돈으로 시장에 돌아다니는 채권을 구입하는 것이다.

중앙은행이 '막대한' 양의 돈으로 채권을 '대량' 구매하면, 채권을 판

사람에게 돈이 들어간다. 이렇게 인위적으로 돈이 돌게 하면 소비나 투자 진작효과를 낼 수 있다. 양적 완화는 그 과감성으로 인해 '비전통적' 또는 '비상식적' 통화정책으로 불리기도 한다. 반면 중앙은행이 기존에 하고 있는 금리조절은 '전통적인' 통화정책이라고 구분해서 부른다.

또 채권구입형태에서 나아가 전 국민의 계좌에 갚을 필요 없는 돈을 쏴주는 형태의 양적 완화도 있는데, 이는 헬리콥터를 타고 돈을 뿌리는 것과 같다고 해 '헬리콥터 머니'라 불린다.

◀» 양적 완화로 3조 달러 푼 미국

2008년 글로벌 금융위기로 충격에 빠진 미국이 가장 먼저 양적 완화를 했다. 미국은 2009년부터 세 차례에 걸쳐 3조 달러에 가까운 돈을 시장에 풀었다. 실업률이 치솟는 등 모든 경제지표가 극도로 악화되자 내린 결단이었다. 당시 미국은 양적 완화를 통해 주택담보대출금리인하도 겨냥했다. 돈을 무제한으로 풀면 은행들이 대출할 수 있는 자금이 풍부해져 낮은 금리에 주택담보대출을 해줄 수 있기 때문이다. 이는 주택수요를 늘려 주택가격을 끌어올리는 효과를 내고, 이는 곧 민간소비 촉진으로 이어져 궁극적으로 고용개선이 될 수 있다. 세계에서 가장 큰 소비시장인 미국의 경제가 살아나야 수출로 먹고사는 신흥

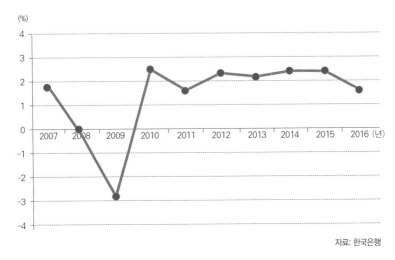

자료: 한국은행

국의 경제도 함께 살 수 있다. 그래서 미국의 양적 완화는 열렬한 환영을 받았다.

물론 이것이 무조건 득이 된 것만은 아니었다. 미국의 양적 완화로 달러공급이 급작스럽게 늘자 달러가치가 내려갔다. 이는 각국의 달러대비 환율하락을 불러왔고, 수출기업의 채산성 악화를 유발했다.

예를 들어, 1달러당 환율이 1,500원에서 1,000원으로 내려가면, 10달러짜리 물건을 수출하는 기업은 예전엔 1만 5,000원을 벌다가 1만원만 벌게 된다. 달러가치가 내려가면서 달러를 버는 수출기업의 수익이 줄어드는 것. 원달러환율은 1차 양적 완화 기간엔 20.2%, 2차 양적완화 기간엔 8.6% 내려갔다. 그러면서 수출기업들의 채산성 악화 문제가 발생했다. 이 밖에 양적 완화로 풀린 달러가 원자재시장에 유입돼 원유 등 각종 원자재가격을 올려놓은 측면도 있었다.

그러나 이런 문제들을 감안하더라도 중·장기적으로 미국경제가 회복되는 것이 세계경제에는 훨씬 도움이 됐다. 결국 미국의 양적 완화는 전 세계적으로 반길 일이었다. 그리고 비교적 성공적이었다. 양적 완화로 미국경제가 회복됐고, 그 덕에 신흥국들도 수출증가라는 수혜를 입었다.

◀》 미국의 출구전략, 테이퍼링

하지만 언제까지고 양적 완화를 계속할 수는 없다. 시장에 풀린 달러가 인플레이션이라는 독毒으로 돌아올 위험이 있기 때문이다. 또 미국 중앙은행 연방준비제도The Federal Reserve, FED의 통화남발정책은 언제든 자기신뢰 하락과 달러가치 추락으로 이어질 수 있다.

그래서 미국은 출구전략을 실시했다. 그 결과가 양적 완화 축소를 뜻하는 테이퍼링이다. 매월 시장에 푸는 달러를 400억 달러에서 200억 달러로 줄이는 식이다. 그러면 급작스러운 중단에 따른 경제의 충격을 최소할 수 있다. 실제 테이퍼링 이후 미국경제는 큰 충격을 받지 않았다.

• 출구전략: 경기확장정책을 축소하거나 중단하는 과정에서 시장의 충격을 줄이려는 조치.
• 테이퍼링tapering: 양적 완화를 당장 중단하지는 않되 그 크기를 줄이는 것.

그런데 충격을 받은 곳이 따로 있었다. 바로 신흥국들. 양적 완화로 미국에서 풀린 돈은 미국 내에 머물지 않고 미국 바깥으로 대거 유출돼, 상당 부분이 우리나라 같은 이머징마켓에 유입된 상태였다. 이로 인해 각국의 달러화 대비 환율이 내려가고, 자산가격이 올라가는 상황이 발생했다. 각국 내에 달러의 양이 증가하니 달러가치가 떨어지면서 환율이 하락했고, 유입된 달러가 자산시장으로 들어오면서 자산가격을 올려놓은 것이다.

그런데 양적 완화가 축소되자 이렇게 퍼져 있던 달러가 다시 미국으로 돌아가기 시작했다. 이 과정에서 펀더멘털이 약한 일부 신흥국은 돈줄이 마르며 위기를 겪었다.

또 미국이 금융위기를 계기로 제조업을 강화시키고 있는데, 그 결과 미국의 자체 생산이 늘면서 미국에 수출을 많이 하던 신흥국들이 일부 어려움을 겪고 있다. 여기에 미국은 2015년 하반기부터 금리인상에 돌입했다. 그동안 위기에 대응하느라 지나치게 낮췄던 금리를 정상화시키는 작업이다. 이후 전 세계에 뿌려졌던 달러가 금리인상을 좇아 미국으로 돌아오면서 신흥국의 돈줄이 더욱 마르는 문제가 생겼다.

앞으로 미국 금리상승의 영향을 받아 우리나라의 금리도 올라갈 수 있다. 이런 상황은 기업의 자금조달에 어려움을 줄 수 있다. 반면 국내의 달러물량이 다소 줄면서 환율상승이 발생하면 도움이 될 수도 있다.

◀》 위기가 끝나간다?

2017년 현재 전반적으로 위기상황이 끝나가고 있다는 분석이 우세하다. 미국 등 선진국 경제가 살아나고 있어서다. 그래서 테이퍼링과 금리인상에 나서는 것이다. 하지만 완전한 회복까진 시간이 더 걸릴 것으로 보인다. 선진국의 위기가 끝났다고 선언하려면 플러스 성장을 하는 것 외에 선진국의 실업률이 위기 이전으로 돌아와야 하는데, 여기에는 시간이 좀 더 필요하다. 또 양적 완화 중단 이후에도 경기회복세가 유지될 수 있어야 한다.

이런 상황에서 중국을 예의 주시할 필요가 있다. 중국은 고도성장기가 마감되면서 중진국 함정에 빠질 수 있다. 1인당 GDP 6,000달러 부근에서 한동안 헤어나오지 못할 수 있는 것. 특히 최근 중국에선 재분배에 대한 욕구가 생겨나고 있는데, 이것이 실현되면 임금이 큰 폭으로 올라가면서 생산비용이 올라가 수출이 줄어드는 등 위기로 이어질 수 있다.

현재 중국의 GDP에서 민간소비가 차지하는 비중은 35%에 불과하며, 다른 나라의 비중이 55% 정도 된다. 중국의 투자주도성장은 이미 한계에 봉착한 상황이다. 기존 수출중심에서 민간소비위주로의 성장정책 전환이 필요하다.

결국 앞으로 미국의 제조업이 부활하면서 미국경제에서 소비보다 생산 측면의 비중이 커지고, 중국은 소비의 중요성이 강조되면서 소비

비중이 높아질 여지가 있다. 이를 근거로 세계경제의 패러다임이 바뀌고 있다는 분석이 나오고 있다. 문제는 이런 과정이 얼마나 무리 없이 진행되느냐다. 위기에서 완전히 벗어났다고 선언할 수 있을 때까지 앞으로 몇 년이 걸릴지 아무도 모른다.

◀) 아베노믹스의 주된 목표는 엔화가치 절하

아베노믹스는 2012년 말 취임한 아베 신조女倍晋三 총리가 '강한 일본 경제'를 내세우며 추진한 일본의 경제정책이다. 미국의 양적 완화 정책을 흉내 낸 아베노믹스는 구조개혁 등의 내용이 들어 있지만 가장 주된 내용은 디플레이션에서 탈출하기 위한 공격적인 양적 완화에 있다. 일본은 오랜 침체 끝에 이미 제로금리에 돌입한 터라 금리를 더는 낮출 수 없고, 재정적자가 엄청난 상황에서 정부가 빚을 내 재정지출을 늘리기도 어려운 상황이다. 그래서 엄청난 양의 돈을 찍은 뒤 시중에 살포해 경기를 살리자는 전략을 구사했다.

그런데 이 정책의 숨겨진 핵심목표는 엔화가치를 떨어뜨려 일본의 수출경쟁력을 높이는 데 있었다. 수출증대를 시발점으로 소비, 고용, 투자 등 실물경제를 부양하는 선순환효과를 추구한 것이다.

실제 아베노믹스 이후 일본의 엔화가치는 급격히 떨어지기 시작했다. 일본 내 막대한 엔화가 살포되면서 엔화공급이 급증하니 엔화가치가 떨어진 것이다. 원엔환율은 2012년 중반까지 100엔당 1,400원에서 1,500원 사이를 오르내렸다. 그러나 아베노믹스가 시작된 2012년 6월부터 지속적으로 내리막을 탔고, 2015년 6월 현재 900원 수준에 불과하다. 예전엔 100엔을 사려면 1,500원을 줘야 했는데, 이제는 900원만 줘도 되는 것이다. 엔화가치가 내려가면 일본기업들은 달러 기준 수출가격을 떨어뜨릴 수 있다. 1달러당 80엔에서 100엔으로 엔달러 환율이 오르면(엔화가치가 떨어지면) 800만 엔짜리 자동차의 수출가격을 10만 달러(800만 엔/80엔)에서 8만 달러(800만 엔/100엔)로 낮출 수 있다. 달러가격을 낮춰도 엔화기준가격은 그대로 유지되는 것이다. 이렇게 되면 일본업체의 수출경쟁력이 개선되고, 경쟁관계에 있는 우리 업체는 수출경쟁력이 떨어질 수밖에 없다.

엔화가치 하락이 한국경제에 큰 충격을 준다는 것은 여러 연구결과로 증명되고 있다. 산업연구원이 2000년부터 2012년까지 환율과 수출 증가율의 관계를 실증적으로 분석한 바에 따르면, 원엔 환율이 1% 하락하면 그해 우리 수출은 0.51% 감소하는 것으로 나타났다. 그리고 그 효과는 1년 후(0.47%), 2년 후(0.5%)까지 이어진다. 그래서 아베노믹스는 인근궁핍화정책이란 비판을 받았다.

미국의 양적 완화는 경기진작을 통한 수입수요로 이어져 다른 나라의 경기회복에

> • 인근궁핍화정책: 자기 나라만 잘살게 하고 주변국 상황은 악화시키는 정책.

도움이 된 반면 일본은 웬만한 제품은 자급을 하고 있어 아베노믹스로 일본경기가 살아난다 하더라도 다른 나라에 득이 될 것이 별로 없다.

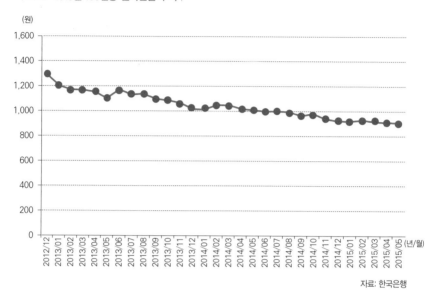

자료: 한국은행

오히려 미국이나 유럽시장에서 일본제품의 경쟁력이 올라가 경쟁국
에게 피해만 줄 뿐이다.

통화정책은 절대 마술이 될 수 없다. 결국엔 부작용이 발생하기 마
련이다. 가장 큰 부작용은 시장금리의 급등이다. 아베노믹스로 일본
경제가 활성화되면 돈을 빌리려는 수요가 늘면서 금리가 크게 오를 수
있다. 그러면 기존에 대출을 얻은 사람들의 부담이 크게 늘면서 경제
위기가 오고 외국인의 자금이탈이 벌어질 수 있다.

일본에서 경제위기가 발생하면 바로 옆에 있는 우리나라도 좋을 일
이 없다. 일본이 인근궁핍화를 하는 것도 문제지만, 위기를 겪는 것도

문제인 것이다. 가장 좋은 시나리오는 일본이 적당한 시점에 아베노믹스를 중단하는 것이다.

아베노믹스가 중단되면 엔화가치는 다시 오를 수 있다. 공급이 줄어드니 가치가 오르는 게 당연하다. 특히 엔화는 국제적으로 대표적인 안전자산 중 하나로 꼽히고 있어 언제나 꾸준한 수요가 있다. 이에 따라 어느 정도 바닥에 이르렀다는 판단이 들면 엔화수요가 늘면서 엔화가치가 오를 수 있다. 이를 노려 미리 엔화에 투자해놓는 사람들이 나오고 있다.

◀》 양적 완화 할까, 말까

양적 완화는 시장에 돈을 돌게 하면서 환율상승에 따른 수출증대, 금리인하 등을 통한 경기진작효과를 가져 온다. 이에 따라 한국도 경기상황에 맞춰 양적 완화를 해야 한다는 주장이 있다. 중앙은행에서 돈을 찍어 채권, 그중에서도 기업 구조조정을 책임지는 국책은행의 채권을 구입하는 양적 완화를 해보자는 것. 그러면 국책은행의 자금이 풍부해지면서 구조조정 기업으로 보다 많은 자금이 흘러들어 가게 되어 기업부실 해결과 경기진작에 도움이 될 수 있다.

이에 대해 반대론자들은 양적 완화의 위험성을 주장한다. 시장에 막대하게 돈이 풀리면 물가가 크게 올라 서민경제에 고통을 불러올 수 있기 때문이다. 또 양적 완화에 따라 환율이 너무 오르면, 불안을 느낀 외국인투자자들이 돈을 빼내가 자칫 외환위기가 올 수 있다. 환율이 1달러당 1,000원에서 2,000원으로 오르면, 국내에 2,000원을 투자해뒀던 외국인은 달러로 환산한 자산가격이 기존 2달러(2,000원/환율 1,000원)에서 1달러(2,000원/환율 2,000원)로 폭락하게 된다. 이런 손실을 막고자 원화를 달러화로 환전해 투자금을 빼내가면 외환위기가 올 수 있다. 즉 우리 같은 규모의 나라가 양적 완화를 하면 자칫 외환위기를 겪을 위험이 있는 것이다.

다른 문제도 있다. 문을 닫게 해야 할 기업에 무리하게 돈만 집어넣다가 기업이 결국 살지 못해 파산하면, 그 부담만 키울 것이란 이야기다.

◀) 중국은 쫓아오고 일본·독일은 달아나고

외국과의 관계에서 또 중요한 게 무역이다. 우리나라는 2015년 무려 1,059억 6,000만 달러의 경상수지흑자를 기록했다. 사상 최대치를 경신한 것으로, 당연히 반가운 얘기다. 그런데 속사정을 알고 보면 심각한 문제가 있다. 바로 불황형 흑자였던 것. 예를 들어, 2016년 2월 경상수지흑자는 75억 1,000만 달러를 기록하며, 1년 전 같은 기간보다 14억 3,000만 달러나 증가했다. 그런데 이때 수출은 1년

> • 불황형 흑자: 수출이 늘어 흑자가 아니라, 경기침체로 수입이 줄면서 '수출-수입' 금액만 커진 것.

전보다 9.3% 감소했다. 그럼에도 경상수지흑자의 규모가 커진 것은 수입이 더 크게(13.9%) 감소했기 때문이었다. 그래서 경상수지흑자의 이면을 봐야 한다.

우리나라의 수출경쟁력은 갈수록 떨어지고 있다. 이는 **수출단가**로 알 수 있다. 반도 체를 1억 개, 2억 달러어치 수출했다면 수출단가를 개당 2달러로 보는 게 수출단가다. 산업연구원이 이런 수출단가를 분석한 결과에 따르면 2009년 기준 한국과 중국이 공통으로 수출하는 3,602개 품목 가운데 30.8%는 중국산이 한국산보다 가격이 더 비싼 것으로 나타났다. 2002년에는 한국산보다 비싼 중국산 품목의 비중이 26%였다. 그러나 7년 만에 4.8%포인트가 더 올라가 30.8%를 기록했다. 중국제품이 품질개선과 함께 제값을 받기 시작했다는 의미다.

그러면서 '한국산이 가격은 몰라도 품질만큼은 중국산보다 훨씬 우월하다'는 통념이 깨지고 있다. 대한상공회의소에 따르면 섬유산업에서 한국과 중국의 경쟁력 차이는 단 1%에 불과하다. 한국제품의 품질, 기격, 기술을 합친 것을 100으로 놓고 따져보면 중국산 섬유는 99, 휴대전화와 철강은 93, 화학제품은 92에 이른다. 중국산업의 경쟁력이 주요제품에서도 우리 턱밑에까지 추격해온 것이다.

이 와중에 우리가 지향해야 할 첨단제품시장은 여전히 선진국의 텃밭이다. 자동차 전자장치부품 중에서도 최첨단인 차량제어반도체는 외국계업체가 99%를 장악하고 있다. 그 결과, 한국과 독일이 공통으

| 우리나라의 기술수준을 100으로 했을 때 중국의 기술수준 |

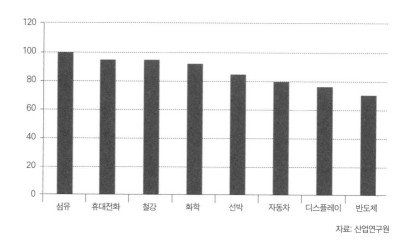

자료: 산업연구원

로 수출하는 3,594개 품목 가운데 64.6%는 독일산이 더 비싸다. 2002
년 한국산보다 비싼 독일산 품목의 비중은 60.8%였는데, 7년 만에
3.8%포인트가 더 올라갔다. 수출단가가 수출제품의 품질을 알 수 있
는 가장 뚜렷한 지표임을 감안하면, 우리 수출제품의 상대적 품질이
그만큼 내려왔다는 뜻이다.

한국이 수출을 늘려올 수 있었던 것은 기술경쟁력 때문이라기보다
높은 환율에 기반한 가격경쟁력 때문이라는 분석도 있다. 산업연구원
은 우리나라 전체 교역품목 가운데 수입보다 수출이 더 많은 품목만
골라낸 뒤, 이를 다시 '가격경쟁력에 의지하고 있는 제품(수출단가가 수
입단가보다 낮은 제품)'과 '기술우위가 있는 제품(수출단가가 수입단가보다
높은 제품)'으로 구분한 결과를 발표한 바 있다. 그 결과, 한국(2010년 기

준)은 77%가 가격경쟁력에 의지하는 제품이었다. 기술우위제품 비율은 23%에 불과했다. 환율 등 수출조건이 불리해지면 수출이 크게 줄어들 수 있는 상황이다. 외환위기 이후 지속적으로 달성하고 있는 대규모 무역흑자기조가 환율변화에 따라 언제든 흔들릴 수 있다는 설명이다. 반면 독일은 가격우위제품이 14%에 불과했고, 86%가 기술우위제품이었다. 일본은 68%가 기술우위제품이고, 가격우위제품은 32%였다. 전문가들은 지금의 구조를 타개하려면 무엇보다 기초기술을 개발하는 노력이 필요하다고 지적한다. 부품소재기술 개발, 제조업과 서비스업 연계를 통한 경쟁력의 향상이 시급하다.

한국경제, 곧 빚에 허덕인다
국가채무비율과 재정관리계획

국가가 일을 잘 하려면 곳간이 튼튼해야 한다. 그런데 대부분 수입보다 지출이 많아 빚을 낸다. 정부가 빚을 내는 방식은 채권발행. 투자자가 채권을 사면 채권금액이 정부로 들어오고 빚이 는다. 한마디로 정부의 활동과정에서 재정적자가 발생하면 그만큼 국가채무가 생긴다.

> • 재정적자: 정부 연간수입보다 지출이 많아서 빚을 내는 것.
> • 국가채무: 재정적자가 쌓여서 만들어진 국가 빚의 총량.

한국은 다행스럽게도 재정위기를 겪은 그리스, 이탈리아, 스페인 등 유럽국들과 비교해 국가재정에 여유가 있는 편이지만, 계속 그리리란 보장은 없다. 앞으로 그들보다 사정이 훨씬 나빠질 수 있다.

🔊 아직 괜찮지만 빠르게 악화되는 국가채무

2016년 기준 우리나라의 국가채무는 627조 원이다. 얼핏 막대해 보이지만 그 이상 벌어 갚을 수 있다면 문제는 안 된다. 같은 5,000만 원 빚이 있더라도, 연봉 2,000만 원인 사람에겐 그것이 큰 금액인 반면 연봉 2억 원인 사람에겐 그리 큰 금액이 아닌 것과 같다.

이처럼 갚을 수 있는 능력을 고려해 빚의 크기를 측정한 것이 GDP 대비 국가채무비율이다. 우리나라의 GDP 대비 국가채무비율은 2016년 기준 39.3%. 2016년 GDP 1,595조 원과 국가채무 627조 원을 비교하니 39.3%(627/1595)가 나온 것이다. 미국(102.2%), 일본(205.3%), 독일(86.4%) 등 선진국과 비교해 무척 낮은 수치다. 이는 정부수립 후 수십 년간 균형재정기조를 유지해온 덕이다.

> • 균형재정: 재정적자가 없는 상태.

그런데 언제부턴가 균형재정기조가 깨지고 있다. 2000년 이후를 보면 2002년, 2003년, 2007년을 제외하면, 모조리 재정적자를 봤다. 특히 글로벌 금융위기가 발생한 2008년 이

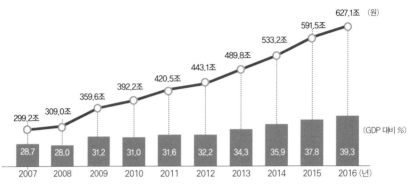

자료: 기획재정부

후 매년 10조 원 이상 재정적자를 내고 있다. 2009년에는 사상 최대인 43.2조 원의 재정적자를 낸 바 있다. 그러면서 국가채무가 눈덩이처럼 커지고 있다. 글로벌 금융위기 전후를 비교하면, 국가채무는 2007년 299.2조 원에서 2016년 627조 원으로 9년 새 2배 넘게 커졌다. GDP 대비 국가채무비율은 30.7%에서 39.5%로 악화됐다. 아직까지 절대적인 수준은 괜찮을지 몰라도 심각한 속도로 악화되고 있는 것이다.

◀》2060년 GDP 대비 국가채무비율 218%?

1980년대까지만 해도 적자예산은 생각조차 할 수 없는 금기였다. 그러나 지금은 적자예산이 너무나 당연하다. 원인은 다음의 3가지다.

- 경기침체 방어를 위한 정부지출 확대

- 복지예산의 지속적인 증가

- 성장잠재력 하락

빚이 늘지 않으려면, 경제가 잘 성장해 세금이 많이 들어오면서 쓸 곳은 많지 않아야 한다. 그런데 현실은 반대다. 글로벌 금융위기 이후 쓸 곳은 많아졌는데, 경기침체로 세금이 잘 걷히지 않고 있다.

지하경제가 대표적인 원인이다. 각종 연구결과에 따르면 우리나라 지하경제는 GDP 대비 25% 규모에 이른다. OECD 국가 중 4

• 지하경제: 범죄, 탈세 등 정부가 포착하지 못하는 경제활동. 세금을 거둘 수 없다.

번째로 큰 것인데, 미국(9.1%), 스위스(8.5%), 일본(11%)과 비교해도 무척 높다. 이에 따라 우리나라는 거둘 수 있는 세금의 48% 정도밖에 거두지 못하고 있다. 외국이 70% 수준으로 거두고 있는 것과 비교하면 크게 낮은 것이다. 박근혜정부 시절 무리한 세무조사, 담뱃세 인상 등으로 일시적으로 세수가 늘긴 했지만, 이런 흐름이 지속되긴 어렵다.

반면 쓸 곳은 크게 늘고 있다. 2012년 나온 '장기재정전망과 재정정책 운용방향' 보고서는 "현재의 복지수준을 그대로 유지해도 저출산·고령화로 노령연금·건강보험 등 지출이 급증하면서 GDP 대비 국가채무비율이 2011년 35.1%에서 2050년 128.2%까지 치솟을 것"이라 경고했다. 128.2%는 2011년 말 남유럽 재정위기 당시 이탈리아(119.7%)보다 나쁜 것이다.

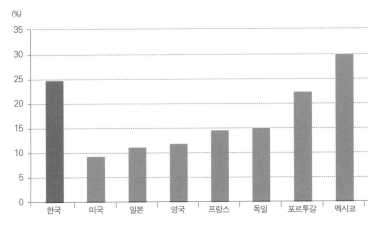

| OECD 주요국의 GDP 대비 지하경제규모비율 |

자료: 국회 국정감사자료

◀⁾ 500조 원 육박한 공기업부채

국가부채만큼 심각한 게 공기업부채다. 2016년 말 전체 공공기관 부채는 499조 4,000억 원에 달한다. 2011년(459조 원)보다 40조 원 가까이 증가했다. **부채비율**이 심각한 공기업이 부지기수다. 2016년 말 주택토지공사(LH)가 342%로 가장 높고, 철도공사 288%, 가스공사 325%, 한국석유공사 529% 등에 이른다. 민간기업은 200%만 넘어도 부실기업으로 낙인찍히는데, 공기업은 이를 훨씬 넘어서

> • 부채비율: 부채를 자본금으로 나눈 비율. 부채가 10억 원, 자본금이 5억 원이면 부채비율은 200%다.

고 있다. 공공부채는 공기업이 갚지 못하면 정부가 세금으로 책임져야
한다. 국민이 갚아야 하는 것이다.

정부부채와 공기업부채를 더해 국가부채를 재평가해야 한다는 주
장이 설득력을 얻고 있다. 2013년 기준 우리나라의 국가채무비율은
36.2%로 세계적으로 낮은 수준이다. 그러나 공기업부채를 더하면
70%를 넘어 위험구간에 들어가게 된다.

공기업부채의 1차 원인은 지속적인 적자다. 버는 것보다 쓰는 게 많
아 빚이 느는 것이다. 여기엔 정부의 공공요금인상 억제노력도 있지
만, 고비용체계가 가장 큰 문제다. 같은 상황에서 민간기업이라면 마
른 수건을 짜는 혹독한 구조조정을 진행했을 테지만, 공기업은 그런
고통을 겪을 일이 없으니 별다른 노력이 없다. 정부를 믿고 재정건전
화 노력을 게을리하는 것은 물론, 방만경영을 일삼으며 문제를 더욱
심각하게 만들고 있다.

명목상 국가부채를 크게 늘리지 않으려는 정부의도도 문제다. 국가
가 빚을 내서 해야 할 일을 공기업에 떠넘겨 공기업이 빚을 내 일하두
록 만든 것이다.

공기업 특성상 큰 제약 없이 계속 빚을 낼 수 있는 데도 원인이 있다.
민간기업과 달리 공기업은 부실화되면 정부가 대신 빚을 갚아줄 것이
란 기대감이 있다. 한국신용평가, 한국기업평가 등 국내 신용평가사들
은 예외 없이 LH, 한전 등 10대 부채공기업들에 최고신용등급(AAA)
을 부여하고 있다. 부채비율이 200%를 넘어가면 투기등급을 부여해

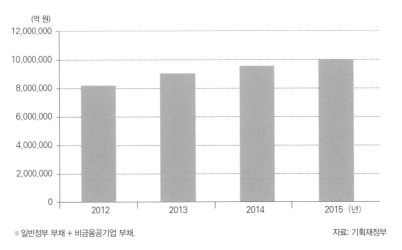

(억 원)

※ 일반정부 부채 + 비금융공기업 부채.　　　　　　　　　　　자료: 기획재정부

야 하는데, 신용에 전혀 문제없는 기업을 뜻하는 최고등급을 주고 있는 것이다. 신평사들은 "공기업에 문제가 생겨도 결국 정부가 무한정 책임을 질 것이라고 믿기 때문"이라고 설명한다. 금융사들은 이를 믿고 별 우려 없이 계속 빚을 내준다.

　이런 상황은 계속 유지되기 어렵다. 언제든 파산하는 공기업이 나올 수 있다. 공기업 스스로 자구책을 모색해야 하지만, 그런 뼈를 깎는 노력을 하는 곳이 없다. 자산을 팔거나 신사업을 벌여 빚을 갚아나가야 하는데, 정부에 기대려고만 한다. 정부는 자산매각 등을 통해 적극적으로 공기업부채를 관리해 나가는 등 일부 성과를 내고 있지만, 사안의 심각성을 고려하면 아직 갈 길이 멀다.

◀》 파산하는 지자체 나올 수 있다

국가부채의 다른 뇌관이 지방정부부채다. 지방정부는 자체 수입으로 지출을 감당하지 못한다. 2014년 말 전국 244개 지방자치단체들의 평균 재정자립도는 44.8%에 불과하다. 예
산의 절반 가까이를 국고에서 보조받는다는
뜻이다.

> • 재정자립도: 지방자치단체가 지출 중에서 어느 정도를 자체 수입으로 충당하는지 나타내는 지표.

재정자립도는 계속 내려가고 있다. 세금 수입은 지지부진한데, 선거 등으로 선심성 지출이 계속 늘고 있기 때문이다. 평균 재정자립도는 2004년 57.2%에서 2014년 44.8%로 급락했다. 그러고도 모자라 지속적으로 빚을 내고 있다. 지방정부부채는 2007년 18조 2,100억 원에서 2015년 64조 원으로 8년 새 3배로 급증했다.

근본적인 원인은 방만한 지출에 있다. 1995년 지방자치제도가 도입된 이후 각 지자체장은 재선을 위해 선심성사업을 경쟁적으로 벌이고 있다. 이 과정에서 부족한 돈을 채권발행을 통해 충당했고 이것이 곧 부채급증으로 이어졌다. 여기에 공무원의 개인비리와 관리부실도 영향을 미쳤다.

갈수록 재정자립도가 떨어지는 현실을 감안하면 지방자치단체들이 스스로 빚을 갚는 건 불가능하다고 보아야 한다. 결국 부채 문제가 임계치에 다다르면서 중앙정부가 빚을 대신 갚아줘야 하는 경우가 나올 수 있다.

◀》신중하고 치밀한 계획 필요

전문가들은 국가채무 문제가 심각해지는 것을 막기 위한 다음의 5가지 원칙을 제안한다.

- 수입 내에서 지출을 하겠다는 수지균형원칙
- 대통령 임기 동안 늘릴 수 있는 국가부채의 규모를 미리 정할 것
- 새 정책을 도입할 때 수반되는 재원대책을 반드시 마련할 것
- 공공기금 부채한도에 대한 국회의 승인
- 공기업에 대한 재정수지균형 준수 의무화

지방자치단체의 선심성사업을 줄이고, 일단 시행되는 사업이 있으면 그것이 제대로 이루어지고 있는지 중앙정부가 철저히 관리감독해야 한다. 외국에선 스웨덴·네덜란드·호주 같은 나라가 이런 재정준칙을 법제화해 성공을 거두고 있다.

세수확대는 국가의 성장동력을 갉아먹지 않는 방향이 무엇인지 고민해가며 신중하게 접근해야 할 부분이다. 감세는 기본적으로 투자와 소비의욕을 불러일으켜 생산과 소비를 활발하게 하면서 결과적으로 세수확대에 기여한다는 주장이 있다. 이 논리에 따라 재정위기를 겪고 있는 유럽에서조차 법인세율은 계속 낮아져왔다. 그러나 세율인하에 따른 경제효과가 약해지고 있어서 세율을 높이는 게 낫다는 주장도 힘

을 얻고 있다.

이밖에 경기가 나쁠 때 균형재정에 집착하느라 무작정 지출축소에만 몰두하는 건 올바른 접근이 아니다. 빠른 경기회복을 통해 세수가 많이 들어오도록 하는 게 장기적으로 나을 수 있다.

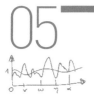

05

4대 개혁은 중단되어야 할까
한국경제 구조개혁

한국경제가 저성장·고령화에서 탈출하려면, 근본적인 개혁이 필요하다. 경제전문가들은 노동·교육·공공·금융 등 4대 부분의 구조개혁을 주문했고, 지난 정부는 이를 추진했다. 노동·교육개혁을 통해 새로 태어나는 아이들이 부담 없이 공부하고 성장해 큰 어려움 없이 취업할 수 있는 환경을 조성하면, 자연스레 저출산 문제를 해결할 수 있다. 막대한 교육비부담과 미래에 대한 불안으로 아이 낳기를 주저하는 부모 마음을 돌릴 수 있는 것이다.

또 공공개혁을 통해 지속 가능한 국가재정체계를 구축하면 정부가 민간경제의 버팀목 역할을 함으로써 저성장 문제를 해결할 수 있고, 금융개혁에 성공하면 금융업이 제조업을 대신할 새 성장동력으로 거듭날 수 있다.

그러나 지난 정부는 개혁에 실패했고, 문제는 계속되고 있다. 정권이 교체됐다고 한국경제가 안고 있는 고민까지 리셋되는 것은 아니다. 장기적인 시각으로 구조개혁을 계속해나가야 한다.

교과서 경제원리: **수요가 감소하면 공급이 줄어든다.**
실제 경제현실: **공급을 유지하면서 정부에 지원을 요구한다.**

◀◈ 정규직 과보호가 문제의 근원?

우리나라의 노동시장은 '갈 만한 정규직 자리가 줄어드는 상황에서 비정규직 자리만 계속 증가하는 상황'으로 정의할 수 있다. 우리나라의 비정규직은 정부의 공식통계로 2015년 8월 600만 명을 돌파했다. 이후 꾸준히 증가해 2016년 말 기준 644만 명에 이른다. 전체 근로자 가운데 35% 비중이다.

과거엔 비정규직이 저학력계층의 전유물이었지만, 지금은 다르다. 2014년 비정규직 가운데 대졸 이상 학력자는 196만 명(32%)에 이른다. 2014년 대졸출신 비정규직증가율은 3.8%로 고졸(3.2%)을 앞섰다. 고학력 비정규직의 급증은 산업계에 인력이 제대로 배치되지 못한 채 허비되고 있다는 뜻이다. 2014년 기준 비정규직의 월평균임금은 145만 3,000원으로 정규직(260만 4,000원)의 절반(55.7%) 수준에 그쳤다.

우파경제학자들은 정규직 해고가 어렵다는 데서 문제의 원인을 찾는다. 실제 OECD가 조사한 '정규직 해고의 절차적 난이도'에 따르면, 2016년 한국은 34개 회원국 중 여섯 번째로 해고가 어려운 나라다. 그래서 비정규직에 기대는 기업이 늘고 있으니, 정규직 과보호 문제부터 해결해야 한다고 지적한다. 연공주의를 철폐하고, 업무상 과실 등이 있으면 해고나 임금삭감이 가능하도록 규정을 바꿔야 기업들이 정규직 고용을 늘릴 것이고, 그래야 젊은 청년에게 좋은 일자리가 돌아갈 수 있다는 주장이다.

> • 연공주의: 성과에 상관없이 입사 서열에 따라 정년을 보장하며 연봉이 해마다 올라가는 인사시스템.

반면 좌파경제학자들은 정규직 고용을 제한하는 방식으로 문제를 해결해야 한다고 주장한다. 대부분의 업무에 정규직만 고용하도록 강제하고, 비정규직은 극히 제한적으로 허용해야 한다는 것이다.

해답은 가운데 어디쯤 있을 것이다. 우파학자 말만 따르면 노동시장 안정성이 극히 떨어질 수 있고, 좌파학자 말만 들으면 고비용체계를 고착화시킬 수 있다. 절충안을 찾아 흔들림 없는 개혁을 해야 한다. 그런데 정부대책은 이도 저도 아니다. 2년 단위 비정규직의 해고 문제가 불거지자 계약기간연장(2년→4년) 같은 애매한 대책만 내놓는 식이다. 결국 지난 정부는 개혁에 실패했다.

사회적 대타협 없는 노동개혁은 불가능하다. 노동개혁의 첫 번째 과

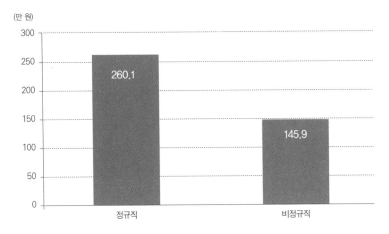

(만 원)

300

250

260.1

200

150

145.9

100

50

0

정규직   비정규직

자료: 통계청

제는 대타협이다. 퇴직 후 안정적인 생활이 가능하도록 사회안전망을
확충하면서 재취업과 관련한 제도를 정비하면, 정규직 과보호 문제를
완화하더라도 혼란을 줄일 수 있다. 이후 기업을 상대로 비정규직 고
용을 제한하면서 정규직 고용을 최대한 늘리라는 사회적인 압력을 넣
는다면 고용문제 해결에 한발 나가설 수 있을 것이다.

◀» 고교졸업생보다 정원 많은 대학구조개혁이 우선

우리나라 교육 문제의 근본원인은 대학에 있다. 무조건 대학에 가려

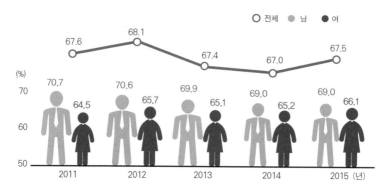

자료: 교육부

하니 어려서부터 막대한 사교육비가 들고 공교육이 왜곡된다. 많은 전문가들은 "공통 교육을 받다가 학문에 뜻 있는 사람만 대학에 가는 구조를 만들면 교육 문제의 근본적인 해결이 가능하다"고 지적한다. 여기에 대학이 자체적인 경쟁력을 갖춰 양질의 자원을 배출할 수 있어야 한다. 결국 교육 문제 해결의 첫걸음은 대학 구조조정일 수 있다.

우리나라 대학은 심각한 상황이다. 2013년 기준 입학정원을 일부라도 채우지 못한 대학은 전국 4년제대학 231곳 중 27%(63곳)에 이른다. 63곳 가운데 9곳은 정원의 70%도 채우지 못했다. 특히 저출산으로 학생 수가 줄면서 2017년부터는 대학정원이 고교졸업생 수를 넘어설 전망이다. 지금의 대학정원 55만 9,000명이 그대로 간다면, 2020년 대학 입학정원이 고교졸업생 수보다 10만 명 많아지게 된다.

대학교육의 질도 문제다. 2014년 스위스 국제경영개발원IMD이 주요 60개국을 상대로 대학교육경쟁력을 조사한 결과, 한국은 53위로 최하위권에 머물렀다. 교육부 대학정보공시사이트인 '대학 알리미'에 따르면 대학졸업생의 취업률은 2012년 56.1%에서 2014년 54.8%로 떨어졌다.

심각성을 느낀 정부는 2000년대 초반 대학구조조정을 시작했다. 2004년 공주대(공주대＋천안공대)를 시작으로 9차례 국립대 통폐합을 진행했고, 부실사립대 퇴출도 실시했다.

그러나 본격적인 조정이 이루어지지 않고 있다. 국내대학 수는 2003년 357개에서 2013년 340개로 줄어드는 데 그쳤다. 지역민, 지역 국회의원, 교수단체 등이 거세게 반발하면서 오히려 정부지원을 늘리란 요구만 하고 있다. 지역이기주의를 극복하고 대학개혁을 완성하려는 노력이 필요한 시점이다.

◀》 정권별로 단명하는 금융개혁

우리나라는 나름대로 금융개혁의 역사가 길다. 외환위기의 징후가 보이던 1997년 1월 김영삼 대통령 지시로 만들어진 '금융개혁위원회'가 출발점이다. 여기서는 은행·보험 등 업권별 칸막이 해소 등이 논의됐는데, 근본적 개혁에는 실패했다.

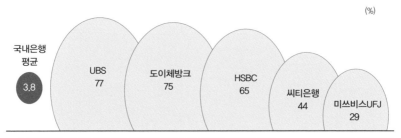

| 은행들의 초국적화지수 비교 |

(%)

국내은행
평균
3.8

UBS
77

도이체방크
75

HSBC
65

씨티은행
44

미쓰비스UFJ
29

※ 초국적화지수는 은행의 자산, 이익, 인원에서 외국점포가 차지하는 비중을 나타냄.　　　자료: 금융연구원

한국금융의 가장 큰 문제는 열거주의식 관치에 있다. 일본법을 그대 로 따와 금융관련법을 만들면서 생긴 문제다. 외국은 예외주의가 기본인데 한국은 열거주의를 통해 금융사의 발목을 잡고 있다.

> • 열거주의(포지티브 시스템 Positive System): 할 수 있는 일을 열거해놓고 이것만 하도록 정부가 규제하는 것.
> • 예외주의(네거티브 시스템 Negative System): 금융안정을 위해 해선 안 되는 일만 규정해놓고 나머지는 모두 할 수 있도록 해주는 것.

금융의 체질을 바꾸려면 열거주의규제를 예외주의로 바꾸는 등 노력을 해야 한다. 하지만 역대 정권별로 입맛에 맞는 중구난방식 금융발전방안만 내놓으면서 이렇다 할 성과를 내지 못했다. 노무현정권의 '동북아금융허브' 전략, MB정권의 '녹색금융전략', 박근혜정권의 '창조·기술금융' 등 정권이 바뀔 때마다 이전 정권의 전략을 폐기하고 새로운 전략을 내놓는 것을 반복하며, 정작 개혁에는 실패했다. 과거의 실패를 거울삼아 긴 호흡을 갖고 중장기전략을 짠 뒤 실행할 필요가 있다.

◈ 지지부진한 공공개혁

증가하는 복지수요에 제대로 대응하려면, 관련 공공기관이 일을 잘해야 한다. 그러나 우리나라 공공기관의 경쟁력은 형편없는 수준이다. 이제 공공개혁이 필요하다. 그러려면 재정개혁부터 실행해야 한다. 우리나라 국가부채의 절반이 공공기관의 몫이다. 이런 부채 때문에 이자부담이 눈덩이처럼 불고 있다. 2012년 기준 30대 공공기관의 이자 비용만 6조 7,897억 원에 달한다.

설립목표를 벗어난 문어발식 경영, 과다한 직원 복리후생이 부채증가의 원인이다. 특히 공공기관의 방만경영이 도를 넘은 상태다. 감사원이 2014년 10월 발표한 결과에 따르면 산업은행 등 55개 공기업·공공기관이 인건비 과다지급, 부실한 사업검토 등으로 낭비한 금액은 12조 2,000억 원에 이른다. 노사 간 이면합의를 통해 각종 명목으로 방만하게 집행한 인건비만 1조 2,000억 원에 달했다. LH공사 등 17개 기관은 사업성 떨어지는 사업을 제대로 검토하지 않고 투자해 10조 원 정도의 예산을 낭비했고, 가스공사 등 11개 공공기관은 공공요금을 과다하게 인상해 1조 원대의 부담을 국민과 민간기업에 떠넘긴 것으로 조사됐다.

연금개혁도 주요 이슈다. 국민연금은 고령화에 따른 연금수급자 증가로 2060년이면 고갈될 전망이다. 공무원연금은 이미 1993년부터 지금까지 10조 원의 적자를 냈다. 이 돈은 고스란히 혈세로 메워졌다.

국회 예산정책처는 향후 10년간 공무원연금의 적자규모가 53조 원에 달할 것으로 추산했다. 이런데도 연금개혁은 계속 미뤄지고 있다. 개혁으로 손해 보는 이해관계자들의 반발 때문이다. 대승적인 합의를 통해 연금개혁의 첫발을 떼야 한다. 그래야 지속 가능한 복지를 할 수 있다.

많은 이가 미래로 나아가기 위해 뭘 해야 하느냐고 묻는다. 나는 문제 속에 답이 있다고 본다. 미래가 어디 있는지 보고 싶으면 미래로 눈을 돌려야 한다. 그러나 우리 눈은 현재, 때로는 과거를 향해 있다. 미래를 보려면 노·사·정 모든 이해당사자가 한 자리에 모여 대승적인 합의를 해야 한다. 어떤 형태로든 이념은 배제돼야 한다. 모두가 조금씩 손해 보는 걸 감수하고 미래를 향해 발을 내디뎌야 한다.

불가능하다고 말하지 말자. 독일과 네덜란드란 전례가 있다. 우리도 못할 게 없다. 지금보다 나아진 미래를 기대해본다.

난생처음
경제
공부 ⓒ 박유연 2017

2017년 7월 10일 초판 1쇄 발행
2018년 12월 24일 초판 4쇄 발행

지은이 | 박유연
발행인 | 이원주

발행처 | (주)시공사
출판등록 | 1989년 5월 10일(제3-248호)
브랜드 | 알키

주소 | 서울시 서초구 사임당로 82(우편번호 06641)
전화 | 편집(02)2046-2864 · 마케팅(02)2046-2883
팩스 | 편집 · 마케팅(02)585-1755
홈페이지 | www.sigongsa.com

알키는 ㈜시공사의 브랜드입니다.